DU RÉGIME DE LA PRESSE

DU

RÉGIME DE LA PRESSE

EN EUROPE ET AUX ÉTATS-UNIS

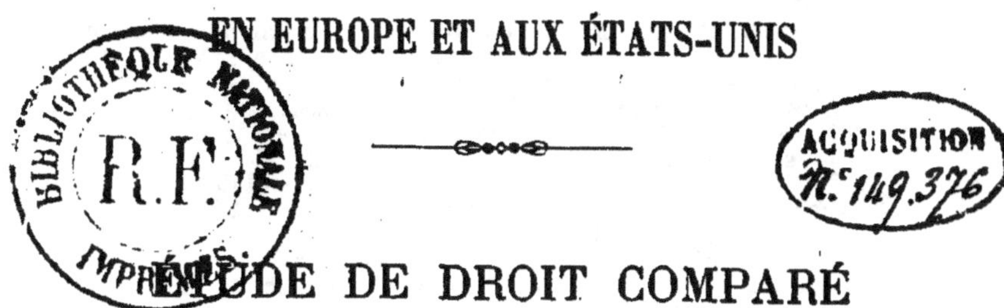

ÉTUDE DE DROIT COMPARÉ

PAR

AUGUSTE PACCAUD

LICENCIÉ EN DROIT

LAUSANNE

IMPRIMERIE, AUG. PACHE

1887

PRINCIPAUX OUVRAGES CONSULTÉS

Annuaire de législation comparée. — Paris.

Bazille & Constant. Code de la presse. — Paris, 1883.

Blackstone. Commentaire sur le code criminel d'Angleterre. — Paris, 1776.

Blumer. Handbuch des schweizerischen Bundesstaatsrechts. — Bâle, 1877.

Carrara. Programma del corso di diritto criminale. — Lucques, 1873.

Casanova. Del diritto costituzionale. — Florence, 1875.

Celliez & Le Senne. Loi de 1881 sur la presse. — Paris, 1882.

Chassan. Traité des délits de la presse. — 1837.

Dalloz. Recueil de jurisprudence générale. — Paris.

Dubs. Droit public de la Confédération suisse.

Fick & Schneider. Commentaire du code fédéral des obligations.

Fischel. La Constitution d'Angleterre. — Paris, 1864.

Foro italiano (il). Recueil de jurisprudence.

Gavazzi. Sulla liberta di stampa. — Milan, 1881.

Giron. Le droit public de la Belgique. — Bruxelles, 1884.

Grattier (de). Lois de la presse. — Paris, 1839.

Jacottet. Le droit civil neuchâtelois. — Neuchâtel.

Janka. Das österreichische Strafrecht. — Prague et Leipzig, 1884.

Larombière. Théorie et pratique des obligations. — Paris, 1885.

Laurent. Principes de droit civil français. — Bruxelles, 1878.

Liszt (von). Lehrbuch des österreichischen Pressrechts. — Leipzig, 1878.

Marcadé. Explication du code civil. — Paris, 1875.

Marquardsen. Das Reichspressgesetz vom 7 mai 1874. — Berlin, 1875.

Namur. Cours d'Institutes. — Bruxelles, 1873.

Olshausen. Kommentar zum Strafgesetzbuche für das deutsche Reich. — Berlin, 1886.

Recueil des arrêts du Tribunal fédéral.

Revue de droit international et de législation comparée. — Bruxelles.

Rossi. Cours de droit constitutionnel. — Paris, 1866 - 1867.

Ruttimann. Das nord-amerikanische Bundesstaatsrecht. — Zurich, 1867.

Schwaeze (von). Commentar zum Strafgesetzbuche für das deutsche Reich. — Leipzig, 1879.

Schwarze (von). Das Reichspressgesetz vom 7 mai 1874, tiré de l'ouvrage Die Gesetzgebung des deutschen Reiches. — Erlangen, 1877.

Shortt. The law relating to worcks of literature and art. — Londres, 1871.

Stooss. Das Verhaltniss der civilrechtlichen Haftbarkeit nach art. 50 ff C.O. zum cantonalen Strafrechte.

Waechter (von). Deutches Strafrecht. — Leipzig, 1881.

AVANT-PROPOS

Quelques rapides explications nous paraissent nécessaires au commencement de cette étude. Le titre de notre ouvrage est *Le régime de la presse en Europe et aux Etats-Unis*. Il ne faudrait pas en conclure que rien de ce qui touche à la presse ne nous soit resté étranger.

Nous avons eu pour intention de résumer les différents régimes de la presse à deux points de vue spécialement : 1º les formalités auxquelles toute publication est soumise, les obligations que la loi impose à la presse dans l'intérêt général ; 2º la responsabilité légale de ceux qui ont participé à une publication. Nous y avons ajouté les règles de la diffamation et de l'injure dans chaque législation, ces délits étant, de beaucoup, les plus fréquents en matière de presse. Quant aux autres délits dont la presse peut se rendre coupable, nous les avons laissés de côté. Il en est de même des règles de procédure applicables en cas de délits de presse. Tantôt ces règles sont celles du code, tantôt, dérogeant à ces dernières, elles constituent une procédure exceptionnelle. Or, l'étude de ces questions nous eût entraîné beaucoup trop loin.

Le plan général de notre travail présente trois parties. La première expose les vicissitudes de la presse dans les temps passés. La deuxième, celle qui fait le fond de notre travail, résume la législation des pays étrangers, la législation fédérale, la jurisprudence du Conseil fédéral et du Tribunal fédéral, la législation propre à chaque canton et enfin la législation vaudoise. C'est dans cette seconde partie que nous avons intercalé une étude sur l'application à la presse des articles 50, 51 et 55 du code fédéral des obligations, contre laquelle les journalistes, en général, se sont vivement élevés. Enfin notre troisième partie est consacrée à l'examen des dispositions sur la presse, contenues dans le projet de code pénal vaudois, à leur critique et à l'expression de nos idées personnelles touchant la responsabilité, le droit de réponse, etc.

PREMIÈRE PARTIE

Philosophie et histoire de la presse.

TITRE PREMIER

DU DROIT D'EXPRIMER SA PENSÉE

CHAPITRE PREMIER

Liberté de la parole.

I. — L'homme est un être moral, et par là nous voulons dire qu'il a la conscience du devoir, peu importe l'origine toute spirituelle ou toute matérielle qu'on voudra lui donner. N'appelons-nous pas nous-même « brute » l'individu chez lequel toute notion morale semble évanouie ? Le sentiment du devoir, que l'homme possède, lui impose un but qu'il recherche, auquel il s'efforce d'arriver. Ce but est la perfection de sa personnalité. L'homme étant essentiellement perfectible, a le droit de cultiver cette tendance à la perfection et d'en augmenter l'intensité par tous les moyens que sa conscience ne réprouve pas. La société lui est venue en aide tout d'abord ; il a obéi à cette loi naturelle de l'association pour la conservation de son existence. Une fois en société, le langage lui a procuré des moyens de s'élever de plus en plus au-dessus de la brute.

La parole lui sert à exprimer ce qui le distingue de l'animal, la *pensée*. C'est un des moyens qu'il a su mettre en œuvre pour avancer dans la voie du perfectionnement. La faculté d'exprimer sa pensée est un *droit* naturel dont on ne peut le dépouiller. C'est un droit originel, qu'en principe il peut exercer comme bon lui semble.

II. — D'un autre côté, la philosophie nous dit que l'homme est né libre. Cette liberté, en théorie, est complète, illimitée. Mais, dans l'état de société, cette liberté idéale se voit forcément restreinte dans l'intérêt de la paix et de la tranquillité publiques, afin d'éviter le choc des intérêts particuliers et des passions propres à tel ou tel individu.

De là, il suit que si l'homme en soi a le droit idéal de tout dire, il ne l'a pas comme membre de la société. La parole est un instrument par lequel l'homme manifeste sa pensée. C'est pour lui un moyen. La pensée reste absolument libre, elle est en dehors des atteintes de la loi. Cette émanation, ce produit purement spirituel de sa personnalité échappe à toutes les prescriptions et tentatives humaines. Mais dès qu'elle revêt une forme concrète, dès qu'elle sort du domaine des abstractions pour entrer dans la réalité, la pensée tombe sous le coup de la surveillance de la société, de l'Etat.

CHAPITRE II

Liberté de la presse.

Il en est de l'écriture et de la presse comme de la parole. Ce ne sont que des moyens, dés instruments destinés à faciliter l'expression de la pensée humaine, soit en permettant de la multiplier comme l'imprimerie, soit en la procurant plus nette, plus claire comme l'image, la photographie. L'action par laquelle l'activité intellectuelle de l'homme se manifeste, se fixe d'une façon concrète, n'est pas altérée dans sa nature intime. Si je parle, je donne une forme concrète à ma pensée ; si j'écris, si j'imprime, je fais la même chose, seulement d'une manière qui rend l'expression de cette pensée moins fugitive. Lorsque les anciens disaient : *Verba volant, scripta manent,* ils caractérisaient fort bien, par ce langage imagé, la différence *extérieure* entre le fait de parler ou d'écrire. L'un est rapide, fugitif, l'autre plus durable ; mais la notion, l'essence de mon action n'est pas transformée. Sans doute, la presse est un moyen plus puissant que la parole, mais il n'en est pas moins légitime que celle-ci.

De même que l'homme en société ne peut pas tout dire, de même il ne peut pas tout écrire ou imprimer. Puisque la presse n'est qu'un instrument, au même titre que la parole, les mêmes raisons qui militent contre la liberté absolue de celle-ci se confirment contre la liberté absolue de celle-là. Au point de vue juridique et moral, les droits que je possède sont limités par mon devoir de respecter ceux d'autrui. Il ne m'est donc pas permis d'émettre une pensée qui porte atteinte aux droits de mon voisin.

La liberté de la presse, dérivant du droit d'exprimer sa pensée, doit pouvoir s'exercer sans entrave jusqu'au point où elle lèse le droit d'autrui. Nous disons « sans entrave » ce qui signifie que l'Etat ne doit apporter aucun obstacle, aucun empêchement à la manifestation de la pensée par la presse.

Or, en fait, l'Etat a souvent entravé et gêne encore l'exercice de la presse par certaines mesures destinées à empêcher totalement la publication de tel écrit ou, du moins, à assurer à la justice des moyens faciles et rapides de constatation du délit et la punition certaine des coupables. Le régime qui autorise l'Etat à se préoccuper d'un imprimé quelconque avant le moment même où la publication de ce dernier a lieu, se nomme *régime préventif*. Au contraire, le *régime répressif* est celui qui ne tolère l'intervention de la puissance publique qu'après la publication. La seule intention de publier, manifestée par certains actes, légitime l'entrée en scène de l'Etat selon le régime préventif, tandis que sous un régime répressif, cette simple intention ne suffit pas, il faut qu'elle se soit réalisée par la *publication*. Dans le système de la répression, l'Etat ignore la presse avant d'en avoir constaté les résultats par des faits.

Les mesures préventives, certaines d'entre elles au plus haut chef, sont incompatibles avec la notion de la liberté de la presse, telle qu'elle résulte du principe qui en est la base. Ce n'est pas à dire que nous condamnions d'une manière absolue toutes les mesures préventives quelconques. Il faut, à cet égard, faire une différence entre la prévention qui s'exerce sur le fond même de l'œuvre en permettant la prohibition de sa publication, comme c'est le cas de la censure ou de l'autorisation préalable des journaux, et la prévention qui apparaît comme une précaution prise contre les écarts de la presse, tels que se présentent l'obligation d'indiquer le nom de tel participant à la publication, la déclaration préalable, le cautionnement qui, en soi, n'est pas une mesure préventive de fond, puisqu'il n'empêche pas d'une manière absolue la publication d'un journal. Il est donc nécessaire de distinguer entre les mesures préventives qui s'attaquent directement au fond même de la publication et celles qui revêtent simplement le caractère de moyens de surveillance destinés à faciliter l'action de la justice.

TITRE II

CONDITIONS GÉNÉRALES DE LA PRESSE

CHAPITRE PREMIER

Etat de la presse.

SECTION I. — DÉVELOPPEMENT DE LA PRESSE.

I. — On a distingué deux espèces de presse : la presse *périodique* que représentent les journaux, les gazettes paraissant dans un délai de tant de jours, variable suivant la législation, et la presse *non-périodique* qui comprend toutes les autres productions de l'imprimerie. Dans un sens strict, le terme de *presse* se dit de la presse périodique et plus particulièrement des journaux, gazettes, etc.

II. — Avant la Révolution française, la presse périodique n'existait qu'à l'état embryonnaire. Dès cette époque, elle prit une nouvelle vie, augmenta en nombre et en influence et arriva rapidement à ce prodigieux développement dans lequel nous la voyons aujourd'hui. Le journalisme est devenu une puissance avec laquelle tout gouvernement doit compter. Le fait de ce développement et de cette intensité d'influence suffirait à justifier l'existence du journalisme. Ce fait.

constitue la meilleure preuve du besoin auquel la presse répond.

III. — Si la Réforme religieuse a bénéficié de la découverte de l'imprimerie, la réforme politique et sociale de la fin du siècle passé a trouvé une arme redoutable dans le journalisme, au développement duquel elle contribua si puissamment. C'est elle qui l'a, pour ainsi dire, créé tel que nous le connaissons, en lui fournissant les conditions d'une existence qu'il ne pouvait posséder avant cette époque. Dominé par l'esprit d'examen et d'investigation auquel la Révolution venait de donner essor en brisant les entraves que le régime précédent lui avait imposées, heureux de pouvoir se livrer à la critique des institutions politiques de son pays, pénétré de sa nouvelle dignité de citoyen, l'homme a voulu s'initier aux choses du gouvernement, au fonctionnement des organes politiques de son pays. Il s'est mis à les étudier, à les discuter. Membre lui-même de ce gouvernement, représentant des idées de ses électeurs, le citoyen a cherché à se mettre, à se tenir en relation constante avec l'opinion publique. La presse lui est venue en aide; elle devenait ainsi une nécessité du régime constitutionnel et du régime démocratique. Dès lors, l'étude de la chose publique, de la *res publica* a cessé d'être l'apanage des esprits cultivés et instruits pour devenir la préoccupation de chaque citoyen conscient de ses devoirs à ce titre. Le journalisme est un produit du régime démocratique et en est le plus ferme appui. Ces deux institutions se soutiennent l'une l'autre comme les deux arcs d'une même voûte.

SECTION II. — LE JOURNALISME.

I. — De ce chef, l'institution du journalisme commande le respect dans un pays démocratique qui lui laisse sa liberté. Il a de grands succès à son actif; les entreprises les

plus téméraires n'ont pu avoir raison de sa résistance et de
son courage. Subissant l'opinion publique, il la dirige aussi;
il y trouve sa cause et son effet. Lorsqu'il s'est constitué le
défenseur de certaines revendications, de certaines idées
nouvelles, le moment ne tarde pas à venir où elles entreront
dans le domaine de la réalité. La période la plus brillante du
journalisme, en France, n'est-elle pas celle du second quart
du siècle, alors que les Thiers, les Guizot, les Carrel, les de
Girardin, etc., etc., en étaient la personnification et l'honneur?
Et la révolution de Juillet n'a-t-elle pas été le fait des grands
politiques et journalistes de cette époque ?

II. — Malheureusement la presse n'a pas su se maintenir dans ce beau rôle de créatrice et de guide incompa-
rable des nobles idées. Le journalisme s'est en partie trans-
formé. Le public et la presse, d'amis qu'ils étaient, sont
devenus ennemis ; le public a perdu la belle confiance qu'il
avait dans ces journaux à l'existence desquels il liait autrefois celle des garanties politiques de la nation. Le bien
que fait la presse périodique subit, aux yeux de qui s'en occupe, de singulières dépréciations à la pensée du mal qu'elle
est en état de produire. Il est de fait que la presse périodique
ne s'est pas maintenue, sauf quelques exceptions, à la hauteur
de vues qui fut sa gloire pendant un temps. D'où cela vient-il?
Il y aurait d'intéressantes études à faire à ce sujet. Nous nous
contenterons de mentionner, parmi les causes de cette évolution, la concurrence.

On a dit que le journalisme est un sacerdoce. Nous con-
venons qu'il l'a été ; il l'est encore pour le journaliste scrupuleux. Mais l'auréole du journalisme a bien baissé d'éclat.
Aujourd'hui le journal est plus que jamais un moyen d'existence, une opération financière, une spéculation dans le sens
le plus mauvais de ce terme. A certains de ces journaux,
tout moyen est bon pour battre monnaie. Oubliant que la de-

vise de la presse doit retenir les mots de loyauté, probité et vérité, ceux qui les rédigent, après avoir livré les erreurs, les faiblesses d'autrui au ridicule, suspecté et bafoué les intentions de qui leur déplaît, malgré les réclamations de leur conscience, ceux-là en arrivent à se vendre eux et leur journal, véritables mercenaires de la pensée et de la plume, qui font le déshonneur de leur profession. Parlerons-nous de ces journaux vendus à telle ou telle entreprise financière, à telle ou telle société, à charge de vanter la prospérité de l'affaire jusqu'au moment du dépôt du bilan si ce n'est jusqu'à l'arrestation des administrateurs? Rappellerons-nous les réclamations des honnêtes gens, depuis le petit marchand jusqu'au député, contre les scandales de cette prostitution de la pensée? Et la camaraderie? quelle funeste influence ne prend-elle pas toujours plus sur l'écrivain? L'esprit de camaraderie en arrive à étouffer tout sentiment de son individualité chez celui qui devrait plus que tout autre conserver son indépendance d'appréciation. Qu'on lise les chroniques de nos journaux, qu'on parcoure les critiques des œuvres littéraires, qu'on étudie les appréciations que soulèvent les découvertes scientifiques, on verra que tout cela ne repose trop souvent sur aucun sentiment personnel de l'écrivain. Ce sont d'un côté des dithyrambes et des chants de gloire, de l'autre côté des attaques passionnées et des déclamations furibondes. A la base de ces jugements si opposés sur une même chose, que trouvons-nous? Un examen sérieux et indépendant de l'œuvre? Non, mais presque toujours des préoccupations mesquines de l'écrivain, qui voit son intérêt à plaire à l'auteur de l'œuvre ou qui veut assouvir des rancunes ou des jalousies.

Les journalistes honnêtes et consciencieux protestent contre ce marchandage de la plume, ils s'indignent contre l'exploitation de ces lecteurs naïfs qui, tant que de dures expériences ne sont pas venues altérer leur croyance en la loyauté de l'écrivain, le considèrent comme sincère et comme devant servir de phare aux intelligences peu cultivées mais avides d'apprendre ; de ces lecteurs aux yeux desquels l'écrivain qui jette sa pensée aux quatre vents des cieux ne saurait manquer d'être un homme de bonne foi, un homme d'honneur.

Les vrais journalistes protestent encore contre la tendance de certains journaux, véritables écoles de scepticisme, prêts à rire de toute chose, à tourner en ridicule toute noble aspiration, démolisseurs de tout ce qui n'est pas eux et leurs intérêts.

Enfin ces journalistes élèvent encore une dernière protestation contre la lâche condescendance des journaux à se faire l'écho de tous les scandales, de toutes les ignominies que la méchanceté publique se plaît à créer, si souvent sur de simples apparences, et à colporter avec d'autant plus de succès que ces nouvelles touchent aux pires instincts de la nature humaine. Cette chasse au scandale est une des conséquences les plus funestes de la concurrence qui s'est élevée entre les nombreux organes de publicité de quelques pays et malheureusement il est peu de journaux qui ont su y résister. En cette matière, on s'excuse en se prévalant du succès de tel ou tel article. C'est le principe de la fin justifiant et proclamant l'excellence des moyens.

On nous dira peut-être que le journalisme est sujet aux erreurs, aux faiblesses de toute institution humaine et que parce qu'il y a un journalisme honnête, droit, loyal, il y en a un autre mauvais, indigne de porter ce nom.

Nous répondrons que ceux qui écrivent dans la presse doivent pourtant avoir des notions de morale. Le journalisme n'est pas un métier comme celui du charretier ou du chiffonnier, purement matériel. Les grandes pensées viennent du cœur, a dit Vauvenargue ; les petites aussi doivent s'inspirer de ce que l'homme a de plus noble, en premier lieu du respect de soi-même. Ceux qui se livrent au journalisme ont une conscience pour apprécier la valeur de leurs actions en face des plus nobles sentiments dont l'homme se réclame. Ce qu'ils se permettent à l'égard d'autrui, ils ne le permettraient pas à celui qui voudrait user de la pareille à leur égard. Le scepticisme avec lequel ils se jouent des intérêts les plus sacrés des autres n'a d'égal que leur égoïsme personnel.

Ces hommes-là ne forment pas le véritable journaliste, appréciateur délicat des armes qu'il possède, fier de son rôle qui lui permet de faire entendre à tous des paroles de patriotisme, de loyauté, de vérité, d'exalter toutes les belles idées et les nobles recherches, au lieu de s'arrêter dans les bas fonds de la pensée, de cultiver les instincts les plus vils, de se laisser dominer par les goûts et les passions les plus grossières et de se faire le plat valet des multitudes tout en les méprisant et en les trompant.

CHAPITRE II

Entraves à la presse.

SECTION I. — LA CENSURE

§ 1. *Son usage général en Europe, avant le XVIe siècle.*

I. — La presse, ce puissant multiplicateur des produits de la pensée, ne pouvait passer inaperçue aux yeux des gouvernements. Création éminemment propre à exciter et favoriser l'activité intellectuelle de l'homme, par ses effets et ses conséquences elle devait attirer sur elle l'attention des régimes politiques sous lesquels elle est née et s'est développée.

Le droit d'exprimer sa pensée est un droit originel. Cependant, quoique l'Etat ne puisse s'en attribuer la création, il a reçu le droit de contrôler l'usage que des membres de la société en font, soit dans l'intérêt de ceux-ci, soit dans son propre intérêt. Tel est de nos jours la raison de ce droit de surveillance de l'Etat.

Dans les siècles passés, alors que tout dépendait d'un monarque qui prétendait avoir reçu sa puissance et son autorité d'une source divine, dont il se donnait comme le représentant, l'existence de la presse, la communication des idées par l'imprimerie étaient considérées comme un privilège constitué en faveur des personnes qui en usaient, mais dépendant du bon plaisir du prince. C'était, du reste, l'idée qu'on se faisait alors de ce qu'on appela plus tard le droit au commerce, le droit à l'industrie, en un mot le droit au travail.

Cette autorisation, censée accordée par le chef de l'Etat, lui permettait de légitimer des mesures les plus sévères contre ceux qui utilisaient à la récente invention. L'un d'eux essaya même de supprimer l'imprimerie dans ses Etats. Il se convainquit bien vite de l'inutilité de ses efforts et borna son zèle à l'édiction de mesures répressives et préventives qui servirent de modèles aux gouvernements subséquents.

L'Etat a incontestablement le droit de veiller à l'usage que ses membres font de la parole et de la presse. Les délits d'expression de la pensée rentrent dans sa compétence tout comme les délits matériels. Les uns comme les autres sont l'extension d'un droit au détriment du droit d'autrui. Si le délit de la parole n'a pas de conséquence matérielle directe, cela tient à la nature de l'instrument et à son mode d'opérer. Mais le délit n'en existe pas moins ; ses effets directs sont l'atteinte à l'honneur, à la considération ; ses effets indirects se manifestent par toute espèce de dommages matériels.

II. — A Rome, l'injure, la diffamation, soit de vive voix, soit sous forme de *libellus famosus*, étaient punies très sévèrement. Mais il n'y avait que répression ; aucun moyen préventif ne pouvait être employé, cela va sans dire.

Il en fut ainsi, en Europe, jusqu'à la découverte de l'imprimerie. Les documents sur les délits de la parole et de l'écriture, que nous possédons de l'époque antérieure, sont des lois *répressives*.

L'imprimerie, une fois inventée, ne tarda pas à se répandre rapidement. Les autorités politiques s'émurent de cette invention qui leur apparaissait comme un danger pour leur puissance, pour l'état moral et surtout religieux des populations. On se rappelle que cette rapide dispersion de l'imprimerie coïncida avec la Réforme religieuse. François Ier tenta l'audacieux essai d'extirper de son royaume la nouvelle trouvaille de l'esprit humain. L'illusion ne fut pas longue. Si l'anéantissement de l'imprimerie était au-dessus de toute puissance terrestre, les conditions de son existence pouvaient retarder les effets fâcheux que les princes attendaient du développement de la presse.

III. — C'est de cette époque que date l'emploi général du système *préventif* dont l'image la plus parfaite et la plus claire nous apparaît dans la censure.

La *censure* trouve ses origines dans la défense faite par les conciles aux fidèles de lire les œuvres réputées mauvaises ou déclarées telles par des docteurs ou les grands de l'Eglise. Au XIIIe siècle, par une ordonnance de Philippe-le-Hardi, l'université de Paris reçut le droit de surveiller les libraires, afin d'empêcher la circulation des livres interdits et de protéger les auteurs contre les copies fautives de leurs manuscrits.

Dès la découverte de l'imprimerie, cette mesure de prévention fut la première qui s'offrit au zèle des dignitaires de l'Eglise. Les évêques promulguèrent des décrets ordonnant de soumettre chaque manuscrit aux professeurs des universités et aux ecclésiastiques, cela aussi bien dans l'intérêt, disaient-ils, de l'écrivain que dans celui du peuple. Mais à ce moment encore la censure n'était que locale et n'existait que dans certains fiefs.

Il était réservé au pape Alexandre VI, Borgia, de l'étendre, en 1501, à tous les pays catholiques. Dans sa bulle, il défendait l'impression d'une œuvre quelconque sans qu'elle eût été, au préalable, examinée et approuvée par des archevêques, évêques, etc.

La censure fut donc établie partout où régnait le culte catholique, par un décret émané du pontife. Si l'Eglise prenait les devants, les princes temporels ne devaient pas tarder à suivre la même voie; sous ce rapport, l'accord le plus complet régnait entre les décisions du pape et des conciles et les ordonnances des rois. Les monarchies et les républiques firent un prompt usage de ce moyen de prévention, quoique de chaque côté on l'appliquât selon ses intérêts et ses conceptions particulières au sujet des œuvres que la censure devait prohiber.

Si la France catholique et monarchique censurait rigousement tout livre dont le sujet se rattachait aux institutions politiques ou religieuses du pays, les républiques protestantes de Berne, Bâle, etc., comme les villes indépendantes de la Hollande et de l'Allemagne, interdisaient toute publication de livres sur leur régime politique et social. Mais qu'en France un livre jetât le discrédit sur la forme républicaine ou sur le protestantisme, qu'en Suisse, en Hollande, à Venise ou en Angleterre, un ouvrage tournât en dérision les principes politiques ou religieux que d'autres pays avaient fait leurs, tout

était pour le mieux aux yeux de chacun de ces gouvernements. Chacun chez soi, chacun pour soi, telle était la maxime.

On voit donc que le système préventif régnait partout, que
la censure était appliquée avec rigueur à la presse et ne lais-
sait subsister que les produits imprimés en l'honneur et au
profit particuliers de chaque pays.

§ 2. *La censure en Angleterre.*

I. — L'Angleterre, malgré le libéralisme de son régime politique dont le Parlement formait un des organes, l'Angleterre
subit la censure aussi rigoureusement que la France. Sous
les Tudors, le régime de la presse fut très sévère, cruel même.
Lire une satire, en rire, la faire lire, l'écouter, chacun de ces
actes constituait un libelle. Quant aux peines, elles consistaient
dans l'amende, la prison, l'exposition et la mutilation par abla-
tion des mains ou des oreilles. Le nombre des imprimeries
était limité. L'archevêque de Canterbury et l'évêque de Londres vaquaient aux soins de la censure qui, du reste, n'empê-
chait nullement les poursuites après la publication de l'é-
crit. L'arbitraire, en matière de condamnation et de pénalités,
existait dans tout son épanouissement; les juges qui avaient
des velléités de protester, étaient simplement expédiés *manu
militari*, à la Tour de Londres.

Ce régime subsista pendant les règnes d'Elisabeth, de Jac-
ques Ier et de Charles Ier. Il reçut une sorte de consécration
par l'institution de la fameuse Chambre étoilée, corps composé
de commissaires chargés d'apprécier les détails de presse et
de les punir. La législation, en ces matières, n'existait qu'à
l'état informe, aussi peut-on s'imaginer de quelle manière la
justice était rendue.

II. — La Révolution de 1649 éclate. On croirait volontiers
que les austères et rigides puritains, Cromwell et ses parti-

sans, firent table rase de tou*es ces règles injustes autant que cruelles et accueillirent avec enthousiasme les idées de liberté de la presse et d'abolition de la censure. Mais, comme dit Rossi, la Révolution fut bien plutôt une réaction contre Charles Ier que la manifestation d'un véritable esprit de liberté. Le Long Parlement borna son activité réformatrice à supprimer la Chambre étoilée pour se mettre à sa place. Les rigueurs furent les mêmes : le Long Parlement alla jusqu'à baser ses décisions sur des arrêts de la Chambre étoilée. La grande voix de Milton, le poète républicain, s'éleva en vain contre la censure ; elle ne fut pas écoutée.

Rien n'était donc changé. La Restauration ne devait pas modifier cet état de choses dans un sens plus libéral. Elle fit tout le contraire, rétablit la Chambre étoilée et en général les anciennes ordonnances des Tudors.

III. — En 1688, survient la seconde Révolution. La colère populaire détruit le trône rongé des ans de l'absolutisme, et le remplace par le fauteuil du premier roi libéral Guillaume III.

La censure et les abus qui l'accompagnaient, avaient-ils disparu dans la tourmente révolutionnaire ? Pas du tout. La censure n'existait qu'en vertu d'un bill valable pour un certain temps et comme cette période n'arrivait à son terme que dans l'année 1692, la censure subsista jusqu'à cette époque. Mais alors, c'est-à-dire à l'échéance du bill, lorsque le roi voulut le faire renouveler, les députés de la Chambre des communes s'y refusèrent. En 1695, une nouvelle tentative n'eut pas plus de succès. Dès ce jour, la censure avait vécu. Il est à noter que cet abandon de la censure résulte simplement d'un refus de confirmation et n'est pas l'objet d'une ordonnance positive du Parlement.

IV. — La suppression de ce moyen de prévention par excellence n'entraîna pas celle des abus en matière de jugement et de pénalités. La législation pénale si obscure et incertaine continua à fournir, jusque dans notre siècle, les plus beaux modèles de condamnations arbitraires. Les deux Chambres du Parlement avaient leur juridiction de pure fantaisie. Celle des tribunaux, pour être appuyée de quelques statuts, ne l'était pas moins. Nous verrons plus loin la façon dont la tâche du jury était comprise dans les procès de presse.

Les peines étaient, comme au XVIIe siècle, l'amende, la confiscation, la prison, l'exposition et même la mutilation. Daniel de Foë, l'auteur de *Robinson Crusoë* fut condamné au pilori pour avoir écrit un libelle. Ne le jugeons pas trop mal sur cette accusation. N'est-ce pas aussi pour libelle que fut condamné à un an de prison, un écrivain qui avait écrit « que le prince était en mésintelligence avec son père » !

§ 3. *La censure en France, jusqu'à la Révolution de 1789.*

I. — En France, la censure se déploya aussi rigoureusement et suivant des règles à peu près identiques aux prescriptions de l'Angleterre.

Nous venons de voir que c'est à l'Université de Paris qu'une ordonnance royale octroya, au XIIIe siècle déjà, le droit d'examiner les manuscrits destinés à la publication et de surveiller les boutiques des libraires, autant dans l'intérêt de la religion et des principes monarchiques que dans l'intérêt des auteurs dont les œuvres étaient fréquemment altérées par les copistes. Avec l'extension de l'imprimerie, les prescriptions relatives à la surveillance des livres furent confirmées et renforcées. Une ordonnance de 1521 défendit l'impression d'aucun livre dont l'approbation n'aurait pas été faite, après lecture préalable, par l'Université et la Faculté de théologie. Peu de temps après, on publia un *Index* des livres dont la publication était prohibée. Une ordonnance prescrit la visite de toutes les boutiques de libraires. En 1547 apparaît l'obligation d'indiquer sur chaque livre, le nom et la demeure de l'imprimeur. Une ordonnance de 1563 réitère ces diverses injonctions sous peine, pour les délinquants, d'être pendus ou étranglés. Ces menaces n'étaient pas vaines, elles furent exécutées plusieurs fois.

L'Université demeura en pleine possession de son privilège jusqu'aux guerres de religion. Dès lors, son prestige s'étant singulièrement affaibli au milieu de ces troubles, elle ne garda plus que l'examen des livres et écrits sur la religion. Sous Louis XIII, le fonctionnaire qui présidait à l'organisation de la censure fut le Chancelier. C'est lui qui fut chargé de désigner les professeurs de l'Université auxquels incomba le devoir d'examiner les œuvres de l'esprit. Telle fut l'origine des censeurs royaux. Mais, à cette époque, ces censeurs étaient nommés pour chaque cas particulier; ils n'avaient aucune fonction ni aucun titre permanents.

II. — Ce régime subsista jusqu'en 1741. La censure n'était pas adoptée de bonne grâce par tous les esprits. Quelques-uns d'entr'eux, qui avaient conservé leur indépendance d'appréciation, ne se firent aucun scrupule d'attaquer la censure, témoin La Bruyère qui disait: « Un homme né français et chrétien est fort embarrassé pour écrire, les grands sujets lui étant interdits. »

La censure et les diverses mesures de surveillance des imprimeurs en arrivèrent rapidement à susciter le mépris le plus profond, non seulement au point de vue de leur valeur intrinsèque, mais encore par la façon dont on les éludait. Les livres interdits pullulaient en France, s'introduisaient dans le pays sous mille artifices. Montesquieu, Voltaire, Rousseau, imprimés à l'étranger, se trouvaient dans toutes les bibliothèques. Le directeur de la librairie, le savant Malesherbes, était complice de cet état de choses; il supplia, en vain, le roi d'y mettre un terme en supprimant toutes les restrictions apportées au commerce et à la publication des livres par les deux siècles passés. En même temps, l'imprimerie nationale se plaignait de voir les imprimeries étrangères bénéficier de la publication des œuvres retentissantes que chacun en Europe s'arrachait. Le gouvernement en vint à un tel point d'entêtement et d'absence de tout sentiment de dignité qu'il permit, en ne punissant pas les délinquants dont il connaissait les opérations illégales, d'imprimer des livres prohibés en France, à condition qu'ils porteraient pour indication du lieu de l'impression, le nom d'une ville étrangère !

En 1741, les censeurs royaux ont définitivement remplacé la censure de l'Université dans tous les domaines. Ils sont nommés à titre permanent et la mention approbative : « Par ordre de Monseigneur le Chancelier, j'ai lu, etc. » n'est plus qu'une formule traditionnelle du temps où le Chancelier désignait, dans chaque cas spécial, un professeur chargé de se rendre compte d'un ouvrage et de préaviser sur sa publication.

Nous verrons, dans un instant, que la limitation du nombre des imprimeries et la surveillance des librairies furent encore un moyen auquel la monarchie fit appel pour s'opposer aux publications dangereuses. Les peines prévues étaient très sévères et nombre d'auteurs, d'imprimeurs ou de libraires furent victimes de la cruauté des lois.

§ 4. *La censure pendant la Révolution de 1789*
et jusqu'en 1814.

I. — Tel était le régime de la presse avant la Révolution. Tout cet édifice croula dans l'effondrement de l'ancien régime. L'article 11 de la Déclaration des droits de l'homme proclama : « La libre communication des pensées et des opinions » est un des droits les plus précieux de l'homme ; tout ci-

» toyen peut donc parler, écrire et imprimer librement, sauf
» à répondre de l'abus de cette liberté dans les cas détermi-
» nés par la loi. » La Constitution de 1791 garantit « ... la li-
» berté à tout homme de parler, d'écrire, d'imprimer et de
» publier ses pensées, sans que ses écrits puissent être sou-
» mis à aucune censure ni inspection avant leur publication. »

Le principe était formellement proclamé. Si l'Angleterre
l'appliquait depuis un siècle sans l'inscrire dans sa loi fondamentale, la France en faisait l'objet d'une mention spéciale
dans sa Constitution. A vrai dire, ce principe subira bien des
attaques et des violations jusqu'au moment où il s'imposera
définitivement.

Il ne rentre pas dans notre sujet de nous appesantir sur
chaque péripétie que le principe de 1791 a subie et de faire
une étude complète des nombreuses violations dont il a été
l'objet, comme aussi des circonstances politiques qui les ont
provoquées. Cela nous mènerait trop loin ; nous passerons
rapidement sur les détails.

La Déclaration des droits de l'homme, comme la Constitution de 1791, pose donc le principe de la liberté de la presse
complète, dans les limites compatibles avec le droit d'autrui,
c'est à dire sauf les abus auxquels cette liberté donnerait
lieu. Le système admis est purement *répressif ;* il suppose
une loi répressive des délits de presse, à créer par le pouvoir
législatif. Cette loi ne fut pas élaborée comme un acte de ce
genre le méritait. Les troubles de cette époque, les attaques
contre le gouvernement, contre les conquêtes de la Révolution conduisirent les législateurs à créer bien plutôt des armes
défensives à leur usage qu'un véritable document législatif.
Un décret de l'Assemblée législative alla jusqu'à désigner
nominativement des journalistes coupables des délits qu'il
visait.

La Convention resta dans le champ de la répression, répression terrible, à coups de couperet, mais le principe était sauf.

II. — La Constitution de 1795, qui fut celle de l'époque du Directoire, sanctionna le principe de la liberté de la presse sous réserve de la répression des abus. Le système répressif est appliqué de nouveau. Quant à la loi déterminant les conditions de cette liberté, le Directoire la fit plus complète que les régimes précédents. Cette loi était dure aussi dans sa répression ; à côté de cela, elle contenait quelques dispositions préventives, relatives plutôt au contrôle de l'Etat sur les journaux et brochures qu'atteignant l'écrit dans son contenu. Il s'agit de l'obligation pour les écrits périodiques de porter le nom de l'auteur et l'indication de la demeure de l'imprimeur. Le premier pas dans la voie du système préventif était fait, grâce à l'impuissance du Directoire, incapable de prolonger le mouvement révolutionnaire qui s'éteignait, comme de créer un régime nouveau, sans tomber sous les coups de la contre-révolution. Dès lors, le système préventif, le système des méfiants et des faibles, allait reparaître dans toute sa rigueur.

Le coup d'Etat du 18 fructidor an V fut l'occasion d'un grand pas dans cette voie. Un décret du 19 fructidor ordonne la mise sous surveillance de la police de toutes les feuilles périodiques et des presses pendant un an, aux termes d'une loi qui disait que toute loi prohibitive de la liberté de la presse, du commerce, etc., est essentiellement provisoire et n'a d'effet que pendant un an au plus, à moins qu'elle ne soit formellement renouvelée. Le décret dont nous parlons fut, à l'expiration de l'année, renouvelé pour un an encore, vu la manière, disait-il, dont la presse avait abusé des moyens qui lui avaient été laissés.

Ce fut le dernier moment de l'existence du principe si largement posé par la Constitution de 1791. La Révolution était restée fidèle à la liberté de la presse. Si les mesures que les trois grandes assemblées édictèrent contre les abus furent sévères, elles ne sortaient pas du cadre du principe constitutionnel. Mais le Directoire abandonna, d'abord faiblement, cette ligne de conduite et finit par y renoncer complètement.

III. — Si le Directoire est la fin de la Révolution, le Consulat fut le commencement de l'Empire. Nous ne nous attendrons pas à trouver des améliorations au régime de la presse tel que le Directoire l'avait organisé.

En 1800, un décret arrête que treize journaux politiques seulement pourront paraître pendant la guerre ; suspension immédiate des journaux qui publieront des articles contraires au respect du pacte social, de la souveraineté du peuple, des armées, etc. En 1804, on institue une *commission sénatoriale* chargée de veiller à la liberté de la presse, en ce qui concerne les livres et ouvrages non périodiques — les écrits périodiques étaient donc en dehors de cette paternelle surveillance. — Elle recevait les plaintes et doléances des imprimeurs, auteurs et libraires atteints par des décisions de la police ; si, après délibération et prononcé de libération communiqué trois fois au ministre, les interdictions subsistaient, la Commission nantissait de l'affaire le Sénat qui rendait, le cas échéant, la déclaration solennelle : « Il y a de fortes présomptions que la liberté de la presse a été violée ! »

Napoléon ne pouvait se contenter d'un état de choses provisoire. Ne voyant d'ordre et de force que dans le régime absolu, il voulait se sentir le maître de la presse. En 1810, un décret défend « de rien imprimer qui puisse porter atteinte » aux devoirs des sujets envers le souverain et à l'intérêt de » l'Etat. » Les contrevenants sont punis conformément au code pénal, sans préjudice du retrait, par le ministre, du brevet de l'imprimeur. Nous retrouvons la *limitation du nombre des imprimeurs*, l'obligation du *brevet* et du *serment*.

Enfin, et pour couronner l'édifice, ce même décret introduit la *censure*, sans l'indiquer explicitement. Le directeur général de la librairie peut faire examiner un ouvrage par les censeurs, si bon lui semble ; les imprimeurs sont tenus de lui envoyer le titre de l'ouvrage à imprimer et le nom de l'auteur. Mais, dira-t-on, les imprimeurs n'ont-ils pas de garantie ? Ils ont celle de se soumettre d'eux-mêmes à la censure, sans attendre la réquisition du manuscrit. On pourrait croire que désormais ils sont à l'abri des poursuites. Pas du tout. Même après l'examen du livre par la censure et l'approbation de celle-ci, le livre, une fois imprimé, peut encore être saisi et mis au pilon. Chacun connaît le sort de l'*Allemagne* de Madame de Staël. Enfin, un décret ordonna que dans chaque département, sauf dans celui de la Seine, il ne pourrait exister qu'un seul journal, d'ailleurs surveillé par le préfet.

Nous nous retrouvons avec ce régime au beau milieu du XVIe siècle. La liberté de la presse est anéantie, la presse est garrottée par l'absolutisme du grand capitaine.

§ 5. *La censure sous la Restauration.*

I. — Cela dura jusqu'en 1814. A la Restauration, la liberté de la presse reparut. La Charte en reconnut le principe de la manière suivante : « Les Français ont le droit de publier et de faire imprimer leurs opinions en se conformant aux lois qui doivent réprimer l'abus de cette liberté. » Si l'article constitutionnel était clair et correct, la loi qu'il annonçait le développa d'une façon bien étrange. En effet, cette loi faisait une distinction entre les publications de plus de 20 feuilles et celles de moins de 20 feuilles, puis elle libérait les premières de tout examen préalable, les secondes... la conclusion se tire facilement. Voilà donc la censure rétablie par une extension singulière de l'article de la Constitution.

Ce n'était pas tout. Les journaux et écrits périodiques ne pouvaient paraître sans l'*autorisation préalable* du roi. La presse se retrouvait dans une position bien précaire avec ces deux entraves. Le *brevet* était exigé pour les imprimeurs comme pour les libraires, ainsi que le *serment*. Le *dépôt* de quelques exemplaires en mains de l'autorité était obligatoire.

Pendant les Cent-Jours, Napoléon supprima la censure et le directeur de la librairie. Abolir un abus est chose habituelle à tout nouveau régime qui veut se concilier les esprits.

II. — Après la chute définitive de l'empereur, le gouvernement royal ordonna aux préfets de ne pas faire usage de la censure à l'égard des écrits de plus de 20 feuilles. Pour la presse périodique, la censure subsistait. L'autorisation préalable fut de nouveau imposée à tous les journaux.

III. — Nous allons ainsi jusqu'en 1819, époque à noter dans l'histoire de la liberté de la presse. Pour la première fois nous voyons le principe constitutionnel appliqué sans arrière pensée, sans arguties, dans toute son étendue. Pour la première fois, depuis l'époque où fut formulé le principe de la liberté sous réserve de la punition des abus, une loi répressive complète, détaillée, travaillée, vient régler cette question.

Cette législation fut l'œuvre du duc de Broglie, comme il s'en attribue le mérite dans ses *Souvenirs* récemment parus. Le garde des sceaux, l'éminent de Serres, la défendit aux Chambres avec le plus brillant succès. Cette législation est contenue dans trois lois séparées. La 1re de ces lois, du 17 mai 1819, définit les crimes et délits de presse; la 2me, du 26 mai, règle la procédure; la 3me, du 9 juin, indique les garanties qu'on exige de la presse périodique : déclaration d'un éditeur responsable, de sa demeure et de l'imprimerie autorisée, cautionnement, dépôt à l'autorité. Le duc de Broglie rappelle comme un succès du parti doctrinaire, dont cette loi fut le drapeau, le fait d'avoir obtenu « à grand peine » l'obligation pour les fonctionnaires attaqués à l'occasion ou dans l'exercice de leurs fonctions, de provoquer ou supporter la preuve du fait imputé. Cette disposition fut abolie par la réaction, l'année suivante.

En 1818, le même parti avait demandé l'application du *jury* aux délits de presse. La loi de 1819 réalisa ce postulat. Elle rendit obligatoire la mise en liberté, sous caution, d'un écrivain. D'après la nomenclature des garanties exigées de la presse, que nous venons de donner, on voit que la censure et l'autorisation préalable, ces deux mesures de prévention de fond, étaient rejetées.

IV. — Cette législation qui devait fournir la base de toutes les lois libérales subséquentes, fut une première fois abandonnée, en 1820, après l'assassinat du duc de Berry, qui servit de prétexte à la réaction la plus violente. La censure, défendue par le duc Decazes et attaquée par le duc de la Rochefoucauld, fut rétablie ; on refusa l'exemption de toute peine à l'auteur d'un article qui, après avoir été admis par la censure, donnait lieu à une plainte. La censure devenait, du même coup complice de l'attaque ! Aucun manuscrit ne pouvait être publié sans visa d'un magistrat ou d'un censeur. — L'autorisation préalable reparut, ainsi que le droit de suspension et, en cas de récidive, de suppression du journal.

La loi de 1822 continua le même système préventif. C'est cette loi qui créa ces fameux *délits de tendance* dont on s'est servi si souvent pour caractériser les agissements d'une réaction échevelée. L'article 3 disait : « Dans les cas où l'esprit
» d'un journal ou écrit périodique, résultant d'une succession
» d'articles, serait de nature à porter atteinte à la paix publi-
» que, au respect dû à la religion de l'Etat et aux autres reli-
» gions légalement reconnues en France, à l'autorité du roi,
» à la stabilité des institutions constitutionnelles, à l'inviolabi-
» lité des ventes des domaines nationaux et à la tranquille

» possession de ces biens, les cours royales... pourront pro-
» noncer la suspension d'un journal ou écrit périodique pen-
» dant un temps qui ne pourra excéder un mois pour la pre-
» mière fois et trois mois pour la seconde. Après ces deux
» suspensions et en cas de nouvelle récidive, la suppression
» définitive pourra être ordonnée. » Telle était la disposition
que l'esprit de parti suggéra à ceux qui voyaient le salut de
la nation dans la compression violente de l'activité intellectuelle des esprits libéraux et progressistes.

Une loi du même mois de mars 1822 enleva la juridiction
du jury aux délits de presse. Enfin, elle accorda au gouvernement le droit de rétablir la censure par simple ordonnance
ministérielle. La presse est de nouveau à la discrétion du
pouvoir. Celui-ci fit usage de cette faculté en 1827 seulement.
C'est cette année que la Chambre fut dissoute.

L'année suivante attire notre attention par une nouvelle loi
sur la presse, du 18 juillet, qui ordonne la *déclaration des
propriétaires et gérants responsables*, le dépôt, le *cautionnement* et la *responsabilité des propriétaires et gérants responsables* pour tous les articles d'une feuille.

V. —— Nous venons de parcourir à grands traits la législation embrouillée de la Restauration en matière de presse.
Comme on a pu s'en apercevoir, cette partie de la législation
française a subi bien des vicissitudes, bien des changements
avant d'abandonner complètement ce moyen de prévention
absolue qu'on appelle la censure. En 1814, la Charte proclame
la liberté de la presse avec répression des abus. Par une confusion volontaire entre l'idée de *réprimer* et celle de *prévenir*, la loi d'exécution qui intervient rétablit la censure et
l'autorisation préalable. Les Cent-Jours suppriment ces deux
mesures, que le régime de 1815 remet en vigueur. Ainsi l'on
arrive à l'année 1819 qui amène un changement de front
complet dans la législation de la presse. Le système purement

répressif ou peu s'en faut ressaisit la victoire, que l'assassinat du duc de Berry change en désastre en 1820. La réaction donne une nouvelle vie au régime préventif de la censure et de l'autorisation préalable, régime qui fut confirmé par les lois de 1822. Celles-ci mettent la censure à la disposition du pouvoir exécutif qui n'en fait usage qu'en 1827. En 1828, la nouvelle Chambre reprend la voie des doctrinaires de 1819.

Ainsi, depuis 1814 jusqu'en 1830, la censure est rétablie trois fois et trois fois supprimée.

L'année 1830 devait être le terme de ses succès. Chacun sait que Charles X fit promulguer deux ordonnances datées des 25 et 26 juillet, suspendant la liberté de la presse périodique par le rétablissement de la censure et de l'autorisation préalable. Ces décrets furent l'étincelle qui mirent le feu aux poudres et la révolution de Juillet vint chasser de la France le frère de Louis XVI.

§ 6. *La censure dès 1830.*

I. — La Charte de 1830 dit que « Les Français ont le droit » de publier et de faire imprimer leurs opinions, en se con- » formant aux lois. La censure ne pourra jamais être rétablie. » Cette fois l'abolition de la censure est expressément déclarée dans la Constitution. L'article 7 qui le consacrait fut toujours respecté et la censure a définitivement disparu.

La liberté de la presse rentra dans la voie que lui avait ouverte les lois de 1819. En effet, la loi du 8 octobre 1830 ordonna l'application du *jury* aux délits de presse — sauf la diffamation et quelques autres — et remit en vigueur les lois des 26 mai et 9 juin 1819 relatives à la poursuite des délits de presse et à la publication des journaux.

L'attentat de Fieschi fut l'occasion d'un remaniement des dispositions pénales prévues pour certains délits de presse

relatifs à la personne du roi, à la dignité royale, au régime dynastique. S'appeler « républicain » devint un délit. Dans la pensée des législateurs il s'agissait de *supprimer* la discussion sur certains points comme ceux que nous venons de nommer ; le garde-des-sceaux disait très nettement que « l'in-
» tention du législateur était de tuer la presse dont les prin-
» cipes seraient ceux de tout autre gouvernement que celui
» de juillet. » On crut parvenir à ce but en frappant de peines sévères les coupables, en faisant de la provocation non suivie d'effet un délit *sui generis* et en donnant au pouvoir judiciaire le droit de supprimer un journal pour un intervalle de un à quatre mois. Le cautionnement fut élevé.

II. — Le second empire ne rétablit pas la censure officielle, mais il chargea les imprimeurs d'une responsabilité si lourde qu'en réalité la surveillance que ceux-ci exerçaient à l'égard des écrits livrés à l'impression équivalait à une censure d'autant plus dure que le censeur était plus peureux et plus soucieux d'éviter les tribunaux.

III. — Nous venons d'examiner la mesure que les gouvernements ont cru la plus utile pour prévenir la mauvaise influence d'une presse dont les idées ne seraient pas les leurs. Nous avons pris ce moyen de prévention, la censure, dès sa naissance et nous avons brièvement résumé ses alternatives de toute-puissance et de défaites jusqu'au moment de sa chute et de sa disparition de la législation. A l'heure qu'il est, la censure avec sa mauvaise réputation, est un habit bien mal porté ; il est de mode de s'en passer même chez les gouvernements qui la verraient avec plaisir soutenir leur autorité décrépite et chancelante. Nous croyons qu'en temps de paix, le règne de la censure est fini ; mais en temps de guerre et surtout de guerre civile, les partis feront encore souvent appel à ce moyen d'étouffer les indiscrétions et les attaques.

SECTION II. — LES AUTRES MESURES PRÉVENTIVES

§ 1. *Mesures qui visent directement la pensée même de l'auteur.*

I. — La *limitation du nombre des imprimeries* est également une des mesures de prévention que prirent les gouvernements. Nous l'avons vue en Angleterre. Nous la retrouvons en France. Déjà à la fin du XVe siècle, les imprimeurs de Paris réclamèrent le privilège de l'exercice exclusif de leur métier pour ceux qui auraient obtenus un brevet. Ce privilège leur fut accordé et subsista jusqu'à la Révolution, qui proclama la liberté de l'industrie. L'empire rétablit l'obligation du brevet et du serment ; la Restauration et le régime de 1830 suivirent la même voie. C'est seulement en 1870 que le libre exercice de l'imprimerie fut proclamé.

II. — L'*autorisation préalable* paraît en 1810 dans le décret du 3 août, qui l'ordonne pour tous les journaux auxquels on accorde le droit de paraître (un seulement dans les départements autres que celui de la Seine). Avec la censure, l'autorisation préalable est le principal moyen de réduire au silence les opinions opposées à celles des gouvernements. C'est une mesure de prévention de fond. Il n'est pas besoin de longs développements pour faire comprendre la puissance de cette arme dans les mains d'un gouvernement. Désignée, en 1810, sous le nom d'*approbation*, elle est indiquée dans la loi du 21 octobre 1814 par le terme d'*autorisation préalable*. En général, elle a suivi le sort de la censure. Les lois de 1819 la suppriment, la loi de 1820, comme celle de 1822, la rétablissent. En 1828, elle est abandonnée à l'égard des fondateurs d'une publication.

En 1852, un décret impérial ordonne de nouveau l'obligation de l'autorisation préalable. Elle ne disparut que par le décret de 1868, au moment où Napoléon essayait de consolider sa puissance en se tournant du côté des libéraux.

§ 2. *Mesures destinées à faciliter l'action de la justice.*

Voilà pour les mesures préventives de fond, c'est-à-dire celles qui entravent l'exercice de la presse en se basant sur l'idée qui doit présider, dans l'esprit de l'écrivain, à cet exercice. Il y a encore des mesures préventives de contrôle, celles qui, sans s'inquiéter du contenu d'un article ou des opinions d'un candidat au journalisme, ne visent que les conditions de forme, de publication, de contrôle. Telles sont le cautionnement, le dépôt, le timbre, la déclaration de l'éditeur, de l'imprimeur ou du gérant responsable.

I. — Le *cautionnement* est une idée de Châteaubriant, en tant qu'il s'agit de la presse. Cette idée a été mise à profit par le législateur de 1819. C'est dans la loi du 9 juin que le cautionnement est prescrit pour la première fois en France. L'Angleterre s'est emparée de ce moyen et l'a introduit dans sa législation.

Le cautionnement est un privilège en faveur de la presse riche ; il ne paralyse pas complètement l'exercice du journalisme, mais il le rend plus rare. Sans doute ce privilège blesse l'opinion d'un peuple qui a le sentiment de l'égalité entre les citoyens, mais il ne constitue pas un moyen de prévention général et absolu. Une presse riche n'y trouvera pas une entrave à la publication de ses opinions ; ses ressources financières lui permettront de fournir le cautionnement exigé et elle bénéficiera de l'impossibilité où se trouveront d'autres journaux moins favorisés de continuer leur publication. « Silence aux pauvres ! » est l'apostrophe souvent rappelée qui caractérise le plus énergiquement le principal défaut du cautionnement.

Si le cautionnement était une manière indirecte de prévenir le développement de la presse en en rendant l'usage plus difficile, il devait en même temps servir à assurer le paiement des dépens, dommages-intérêts et amendes prononcées par les tribunaux contre un journal. On lui assigna encore un troisième but en obligeant les gérants responsables à être propriétaires de la totalité, du tiers, du quart du cautionnement, selon la législation. De cette façon, les gérants intéressés à la conservation du cautionnement, se constituaient censeurs plus rigoureux des articles qui leur étaient soumis.

Le chiffre du cautionnement varia de 6,000 à 100,000 fr. suivant l'époque et les délais de publication des feuilles périodiques.

Cette mesure resta en vigueur, en France, jusqu'en 1881.

II. — Le *dépôt*, comme la *déclaration du nom de l'éditeur* ou *de l'imprimeur* est une mesure de pur contrôle, qui doit faciliter la recherche et la poursuite des délits de presse. Le dépôt est ordonné par l'article 14 de la loi du 21 octobre 1814.

III. — La déclaration du nom et de la demeure de l'éditeur, de l'imprimeur ou des propriétaires remonte, dans son principe, au XVIᵉ siècle. A cette époque, les imprimeurs-libraires sont tenus d'insérer sur chaque livre l'indication de leur nom et de leur demeure, de soumettre sans délai à la justice les manuscrits suspects, enfin d'insérer dans ce livre imprimé par leurs soins, la mention approbative de la censure. Les peines variaient de l'amende et la confiscation, à la mutilation et à la mort.

Sous le Directoire, la loi du 28 germinal an IV prescrit la déclaration du nom de l'auteur et de la demeure de l'imprimeur. Plus tard, on exigea de plus, le nom et la demeure de tous les propriétaires, l'indication de leurs parts dans l'entreprise, le nom et la demeure des gérants responsables, tout cela dans la même déclaration.

IV. — Mentionnons comme une dernière mesure préven·
tive qui est beaucoup plus une simple mesure fiscale, le
timbre, que l'on voit apparaître dans un décret du 9 vendé·
miaire an VI.

V. — Le régime impérial issu du coup d'Etat de 1851 avait
remis en vigueur, par son décret de 1852, toutes les mesures
préventives et suppressives de la Restauration et exigé la
signature de l'auteur au bas de chaque article politique, phi·
losophique ou religieux. Cette prescription n'a pas tardé à
tomber en désuétude.

Ce régime de 1852 avec l'autorisation préalable, le cautionnement, la suspension et la suppression administratives, la
responsabilité des imprimeurs, si sévère qu'ils· eurent l'idée
de réclamer le rétablissement de la censure, ce régime sub·
sista jusqu'au moment où Napoléon III, inquiet de l'affaiblis·
sement de son autorité, de sa puissance et de son prestige,
opéra son évolution du côté des libéraux, en 1868.

VI. — La loi du 15 avril 1871 exigea la déclaration du titre
du journal et des époques où il paraît, l'indication du nom des
propriétaires, de leur demeure et de leurs parts dans l'entreprise, enfin celle du nom et de la demeure des gérants de
l'imprimerie. Cette loi conserva le cautionnement et le dépôt.

Telles sont, présentés sous forme de résumé historique,
les régimes de la presse, les mesures que la monarchie ab·
solue, la république et la royauté constitutionnelle ont édic·
tées tour à tour dans le but de délivrer la presse ou de l'as-
servir, au milieu de vicissitudes sans nombre, qui prouvent
la haute idée que les différents partis se faisaient de la puis·
sance de la presse.

CHAPITRE III

Les revendications de la presse.

SECTION I. — LES INCONVÉNIENTS DES MESURES PRÉVENTIVES.

I. — Les régimes autoritaires, qu'ils soient monarchiques ou démocratiques, ont toujours vu de mauvais œil une puissance comme la presse leur résister et servir à la publication de pensées et d'opinions dans la réalisation desquelles ils devinaient leur perte. Cela s'est vu aussi bien en Angleterre sous la République de Cromwell, qu'en France sous François Ier ou Louis XIV. Ces régimes ont appelé à leur secours la censure et toutes les mesures propres à empêcher le développement et à tuer l'influence de la presse.

Les hommes éclairés ne manquèrent pas de protester dans leurs livres contre l'asservissement de la presse, en attendant que celle-ci en vînt, grâce au journalisme, à pouvoir réclamer elle-même contre les entraves dont on la chargeait.

Milton écrivit un superbe morceau d'éloquence contre la censure que, dans son zèle puritain, il représentait avec raison comme une « œuvre de l'inquisition papiste » et qu'il taxait d'inutile et d'inique. Le Long Parlement et Cromwell n'avaient que faire des conseils du poète du *Paradis perdu*.

Nous avons cité l'opinion de La Bruyère. Le XVIIIe siècle sonna la charge contre la censure par la voix de ses grands écrivains ; les hommes de 89 conduisirent l'attaque et la République fit disparaître cette inquisition de la pensée, laissant aux régimes suivants le soin de la rétablir.

La presse périodique se chargea désormais de la défense de sa liberté et de ses intérêts. Si Guizot et Royer-Collard entre autres soutinrent la censure de leur talent naissant, Châteaubriant et Benjamin Constant s'en firent les adversaires opiniâtres. Ce sont eux surtout qui ont instruit le procès de cette institution.

II. — Les objections qu'on a émises contre la censure sont nombreuses et paraissent irréfutables.

Nous nous contenterons de les indiquer sans les développer longuement.

On a dit que la liberté de la presse est nécessaire dans un pays à gouvernement représentatif. Il est indispensable que la presse puisse contrôler et discuter les actes du gouvernement, que de cette façon elle porte à la connaissance du peuple. Dans un Etat organisé ainsi, la censure est une confiscation de l'indépendance de l'écrivain hostile au gouvernement, au profit de ce gouvernement même.

En second lieu, la censure est un moyen de compromettre inutilement le pouvoir, car tout ce que la censure aura laissé passer sera considéré comme approuvé par le gouvernement puisqu'il interdit ce qui lui déplaît. Celui-ci endosse la responsabilité de ce que les journaux impriment. La censure donne plus de poids, plus de valeur à ce qu'ils disent de faux ou de déplacé.

La liberté de la presse est la sauvegarde des citoyens. Elle leur permet de formuler et de faire connaître au pouvoir les injustices et les abus dont ils souffrent. « Si le roi le savait! » disait, dans sa naïve confiance, le peuple battu et persécuté des siècles passés. Aujourd'hui, si cette confiance aveugle dans les gouvernants a bien diminué, les citoyens ont le moyen de donner une publicité étendue à leurs griefs et de les soumettre aux hommes du gouvernement, tout en constituant la nation entière comme témoin de l'appel qu'ils adressent aux représentants de la justice.

La censure est le jugement et la condamnation des idées

d'un homme par les idées d'un autre homme. Ce pouvoir est exorbitant et, pour l'exercer, il faut une forte dose de confiance en soi-même.

La conséquence logique de la censure est celle que, seule, la loi de 1822 a osé tirer, l'incrimination d'un seul article ou d'une série d'articles qui, sans avoir rien de répréhensible dans les termes ni dans la forme, présentent une tendance à des idées inacceptables par le gouvernement. C'est l'interdiction pour cause de *tendance* à telle ou telle opinion.

La censure est encore l'impossibilité pour le peuple de faire son éducation politique en assistant aux chocs des arguments invoqués de part et d'autre, aux discussions entre les partisans et les adversaires du gouvernement. La censure est admissible par ceux qui se croient d'une essence plus parfaite que le commun des mortels, elle constitue le plus ferme soutien du principe d'autorité et de supériorité : la liberté de la presse est un appui solide pour les progrès de l'égalité.

Toutes ces attaques contre la censure en ont eu raison.

II. — L'*autorisation préalable* est un moyen encore plus brutal que la censure. C'est l'arbitraire complet. En appliquant la censure, l'autorité raisonne au lieu de constater, dit Benjamin Constant. Par l'autorisation préalable, elle s'évite même de longs raisonnements. Le nom du journaliste, l'idée qui préside à la fondation du journal, le groupe politique dont il doit être l'organe, le nom du gérant ou du propriétaire, chacun de ces faits peut décider le pouvoir, dans son bon plaisir, à refuser cette autorisation. Cette mesure devait disparaître, en même temps que la censure, devant les attaques de la presse et des hommes politiques vraiment libéraux.

III. — Quant au *cautionnement*, il présente des avantages assurément, mais aussi des inconvénients plus grands encore. Il a survécu aux mesures réactionnaires du premier Empire et de la Restauration, comme à celles de la royauté de Juillet ou du second Empire. Il existait encore il n'y a pas bien longtemps en Allemagne et en France, il subsiste en Autriche et, à un certain point de vue, en Angleterre.

Le cautionnement est sans contredit avantageux, en cas de condamnation d'un journal, pour assurer le paiement des frais, des dommages-intérêts et des amendes. Si le gérant responsable est tenu d'être propriétaire d'une certaine part ou de la totalité du cautionnement versé, en numéraire, l'on aura cet avantage d'assurer l'exécution de la condamnation. Un tel gérant responsable ne saurait être un homme de paille et, grâce à ce fait, il est touché d'une façon bien plus sensible que ne l'est un individu placé à la tête d'un journal uniquement pour recevoir les coups et subir quelques temps de prison en cas de défaut de paiement d'une amende.

Mais, pour nous, le cautionnement a ce grave défaut de monopoliser l'exercice de la presse au bénéfice de la fortune.

Il empêche les citoyens dont les ressources financières ne sont pas suffisantes de se vouer à l'entreprise d'un journal. Si cet inconvénient n'a pas une importance bien grande lorsque le taux du cautionnement est peu élevé, il n'en est pas moins vrai que, dans le cas contraire, l'obstacle est capital. Le taux du cautionnement, dès les commencements de cette institution, n'a pas cessé de décroître; il a varié de 100,000 à 6000 fr. comme nous venons de le voir.

Cet inconvénient est très grand à un autre point de vue, celui de la diffusion de la presse. Ce n'est que grâce à l'abolition des formalités du cautionnement que la petite presse locale a pu se développer et ainsi hâter le moment où la presse détruira elle-même sa puissance par le *dilettantisme* de ses appréciations, par l'amour du scandale auquel la concurrence entraîne les journaux peu scrupuleux, par l'abus des personnalités et par le développement de cette camaraderie vénale qui met une feuille au service de chaque intérêt plus ou moins recommandable.

La censure, l'autorisation préalable et le cautionnement sont les trois mesures de prévention inventées par le pouvoir, contre lesquelles la presse s'est le plus vivement insurgée, en se réclamant surtout du droit de l'homme de manifester ses opinions librement, quitte à en subir la peine si elles sont répréhensibles aux yeux des tribunaux.

IV. — Quant au dépôt, à la déclaration, etc., la presse ne pourrait y voir que difficilement des mesures vexatoires pour elle. Ces formalités lui sont imposées par la loi aussi bien dans l'intérêt des citoyens que dans celui du pouvoir. Ce ne sont que des mesures de contrôle qui ne gênent en rien la libre expression des opinions et permettent seulement à la justice d'agir plus rapidement et plus sûrement que si elles n'existaient pas.

V. — Si, grâce à la presse et à l'opinion publique, le système préventif a disparu à peu près complètement des législations de l'Europe, au moins dans ses deux plus importantes manifestations, la censure et l'autorisation préalable, c'est aussi par la pression de l'opinion publique que les Etats se sont vus forcés d'inscrire dans leur Constitution la *garantie de la liberté de la presse*. La plupart des Etats monarchiques et des Etats républicains ont sanctionné, par une disposition de leur Constitution, le principe de la libre expression de la pensée par la presse. Quelques pays ont ajouté à cette règle l'interdiction formelle de la censure.

VI. — Cependant, il est encore bon nombre d'hommes fort au courant de cette partie de la législation qui voient avec regret l'abandon des mesures préventives de la Restauration. Ils sont conduits à ces sentiments, les uns par leur tournure d'esprit autoritaire, les autres par le dégoût que maintes polémiques de la presse ont soulevé en eux ; consciences délicates, tempéraments nerveux, ils ne peuvent se faire aux attaques personnelles, aux dévoilements des turpitudes privées, et pour eux le plus grand sujet d'étonnement, c'est le sang-froid et l'insensibilité qu'opposent les hommes les plus en vue et les plus outragés aux attaques dont telle presse se fait un devoir de les abreuver. Au milieu de ce débordement d'injures, d'outrages, de turpitudes, ils ne voient d'autre salut pour la morale publique que le régime patriarcal, hommes de peu de foi qui ne comprennent pas les beautés du système d'éducation morale de l'homme par l'exposé des brutalités de la nature humaine !

Un illustre professeur, Bluntschli, était un de ceux qui désiraient augmenter les garanties de la nation en supprimant celles de la presse. Il réclamait le cautionnement, le système des concessions accordées par l'autorité pour la publication d'un journal, la suspension ou l'interdiction, la saisie par la police, le timbre et enfin il désirait que dans le choix des jurés on eût égard à leur capacité intellectuelle.

D'autres publicistes encore réclament de nos jours le cautionnement, comme nous avons pu nous en convaincre en parcourant quelques ouvrages présentés par des auteurs italiens au concours Ravizza, à Milan.

VII. — Toutes ces propositions nous font l'effet d'avoir peu de chances de réussite. Ces restrictions, ces entraves à la liberté de l'exercice de la presse ne se justifient pas en elles-mêmes et les résultats qu'elles entraînent ne sont pas ceux que le législateur en attendait. La presse est comme la rivière qui coule paisiblement entre de larges bords, mais écume et bondit lorsque son lit se resserre et se creuse. Outre cela, grâce à son émancipation intellectuelle et politique, l'homme supporte de moins en moins les brides d'une autorité quelconque. Les violents sont ceux qui tiennent le haut du pavé et ils ne se laissent pas mettre le mors facilement. L'énergie

de leurs expressions, l'âpreté de leurs attaques ne cesseront
que lorsque, satisfaits, ils réclameront à grands cris, de leurs
successeurs, la mesure, la réserve, les convenances qu'ils
n'auront eux-mêmes pas su garder. Ce ne sont certes pas l'a-
gitation actuelle, les bouillonnements que l'on entend gronder
au sein des classes inférieures de la société ni les revendications sociales toujours plus aiguës des couches profondes
qui rendront un peu de calme et de correction à la presse,
nous parlons de celle qui vit de tumulte, de grossièretés et
sert en même temps de moyen à quelques ambitions surex-
citées et assoiffées d'honneurs et de popularité. C'est bien le
cas aujourd'hui de répéter le mot de Napoléon : « Le meilleur
remède à la mauvaise presse, c'est la bonne presse. »

SECTION II. — LA PRESSE NE DOIT-ELLE RELEVER QUE DU DROIT COMMUN ?

I. — Une dernière question que nous avons à envisager à
propos des revendications de la presse est celle de savoir si
la presse doit être jugée d'après les principes du droit commun. Ce point a été vivement débattu. Les uns ont répondu
affirmativement, les autres se sont prononcés pour la négative. En 1881, lors de la discussion du projet de loi sur la
presse par la Chambre des députés, en France, M. Floquet
s'est montré vif partisan de l'application du droit commun à
la presse. Il déclarait que, pour lui, le droit commun en matière répressive, c'est, en droit civil, l'article 1382 du Code Napoléon et en droit pénal, c'est l'application de la théorie de
la complicité joignant le fait et l'intention ; il ne suffit pas de
l'intention seule, de la complicité morale.

D'un autre côté, un célèbre journaliste, E. de Girardin,
s'est constitué de bonne heure le défenseur de l'opinion que
la presse ne saurait être soumise aux règles générales du

droit. Il est vrai qu'il concluait de là à l'impunité de la presse et qu'ainsi sa manière de voir peut attirer le reproche de n'être pas tout à fait désintéressée.

II. — Les partisans de l'application du droit commun à la presse soutiennent que le journal doit être considéré comme une propriété semblable à toute autre propriété et que les personnes responsables doivent être le ou les propriétaires du journal. Mais ne voient-ils pas qu'ils remplacent la présomption de la culpabilité du rédacteur ou du gérant responsables par la présomption — bien plus sujette à caution que celle du rédacteur — de la culpabilité du propriétaire qui, le plus souvent, ne remplit que les fonctions de guide, de directeur spirituel de l'écrit périodique et à l'égard duquel il se trouve dans la même position que le timonier sur son navire ? Et à un point de vue plus général, quel serait le capitaliste assez insouciant pour consacrer ses capitaux à la publication d'un journal qui serait pour lui le boulet aux pieds du forçat, par l'obligation qu'il aurait de tout lire ou de subir les condamnations motivées par les actes du rédacteur ?

III. — En matière de délit de presse, soit envers la société tout entière, soit envers les particuliers, l'opinion publique veut un coupable, dont la punition est envisagée comme la manifestation du sentiment de réprobation de la société à l'égard de l'action injuste qui a été commise, et en même temps comme une réparation publique du tort fait à la société ou à tel individu. Quelquefois l'opinion publique réclamera outre la punition de l'auteur principal du fait de publication celle d'un complice, celle de l'instigateur s'il en existe, mais elle réprouvera une série de condamnations. « Admettre la » complicité, disait M. de Brouckère au Congrès national, c'est » en d'autres termes établir la censure des imprimeurs, cen » sure cent fois plus nuisible à la liberté que celle du pou voir ; » M. Devaux ajoutait : « Quand l'auteur est connu et

» domicilié en Belgique, on a toutes les garanties qu'il faut à
» la loi. On a dit : Il se peut qu'un imprimeur soit complice
» d'intention ; mais n'a-t-on pas assez d'une victime ? »

Or, la punition de plusieurs personnes se présenterait fréquemment .avec l'application du droit commun. Il se pourrait fort bien que l'imprimeur, l'éditeur responsable, s'il s'agit
d'un écrit non périodique, l'auteur de l'article, le directeur
politique du journal, le propriétaire, les membres du Conseil
du journal — si l'entreprise est en forme de société — fussent condamnés à la fois soit comme auteurs, soit comme
complices, s'ils ont tous eu connaissance de tel ou tel article.
L'imprimeur aura fourni ses presses, le rédacteur responsable
aura approuvé l'article, le propriétaire enfin aura permis l'emploi de son journal, de sa chose, pour la publication de l'écrit
dont il a pris connaissance.

Dans d'autres cas, au contraire, à quelles difficultés l'application du droit commun ne donnera-t-elle pas lieu ? L'opinion
publique, bien souvent, ne recevra aucune satisfaction. Comment le lésé pourra-t-il convaincre tel prévenu d'avoir eu
l'intention de nuire, d'avoir agi en connaissance de cause ?
L'imprimeur dira qu'il n'a pas lu tel article incriminé ; le rédacteur aura la même excuse à son service : l'article aura été
envoyé à son insu à l'impression, etc. La preuve de l'intention
sera très difficile et en tous cas l'instruction pour être parfaite demandera beaucoup de temps. Or, dans ces délits, il
importe que la réparation se fasse aussi promptement que
possible, le remède doit être appliqué comme un contre-
poison.

Dans ces conditions, nous sommes partisans de l'opinion
qui, supprimant la complicité en raison d'actes inhérents au
fait même de la publication d'un écrit, reconnaît comme auteurs principaux du délit deux personnes, au plus, d'après
l'importance de leur participation, et, comme auteurs acci-

dentels ou comme complices, les personnes dont la justice réclame le châtiment ensuite des actes, étrangers au fait même de la. publication, dont elles se sont rendues coupables. Ainsi, pour la presse périodique, notre opinion admet comme devant être punis deux auteurs principaux : l'auteur de l'écrit et le rédacteur qui a consenti à l'insertion de l'article dans son journal, puis, comme auteur accidentel, l'instigateur, par exemple, celui qui a provoqué la publication par ses excitations, ses encouragements, ses promesses, ses libéralités. Pour la presse non périodique, nous considérons comme auteurs du délit l'auteur du livre ou de la brochure et l'éditeur.

Nous ne faisons que mentionner ici cette opinion quitte à la développer à l'occasion de l'examen du projet de code pénal vaudois.

DEUXIÈME PARTIE

La presse devant les législations des principaux états.

TITRE PREMIER

LE RÉGIME DE LA PRESSE EN EUROPE ET AUX ÉTATS-UNIS

CHAPITRE PREMIER

L'Angleterre.

SECTION I. — LES JUGES ANGLAIS ET LA PRESSE AU SIÈCLE PASSÉ.

I. — Nous avons vu que le principe de la liberté de la presse n'est formulé nulle part comme un principe politique dans la législation anglaise. En 1692, la presse est rentrée dans le domaine de la loi commune que les anglais appellent *Common law*. Il ne faudrait pas croire que dès lors sa position fût assurée. Le pouvoir n'était pas disposé à supporter l'indépendance des appréciations de la presse de l'opposition. Le gouvernement ne pouvant plus soumettre la presse par la censure trouva bien vite un moyen détourné d'en limiter les facilités d'existence.

A cette époque, les juges anglais n'étaient pas encore des magistrats inamovibles dont la déposition ne pouvait se faire que par arrêt du Parlement. Ils dépendaient du caprice de la couronne, par conséquent de l'habileté de leur conduite, de leur sagacité à se faire les instruments des colères et des rancunes du gouvernement. C'est guidés par ces considérations toutes personnelles qu'ils en vinrent à soustraire à la presse la garantie du jury.

En Angleterre, les juges sont chargés de renseigner le jury sur ses devoirs et ses droits. Or que firent-ils ? Ils dénièrent aux jurés le droit de prononcer sur la culpabilité du fait. Le jury pouvait décider que la publication de l'écrit avait eu lieu, que le prévenu était bien l'auteur de cet écrit, enfin que cet écrit était réellement celui qui donnait lieu à la plainte ; mais là se bornait sa compétence. Les juges gardaient pour eux le soin de prononcer si l'écrit constituait un libelle. En d'autres termes, les juges anglais concédaient au jury l'appréciation du *fait*, mais lui enlevaient celle du *droit*. Les questions spéciales destinées à former la solution générale rentraient dans la compétence du jury, mais cette solution générale, la question de culpabilité de l'écrit, les juges se la réservaient exclusivement. Pour parler en termes juridiques, les juges anglais prétendaient que le jury ne pouvait donner qu'une *special issue* et que la cour seule formulait la *general issue*.

Il est facile de voir que, par ce procédé, les tribunaux anglais en arrivaient à confisquer la garantie du jury au détriment de la presse. Le jury n'existait plus, en fait, que *ad ostentationem*.

II. — Cette jurisprudence subit un rude assaut en 1773. Un écrit du doyen de Saint-Asaph fut renvoyé, à cette époque, devant les tribunaux. Le plus illustre des orateurs du barreau anglais, Erskine, se chargea de la défense de l'inculpé et dans son discours fit le procès complet de la jurisprudence des cours anglaises. Ce discours suscita une agitation intense ; on étudia la question et en 1792, enfin, les Chambres adoptèrent un bill qui faisait rentrer le jury dans ses droits. Ce bill eut pour auteur le célèbre homme d'état Fox et s'appela *Fox libells bill.*

La presse s'affranchit toujours plus de la tutelle du gouvernement, malgré ou plutôt à cause des nombreuses tracasseries qu'elle eut à subir pendant une trentaine d'années encore, particulièrement à l'époque de la Révolution française.

Outre les tribunaux, la presse avait encore à compter avec la juridiction de chaque Chambre, juridiction tout arbitraire du reste. Cette compétence des autorités législatives à l'égard des délits dont elles sont l'objet ou des attaques dirigées contre un de leurs membres, existe encore et peut se déployer d'un instant à l'autre.

La publication des comptes-rendus parlementaires fut longtemps interdite à la presse. Dès 1771, on permit de rendre compte des débats des Chambres à condition que les notes n'aient été prises que de mémoire ; en 1801, un reporter qui s'était permis de recueillir quelques notes par écrit fut dénoncé.

SECTION II. — LA LÉGISLATION DU LIBELLE.

Examinons maintenant la législation actuelle en matière de presse.

I. — Tout d'abord qu'est-ce qu'un *libelle* ? Comme nous allons le démontrer, il est presque impossible de répondre nettement. Les Anglais ne savent eux-mêmes pas quelle définition donner du libelle. Pitt déclarait « n'avoir jamais pu ap- » prendre ce que c'est qu'un libelle, » O'Connell assurait « n'a- » voir jamais lu un journal qui, au point de vue de la loi » existante, ne contînt pas quelque chose de susceptible d'ê- » tre tourné en libelle. » Lord Ellenborough disait qu'un libelle est tout ce qui peut faire de la peine à quelqu'un.

En général, le caractère du libelle, tel qu'il ressort des définitions des jurisconsultes, c'est la tendance à provoquer un trouble de la paix publique, l'excitation, la provocation lancées à un tiers. Les auteurs anglais partent du principe qu'en disant une méchanceté contre quelqu'un, vous l'excitez à se venger; la paix publique est troublée. De cette façon, le libelle sera d'autant plus grave que les faits reprochés seront plausibles; c'est la maxime de Lord Mansfield : « Plus il y a de vérité, plus le libelle est grave. » De plus, le libelle sera d'autant plus coupable que la personne provoquée aura l'épiderme plus sensible. En continuant dans cette voie on arrive à la conclusion d'un auteur anglais que c'est un libelle de porter de l'argent dans ses poches, car c'est une provocation pour les voleurs.

II. — La loi anglaise distingue soigneusement entre la diffamation ou l'injure *par parole* ou *par écrit*. L'injure et la diffamation par écrit constituent seules le *libel*; l'offense par paroles se nomme *slander*. Le *slander* ne se poursuit que par l'action civile et celle-ci n'est admise que si le propos est de nature « à exposer celui qui en est l'objet aux poursuites de la justice, ou à l'exclure de la société, ou à discréditer son commerce. » Dire à quelqu'un qu'il est un voleur sera s'exposer à des poursuites parce que le vol est prévu par la loi pénale; lui dire qu'il est plus qu'un voleur est licite, car l'expression est trop vague pour fonder une accusation contre la personne ainsi injuriée. Il est arrivé qu'une jeune dame à laquelle un individu avait attribué une conduite immorale a été déboutée des conclusions de son action civile, parce que la prostitution n'était pas prévue par la loi. Si l'outrage avait eu lieu dans la Cité de Londres, une semblable action aurait été recevable, parce que, par privilège, une ancienne coutume donne au lord-maire et aux aldermen le droit de faire fouetter les femmes de mauvaise vie.

Une condition essentielle pour l'existence du *slander*, c'est qu'il y ait un dommage certain, matériel. Si ce dommage n'existe pas, si l'on ne peut le prouver, l'action sera irrecevable. Dans le cas de la jeune dame accusée d'incontinence, elle ne peut prétendre que l'imputation dont elle est l'objet se rapporte à un délit puni par la loi pénale; mais si, par exemple, cette personne exerce un commerce et que l'imputation dont il s'agit ait discrédité son magasin, elle sera admise à demander réparation du dommage qui lui a été causé en prouvant qu'il est la conséquence de cette imputation.

Le principe anglais, en fait de dommages-intérêts, dit qu'on ne peut intenter d'action civile, à l'effet d'obtenir une indemnité, sans souffrir la preuve qu'il n'y a pas eu tort réel, mal injuste. Dès lors, en cas de *slander*, la preuve des faits est toujours permise. Dire à un individu qui a subi sa peine, qu'il est un voleur, ne donnera pas nécessairement lieu à la condamnation de l'offensant, même si cette accusation a causé un dommage matériel à la victime, car dans ce cas, il y a *damnum absque injuria* et quand l'injure, *quod non jure fit*, le mal injuste n'existe pas, il n'y a pas lieu à réparation.

La preuve des faits est toutefois interdite lorsque l'action dite *per scandalum magnatum* a été intentée soit par la couronne, soit par le lésé, en cas d'offenses contre un haut dignitaire du royaume. C'est une exception au principe que les attaques verbales ne donnent naissance qu'à l'action civile.

En résumé et sauf cette exception en faveur de grands personnages, le *slander* ne peut être poursuivi que par une action civile intentée par le lésé qui s'expose à subir la preuve des faits reprochés. Quoique cette question ne touche pas à notre sujet, nous avons jugé utile d'en parler brièvement pour faire saisir la différence du *slander* et de ses conséquences avec le libelle et les suites qu'il peut amener.

III. — Nous avons dit que les jurisconsultes anglais ont trouvé le caractère délictueux du libelle dans le trouble qu'il cause à la paix publique. Ils envisagent la publication du libelle comme une attaque de nature à troubler la tranquillité générale en excitant celui qui en est l'objet à se venger. Ils n'ont trouvé ce caractère qu'à la diffamation écrite et dès lors, tandis que telle parole restera impunie par la seule raison que les faits allégués l'auront été verbalement, telle expression identique publiée dans un écrit donnera lieu à des poursuites. C'est pour cela que tandis que la personne blessée dans son honneur, à laquelle nous faisions allusion plus haut, n'a rien obtenu parce que l'allégation avait été verbale, une autre dame également accusée de prostitution, mais dans un écrit, obtint 4000 livres sterlings d'indemnité.

Le fait que le caractère délictueux du libelle est tiré de l'offense à la paix publique, justifie cette maxime déjà citée que « plus il y a de vérité, plus le libelle est grave » ou celle-ci plus exacte encore « plus il y a *apparence* de vérité, plus l'invective irrite. » Il suit de là qu'il ne saurait être question de permettre au défenseur d'appliquer les preuves de la vérité des faits, puisque la question n'est pas de venger l'honneur de l'offensé attaqué à tort ou à raison, mais de réprimer la violation de la paix publique. En autorisant une preuve semblable, on laisserait à l'inculpé la faculté de troubler encore une fois la paix publique en réitérant, devant la justice, les accusations qui ont donné lieu à la plainte.

Mais si, au lieu de l'action pénale, c'est une action civile en dommages-intérêts qui est intentée, les choses changent de face. Il ne suffit plus que le libelle constitue une offense, il faut encore que les faits soient manifestement faux. Le libelle doit être calomnieux et son auteur a le droit de prouver la vérité de ses allégations, « car, dit Blackstone, si ce que le » libelle contient est vrai, le plaignant n'a pas réellement

» reçu d'injure particulière et n'est pas fondé à demander
» une indemnité pour lui-même, quelle que puisse être l'of-
» fense contre la paix publique. »

De nos jours, la pratique s'oppose à la mise en accusation d'un individu pour libelle dans le cas où les faits reprochés sont fondés. On s'écarte donc de la maxime de lord Mansfield pour admettre dans une certaine mesure l'opinion de ceux qui protestent contre la condamnation nécessaire d'un prévenu pour libelle énonçant des faits réels et prouvés. Le principe de l'offense à la paix publique cède le pas à celui de la protection de l'honneur et de la considération d'un homme par la société. Celle-ci ne se préoccupe plus de la lésion qui lui est causée, elle prend en mains les droits de chacun de ses membres.

La doctrine anglaise saute de l'autre côté de la selle, pour employer une expression populaire. Après s'être montrée d'une susceptibilité outrée dans la théorie — car le jury était là pour corriger les conséquences excessives de cette sensibilité de la loi — elle tend, en pratique, à admettre la preuve des faits non seulement à l'égard des fonctionnaires — comme cela existe un peu partout — mais même à l'égard des individus.

En 1816, on proposa, en cas d'action pénale, d'autoriser la preuve des faits en laissant toutefois au jury le soin d'apprécier les mobiles qui avaient pu guider le coupable à publier des bruits même fondés. Ce bill ne fut pas adopté, mais la jurisprudence n'en fit pas moins siennes les règles qu'il posait.

En ce qui concerne le libelle dirigé contre la mémoire d'un mort, la loi le punit si l'auteur a eu l'intention de jeter le déshonneur sur la famille, sur les parents et descendants du défunt. L'attaque dirigée contre un mort n'est donc pas punie comme telle, en soi, mais seulement à raison de ses conséquences à l'égard des survivants.

Pour résumer ce que nous venons de dire, nous rappelons les principes suivants : l'offense — injure ou diffamation — verbale, *slander*, ne donne lieu qu'à une action civile ; le *libel* donne lieu soit à l'action pénale, à raison du trouble qu'il cause à la paix publique, soit à l'action civile si le lésé demande des dommages-intérêts. Au cas où l'action pénale est exercée, la preuve des faits n'est pas admise du moins en théorie, mais la pratique des cours anglaises a reconnu le principe contraire ; si l'action civile est intentée, la preuve des faits est toujours admise.

On voit que la législation anglaise ne se fonde pas, pour distinguer entre les offenses à l'honneur et à la considération, sur le caractère intrinsèque des actes coupables, comme le fait notre loi vaudoise et la doctrine générale. La loi anglaise ne distingue pas entre l'*injure*, la simple expression destinée à livrer un tiers au mépris de l'opinion publique, et la *diffamation*, l'imputation d'un fait précis de nature à porter atteinte à l'honneur et à la considération d'une personne. En Angleterre, la distinction repose sur la nature de l'instrument du délit : *slander* si l'acte délictueux est commis par le moyen de la parole, *libel* si l'on a fait usage de la plume ou de la presse.

IV. — En fait de documents législatifs, nous trouvons deux statuts de la reine Victoria, l'un de la sixième année de son règne, l'autre de la onzième. Le premier punit de mort toute excitation publique, par imprimés, écrits ou de vive voix, à la déposition de la reine, à la guerre, à l'emploi de la force contre la reine, le Parlement ou le pays. Le second statut, chapitre 96, punit d'un emprisonnement d'un an au plus toute publication d'un libelle calomnieux, faite même sans intention d'offenser. Si l'intention mauvaise existe où si l'éditeur sait que le libelle est calomnieux, la peine peut être de deux ans de prison. Le lésé peut obtenir, outre la punition du coupable, des dommages-intérêts.

Le libelle doit être *calomnieux*. Il semble qu'à raison de ce terme, tout libelle renfermant l'énonciation de faits reconnus fondés échappera à la condamnation. La loi anglaise ne va pas si loin. A teneur du même statut de l'an VI-VII de Victoria, et d'un statut de la XXXIIe année de Georges III, la preuve de la vérité n'exempte de la condamnation que si le libelle a été publié dans un motif d'intérêt public. Il ne suffira donc pas à un prévenu de réussir dans la preuve de vérité ; il faudra encore que le jury ait la conviction que les mobiles de la publication ont été d'un ordre général et se trouvent dans un intérêt public.

Il est facile de saisir la nouvelle voie dans laquelle la jurisprudence est entrée résolument, grâce à la promulgation de ces deux statuts. Après avoir puni tout libelle à raison du trouble de la paix publique, opinion qui rendait superflue toute preuve quelconque de vérité, la loi anglaise en matière d'injures et de diffamations ne considère plus dans le libelle qu'une attaque contre un individu. Elle en arrive à autoriser la preuve de la vérité des faits allégués, à la seule condition qu'ils l'aient été dans un intérêt public général.

Si, en général, dans un délit, l'intention mauvaise doit être constatée, il n'en est pas de même en cas de *libel*. Cette intention méchante n'est pas une condition *sine qua non* de la culpabilité. En effet, l'acte de lord Campbell — comme on appelle encore le statut de Victoria — punit le libelle qui n'a, à son origine, *aucune intention méchante*. Le jury est souverain juge des cas dans lesquels une condamnation paraîtra nécessaire, alors même que l'intention qui a présidé au libelle serait innocente.

Outre la punition prévue par la loi, le coupable peut encore

être condamné à des dommages-intérêts en faveur du plaignant. Depuis que la preuve des faits est admise même dans
l'action pénale, l'attribution d'une indemnité n'a plus ce caractère d'exception sous lequel elle apparaissait avant que
cette preuve fut autorisée.

SECTION III. — LE DROIT SPÉCIAL A LA PRESSE.

I. — Fischel dit que la personne responsable d'un écrit est
tout d'abord l'éditeur, le propagateur ou le colporteur; l'imprimeur n'est poursuivi que si l'on ne parvient pas à découvrir ces différentes personnes. L'éditeur et l'imprimeur, pour
se disculper, sont obligés de prouver leur ignorance du contenu. L'auteur est mis en accusation seulement s'il assume la
responsabilité pour l'imprimeur.

La loi ne s'occupe en aucune façon de la rédaction, elle
ne connaît pas le rédacteur. Les personnes auxquelles elle
s'attaque sont le propriétaire, le *publisher*, éditeur responsable et l'imprimeur. C'est au propriétaire à choisir ses rédacteurs et à les surveiller afin qu'ils ne lui attirent pas de
procès.

L'acte de lord Campbell autorise les propriétaires et les
éditeurs à prouver que la publication a été faite à leur insu,
sans faute de leur part et sans qu'ils en aient eu connaissance.
A défaut de cette disposition ils auraient toujours été condamnés.

Ce même acte de lord Campbell contient une disposition
spéciale à la législation anglaise. A teneur de cet acte, les
propriétaires et éditeurs de journaux peuvent se libérer d'une
accusation de diffamation en prouvant :

1º Que l'insertion de tel article a été faite sans intention
offensante et sans qu'il y ait eu faute lourde de leur part;

2º Que, avant l'introduction de la plainte, ils ont publié

dans leur journal ou offert de publier dans une feuille choisie par l'offensé des excuses satisfaisantes pour lui.

Cette preuve faite les autorise à « payer en cour » c'est-à-dire à offrir, devant la cour, au plaignant, une certaine somme qu'ils estiment de nature à réparer le préjudice causé. Si le demandeur refuse et passe outre, il s'expose à perdre son procès devant le jury ; dans ce cas, il ne sera pas reçu à réclamer la somme d'argent précédemment offerte.

Les adversaires de bonne foi, dans un semblable procès, ne peuvent que se féliciter d'une pareille disposition, qui établit une sorte de compromis à l'amiable entre eux. Les satisfactions offertes par les défendeurs, pour peu que la réparation pécuniaire ne soit pas dérisoire, sont de nature à contenter le demandeur qui obtient ainsi la preuve de la bonne foi des prévenus et qui, de plus, a pu voir la rétractation suivre de près l'attaque.

Une loi du 27 août 1881, dans le but de protéger les propriétaires de journaux qui ont donné un compte-rendu fidèle d'une assemblée publique contre des poursuites non justifiées et exercées par malveillance, ordonne que toute poursuite doit être munie du *fiat* du directeur des poursuites publiques, (*director of public prosecutions*). Une cour de juridiction sommaire, sur le vu de la plainte déposée contre le propriétaire, le publicateur ou l'éditeur du journal, et après s'être entourée des témoignages tendant à prouver que les faits sont vrais, que le compte-rendu est fidèle et sans malice, que la publication a eu lieu dans l'intérêt public, peut décider qu'il n'y a pas lieu de suivre au procès, s'il existe de fortes présomptions que l'accusé serait libéré par le jury. Sinon, elle invite l'accusé à déclarer s'il consent à être jugé par elle-même ou s'il préfère être renvoyé devant le jury.

II. — La loi permet de discuter respectueusement et décemment les actes du gouvernement. On peut les critiquer.

Mais les intentions ne doivent jamais être suspectées. Tout écrit dépassant cette limite est considéré comme *séditieux*.

Cette règle, si favorable au gouvernement, laisse un champ assez étendu à son arbitraire. Mais le jury est toujours là pour s'opposer à des caprices trop violents d'un gouvernement susceptible. En Angleterre, le jury, par la façon dont il considère sa tâche, remédie aux inconvénients de la législation vague, obscure, contradictoire souvent. C'est pour cela que les Anglais, tout en plaisantant eux-mêmes sur le peu de précision de leur notion du *libel*, par exemple, ne voient pas la nécessité de la fixer d'une manière stricte; leur meilleure garantie contre les abus, ils la trouvent dans le jury.

III. — La presse est soumise, en Angleterre, à certaines obligations destinées à faciliter le contrôle du pouvoir et l'activité de la justice. Nous trouvons ainsi la *déclaration préalable* du fondateur d'un écrit périodique, constatant son intention de publier tel journal. Cette déclaration n'a rien de commun avec l'autorisation préalable que les Anglais n'ont, du reste, jamais pratiquée; ce que la loi exige, c'est une simple déclaration, un avis donné à l'autorité, qui n'a pas à s'en inquiéter autrement que pour l'enregistrer. Cette formalité une fois remplie, nul ne peut entraver la fondation d'un journal. Le défaut de déclaration n'aurait pas pour effet d'autoriser l'administration à interdire la publication de la nouvelle feuille; les conséquences de l'oubli de cette formalité ne consisteraient qu'en une amende, dont seraient frappés les propriétaires du journal ou l'éditeur.

Une seconde mesure de contrôle est le *dépôt*.

Jusqu'en 1869, aucune indication du nom de l'éditeur ou d'un rédacteur responsable n'était exigée. En cas de délit, on s'attaquait au publicateur soit à l'imprimeur; les usages traditionnels ayant fixé cette marche à suivre, une indication quelconque paraissait superflue. Plus tard, cependant, un acte du Parlement exigea la publication des noms de l'imprimeur et de l'éditeur. En 1869, on revint à la déclaration du seul nom de l'imprimeur.

La loi de 1881 dont nous venons de parler (*Newspaper libel and registration act*) considère comme propriétaire non seulement toute personne dont le journal est la propriété exclusive, mais encore tout actionnaire ou toute personne ayant une part d'intérêt dans la propriété du journal.

Cette loi ordonne que chaque année, au mois de juillet, le ou les propriétaires sont tenus d'envoyer à l'autorité une déclaration contenant le titre du journal, les noms de ses propriétaires avec l'indication de leurs occupations respectives, de leur domicile d'affaires et de leur résidence personnelle.

Nous avons vu que l'Angleterre a emprunté aux lois françaises de 1819 le *cautionnement*. Il fut d'abord appliqué comme en France. En 1869, le versement d'une somme de tant à titre de cautionnement fut remplacé par la déclaration de deux citoyens solvables de se constituer garants, pour le journal, du paiement des amendes et autres frais auxquels il pourrait se voir condamner.

Cette exigence de la loi, présentée sous cette forme, perd les inconvénients qu'amenait autrefois l'obligation du versement en numéraire d'une somme d'argent. Un cautionnement ainsi fourni s'obtiendra plus facilement que le dépôt de numéraire et permettra mieux la fondation du journal. C'est le cautionnement dans sa forme la moins tracassière ; il ne donne pas lieu à des plaintes ni à des attaques et le peuple anglais a l'air d'en prendre très allègrement son parti.

Par décision du 25 avril 1766 prise par la Chambre des Communes, aucune saisie d'une brochure ou écrit politique ne peut être exercée sans que la condamnation de l'écrit ait précédé. En revanche un bill de 1857 autorise la saisie par la police de tout écrit obscène et outrageant les mœurs. Cette saisie est ordonnée par tout magistrat de police, sur la déclaration par serment d'un homme respectable ; le mandat qui la provoque autorise même l'effraction des portes.

Les écrits blasphématoires ou « séditieux » peuvent être saisis après le jugement ou la procédure par contumace d'une personne accusée de la rédaction, de l'impression ou de la publication du libelle. Du reste, deux lois de Georges III et Georges IV ordonnent la suppression de tout écrit qualifié libelle par le juge.

La saisie *policiaire*, contre laquelle protestent surtout les écrivains et journalistes, n'est donc autorisée. en Angleterre, que pour les écrits obscènes ou destructeurs des bonnes mœurs. Les écrits politiques, philosophiques, échappent à cette mesure de prévention.

III. — Comme on le voit par l'analyse que nous venons de faire de sa législation sur la presse, l'Angleterre pratique le système répressif mélangé de certaines mesures préventives dont les deux plus graves sont à coup sûr le cautionnement adouci qu'elle exige d'un journal et la saisie par simple mesure de police. C'est dans cette dernière que la prévention apparaît le plus nettement ; mais, de même que pour le cautionnement, la portée de cette prescription de la loi reçoit déjà une restriction par le fait que cette saisie *policiaire* ne peut s'opérer que sur réquisition d'un homme estimable, le premier venu, du reste, qui croit de son devoir d'arrêter la propagation d'écrits scandaleux. Nous trouvons une certaine ressemblance entre ce protecteur de la sécurité morale des citoyens et le protecteur de la sécurité matérielle des passants, auquel la loi romaine accordait le droit d'intenter la *popularis actio* dans l'intérêt de tous. — La saisie par la police est un mal, assurément ; ce pouvoir donné à un simple magistrat de police est certes bien grand ; mais ce mal est nécessaire et l'on ne voit pas trop comment on pourrait protester avec raison contre la saisie d'écrits indécents et d'images malpropres.

La loi anglaise admet la responsabilité civile des propriétaires à raison des indemnités, des frais, etc.

SECTION IV. — LE PROJET DE CODE PÉNAL ANGLAIS.

Avant de terminer cet aperçu de la législation anglaise en matière de presse, nous voulons parler en quelques mots du projet de code pénal anglais, à la rédaction duquel M. Stephen présida en 1878. Une commission législative examina ce projet, le revit et de ses délibérations sortit le *projet de 1879* à l'examen duquel les événements politiques ont empêché la Chambre des Communes de se consacrer jusqu'ici.

Ce projet pose en principe qu'il est interdit de publier dans les feuilles périodiques des matières diffamatoires. Mais que d'exceptions à ce principe ! Tout d'abord, s'il est prouvé que le fait allégué est vrai et que l'intention était toute d'intérêt public, le prévenu est libéré. Secondement, il est permis de discuter, dans l'intérêt du public, sur une matière diffamatoire qu'on croit vraie. Il est licite de publier une matière diffamatoire afin de demander la suppression d'un abus. Enfin est à l'abri de toute peine, toute publication diffamatoire faite dans le but de réfuter une autre publication diffamatoire. [1]

On s'aperçoit bien vite à la lecture de ces règles projetées que le législateur est préoccupé de rendre toute liberté à la presse dans les questions où un intérêt public est en jeu. C'est au nom de l'intérêt public qu'il est permis de publier un article diffamatoire si l'on croit son contenu vrai et fondé ; c'est au nom de l'intérêt public qu'il est licite de publier une

---

[1] Voir *Revue de droit international belge.*

matière diffamatoire pour amener la suppression d'un abus. L'intérêt public servira de sauvegarde aux écrivains qui sauront se réclamer de lui pour excuser leurs articles diffamatoires. Il est évident que la preuve de cette intention droite de l'écrivain est à sa charge et n'est point du tout présumée par la loi. Grâce à la confiance qu'ils possèdent dans leur jury, les Anglais ne voient aucun inconvénient à ouvrir un champ étendu aux journalistes en matière de nouvelles et renseignements diffamatoires ; ils se reposent sur lui de distinguer entre les écrits qui ont réellement l'intérêt public en vue et ceux qui n'ont pour but que de satisfaire des haines, des rancunes particulières.

Il est cependant une disposition qui ne laisse pas de nous faire réfléchir, c'est celle qui autorise la publication d'un article ou écrit diffamatoire fait dans le but de réfuter une autre publication diffamatoire. Œil pour œil, dent pour dent ; nous revenons à la maxime biblique du talion. Nous ne pouvons saisir l'avantage que l'on voit à insérer une pareille disposition dans un code. Alors qu'en matière de diffamation, on se préoccupe d'empêcher l'extension des rancunes et des polémiques qui en résultent, alors que, dans ce but, on interdit complètement, dans quelques législations, la preuve de la vérité des faits, le projet anglais se propose de rendre libre l'expansion des racontars, des bruits faux, mensongers ou attentatoires à l'honneur d'autrui. C'est l'anarchie dans la diffamation. On comprend, comme beaucoup de codes l'ont fait, qu'en cas d'injure, il s'établisse une compensation entre les expressions lancées de part et d'autre dans un moment de passion. Mais cela ne se comprend plus à l'égard de la diffamation, de la calomnie, surtout en cas de *libel*, de diffamation écrite. Cette façon de se faire justice à soi-même ne peut manquer de soulever l'esprit de ceux qui seront appelés à discuter un pareil retour aux licences du talion.

CHAPITRE II

Les Etats-Unis.

I. — La confédération des Etats-Unis ne possède aucune loi sur la liberté de la presse. L'article 1 des dispositions complétives de la Constitution dit : « Le Congrès ne doit rendre » aucune loi créant une religion d'Etat, ou empêchant l'exer- » cice d'une croyance religieuse ou limitant la liberté de la » parole ou de la presse... » A entendre l'histoire, il semble que l'opinion publique, aux Etats-Unis, envisage l'article de la Constitution comme proclamant la liberté absolue de la presse et ne permettant aucune limitation quelconque à cet égard. En effet, une loi du 14 juillet 1798 frappait les écrits scandaleux qui avaient pour but de rendre ridicules ou méprisables le Président ou les deux Chambres, ou les écrits qui excitaient les citoyens à la haine ou à la résistance contre les autorités. Cette loi autorisait la preuve de la vérité des faits par l'accusé et faisait apprécier par le jury non seulement le fait, mais encore le droit. Eh bien, cette loi fut attaquée de toutes parts, dans la presse et dans les débats des autorités législatives des divers Etats, comme violant la Constitution. Elle succomba en 1801 sous les coups qui lui furent portés. Depuis ce moment, aucune règle pénale sur la presse n'a été établie par l'autorité fédérale.

Il résulte de là que le Congrès ne peut légiférer sur la presse pour en limiter la liberté, même sur des points que les législations les plus libérales d'Europe considèrent comme devant nécessairement faire l'objet d'une surveillance et d'une répression particulières.

II. — En revanche, dans les divers Etats de l'Union, la responsabilité en raison des abus de l'exercice de la presse est considérée comme toute naturelle, même par ceux qui prennent le soin le plus grand à protéger la liberté de la presse. Les Etats se sont réservés à eux seuls le droit de frapper ces abus ; chacun admet parfaitement, au profit de sa souveraineté propre, la responsabilité découlant d'un tel abus dans l'intérieur de son territoire, tandis qu'il refuse à la souveraineté fédérale le droit de régler cette responsabilité. C'est ce qui fait que la question de la légitimité de la loi de 1798 est encore débattue aujourd'hui.

Aux Etats-Unis, l'exercice de la presse est parfaitement libre. Il n'y a ni autorisation préalable, ni timbre, ni cautionnement.

Le premier article annexé à la Constitution ne règle la liberté de la presse qu'envers le Congrès, le pouvoir fédéral. Les Etats restent libres de promulger telle loi qui leur plaira, car à teneur de l'article 1 annexé, l'obligation de garantir la presse n'est pas du tout formulée à l'égard des Etats. Cet article 1 ne pose pas une règle de droit public obligatoire pour les Etats, comme le fait l'article 55 de la Constitution suisse. Il ne règle la question de la presse que dans ses relations avec le pouvoir fédéral directement. Les Etats se sont réservés pleine liberté en cette manière.

La Constitution de chacun des Etats de l'Union garantit très énergiquement la liberté de la presse, dans les termes les plus divers, mais exprimant le même point de vue. Dans chaque Constitution, d'un côté on assure la liberté de la presse, de l'autre côté on prévoit la répression des abus. Certaines d'entre elles accordent formellement le droit aux citoyens de soumettre la conduite des autorités et des fonctionnaires à un examen, dans l'intérêt de tous. Telles sont les Constitutions d'Ohio et de Pensylvanie qui autorisent la libre critique, au moyen de la presse, des actes officiels des fonctionnaires ou de la gestion d'une autorité.

Le droit de réponse n'est pas admis aux Etats-Unis. Le respect de la propriété n'a pas permis à l'offensé de se servir de la chose d'autrui pour lui dire des sottises. Il n'a que la voie des tribunaux et celle du journal qui lui ouvre de plein gré ses colonnes.

En matière de crimes et délits, on applique le droit commun. Dans la diffamation et l'injure, les principes de la *Common Law*, que nous avons exposés en traitant la loi de l'Angleterre, ont été empruntés également à ce dernier pays par la législation des Etats de l'Union américaine.

Le *slander* est une attaque de vive voix, le *libel* une offense au souvenir d'un mort ou à la considération et aux sentiments d'honneur d'un vivant.

Le *slander* n'est l'objet que d'une plainte civile basée sur le fait qu'il peut avoir occasionné un dommage susceptible d'être évalué en argent. La preuve des faits est permise au plaignant, comme c'est le cas dans toute action civile.

Le *libel*, aux Etats-Unis comme en Angleterre, peut être poursuivi par l'action civile, qui autorise la preuve des faits par le plaignant, ou par l'action pénale, qui ne permet cette dernière preuve que si l'accusé a agi pour le bien de l'Etat et par des motifs avouables. L'intérêt public occupe une grande place dans la législation des Etats de l'Union et sa prise en considération, en faveur de l'accusé de diffamation écrite, a ruiné en partie, aux Etats-Unis comme en Angleterre, le caractère juridique que l'ancienne législation attribuait au *libel*.

La plupart des Constitutions n'autorisent la libération de l'offensant que s'il a dit la vérité et si les motifs qui l'ont poussé à divulguer les faits diffamatoires sont des motifs avouables, poursuivant un but d'intérêt public.

La Constitution d'Indiana et celle du Connecticut disent que « dans toute poursuite pour libel, on peut fournir la preuve des faits allégués pour sa justification. » Elles admettent d'une façon absolue la preuve des faits diffamatoires contre une poursuite pénale et font résulter de son application la libération du prévenu.

Quelques Constitutions telles que celles de Pensylvanie, du Delaware, du Tenessee, de l'Illinois, de la Caroline du Sud et du Texas n'admettent la preuve des faits qu'en cas d'imputations à l'adresse de fonctionnaires ou d'officiers publics ou bien en cas d'allégations propres à amener une poursuite pénale. Elles ont donc la même règle que notre loi vaudoise actuelle.

Les différents systèmes en matière de preuve des faits allégués en usage dans les Etats d'Europe sont ainsi tous appliqués aux Etats-Unis : admission de la preuve, qui entraîne l'acquittement du prévenu ; admission de la preuve complétée par celles de mobiles avouables ou d'intérêt public ; enfin interdiction absolue de la preuve, sauf à l'égard des fonctionnaires.

Remarquons que les auteurs et journalistes qui ont pu étudier les mœurs de la presse américaine sont d'accord pour s'étonner de la licence, de la violence des expressions et de la hardiesse des imputations.[1] Et pourtant, l'Américain passe pour être peu patient. Nous pouvons peut-être conclure de là que la presse est parvenue à ce point de discrédit auquel les partisans de son impunité désirent la voir arriver en Europe. En Amérique, le jury est juge du fait et du droit, en matière de délits de presse, dans plusieurs Etats de l'Union (Géorgie, Constit. de 1877 ; Californie, 1879.). Ce jury se montre très sévère à l'égard des libellistes et diffamateurs lorsqu'il est nanti d'un procès de ce genre, soit par une autorité, soit par un simple particulier. Il semble donc qu'il y a tout intérêt à poursuivre le diffamateur ; pourtant ce fait

---

[1] Rüttimann, § 574. — Tocqueville, Tome II, chap. III.

est relativement rare et la presse continue à s'ébattre au milieu d'accusations et de polémiques violentes.

II. — Le code pénal de l'Etat de New-York, du 1er décembre 1882, un des plus récents, sinon le dernier en date, résume de la façon suivante la législation généralement en usage aux Etats-Unis, en matière de diffamation ou d'injure.

Son article 242 appelle écrit scandaleux « toute publication malicieuse, par écrit, imprimé, image, gravure, qui expose une personne vivante ou la mémoire d'une personne défunte à la haine, au mépris, au ridicule ou à de mauvais propos, ou bien qui a pour conséquence ou pour but de faire exclure la victime de la société, ou bien encore qui a pour but de causer du dommage à une personne, corporation ou société dans leur sphère d'activité et leurs affaires. » L'écrit diffamatoire est défini d'une façon très générale, comme on le voit ; c'est en somme toute production de la presse, susceptible de causer un tort quelconque à une personne. La parole est assimilée à l'écrit dans l'article 242 de ce code.

La publication doit être malicieuse ; elle doit résulter d'une intention mauvaise à l'égard de la personne contre qui elle est dirigée. Cependant, la méchanceté de l'intention ne suffit pas pour arriver à une condamnation ; ici se place la théorie de la défense de l'intérêt public, la théorie de l'honnêteté des motifs de la diffamation. L'article 244 fait découler la libération du prévenu de la preuve que son intention est *justifiée* ou *excusée*.

Article 244. « Une telle publication est malicieuse lorsqu'on ne peut la justifier ou donner une excuse. Cette publication est *justifiée* lorsque l'écrit contient une vérité, et qu'il est publié d'après des motifs honnêtes et pour la défense d'un intérêt avouable. La publication est *excusée* lorsqu'elle a eu lieu en tout honneur, dans la conviction de la vérité des faits, et que cette conviction était appuyée sur des raisons légitimes ; la publication est également excusée lorsqu'elle consiste dans l'énonciation d'un jugement impartial, en vue de l'intérêt public, sur la conduite d'une personne ou sur une chose que le propriétaire soumet à l'appréciation du public. »

Pour que la publication soit justifiée, il faut donc : 1° vérité des faits allégués ; 2° mobiles honnêtes et but avouable. Elle est excusée seulement quand, le but restant légitime aux yeux de la morale et de la paix publique, le prévenu ne peut s'appuyer que sur la conviction qu'il avait de la vérité des faits.

Nous avons donc ici la réalisation partielle de la disposition du projet de code pénal anglais que nous avons examiné à la fin du chapitre I. L'intention de nuire se légitime par la pureté des motifs.

La seconde partie de l'article 244 vise très clairement les fonctionnaires et les personnes à la tête d'établissements financiers, banquiers, directeurs de sociétés, etc.

L'article 246 décide, en cas de délits basés sur le contenu d'un livre, d'un journal, etc., la mise en accusation de l'éditeur ou du propriétaire, qui peuvent, pour leur décharge, prouver que la publication a eu lieu sans leur consentement et sans qu'il y ait de leur faute, par le fait d'une autre personne qui n'avait aucun pouvoir pour procéder à cette publication et dont l'acte a été désapprouvé par le prévenu aussitôt que ce dernier en a eu connaissance.

Ainsi, aux termes du code pénal de New-York, sont déclarés responsables l'éditeur ou le propriétaire. Ce code semble, à ce sujet, partir de l'idée que l'instrument du délit étant le journal, la personne dont cet instrument est la propriété doit être aussi celle qui en a usé dans un mauvais but ; c'est donc elle qui est responsable en premier lieu. La responsabilité découle du fait de la propriété. Mais, en matière pénale, il ne suffit pas d'être possesseur, surtout propriétaire d'un instrument, pour être considéré, *ipso facto*, comme auteur du délit commis par le moyen de cette chose. Ce fait peut constituer un indice, guider les recherches ; mais il ne forme en aucune manière une présomption. La loi de New-York, au contraire, établit cette présomption d'une manière très formelle, dans la poursuite d'un délit de presse, et cette présomption ne cède que devant la preuve contraire.

. En quoi consiste cette preuve contraire ? Le propriétaire doit prouver l'absence de consentement et de toute faute de sa part avant le délit et l'existence d'un désaveu de sa part après le délit.

Il ne doit pas y avoir de consentement, cela va de soi. Mais qu'est-ce que la loi entend par « absence de *toute faute ?* » La réponse ne peut se trouver qu'en recherchant la nature des devoirs qui incombent au propriétaire vis-à-vis de son journal. Ici encore on voit apparaître cette idée de la responsabilité pénale basée sur les mêmes causes que la responsabilité civile. Nous venons de voir que la loi considère, sauf preuve du contraire, le propriétaire de l'instrument *ipso facto* comme l'auteur du délit. En exigeant la preuve de l'absence de toute faute, la loi part du principe de la responsabilité civile que le propriétaire de l'instrument est responsable des dommages causés par suite du défaut de surveillance de ce propriétaire ou tout au moins du possesseur. La loi de New-York envisage les devoirs du propriétaire de la même façon que la loi française comprend ceux du gérant ou la loi allemande ceux du rédacteur responsable. Ces deux dernières laissent de côté le propriétaire ; le code de New-York s'attaque, au contraire, à ce personnage ; il sort du droit commun en s'écartant beaucoup plus de la réalité des faits que les deux lois précitées. Le gérant, le rédacteur responsable sont proposés spécialement par la loi à la surveillance du contenu du journal et, en ce qui concerne le second, il n'est pas possible de lui attribuer, d'après son titre, d'autres devoirs. Le propriétaire, à teneur du code pénal de New-York, doit se charger de la surveillance du journal; il est à la fois propriétaire et rédacteur responsable. Pour échapper à la responsabilité d'un délit, il devra prouver que la surveillance qu'il a exercée était complète et que le contenu de l'article diffamatoire a été publié sans qu'une faute, une négligence lui soit imputable. Le propriétaire, le capitaliste n'est donc plus un amateur aux yeux de la loi de New-York, il subit les conséquences de sa propriété, même au pénal; c'est elle qui l'accuse en premier lieu.

De quelle nature doit être le désaveu exigé du propriétaire? Il consistera soit dans une lettre au lésé lui offrant satisfaction, soit dans une réparation publique insérée dans le journal qui a publié l'article incriminé.

Les dispositions du code de New-York donnent, en résumé, une grande latitude à la presse en matière de diffamation. D'un autre côté, ce code, sortant du droit commun en ce qui concerne la responsabilité, ne nous paraît pas avoir tenu compte de la réalité des faits en chargeant le propriétaire de la responsabilité pénale découlant de délits de presse.

Le code de procédure de la Louisiane contient une disposition assez remarquable par son caractère patriarcal. L'article 38 dit qu'aucune loi ne peut être créée pour entraver la diffamation. Mais si quelqu'un assure, sous serment, qu'il a entendu dire et qu'il croit qu'un autre a l'intention de publier un libelle contre lui et de le répandre, le juge, s'il est convaincu de la véracité de cette personne, doit faire venir devant lui l'individu auquel on prête ces intentions et l'éclairer sur la nature et les suites de l'action qu'il médite; si l'individu soupçonné exécute son délit, il doit être condamné au maximum de la peine prévue pour ce délit.

CHAPITRE III

La France.

SECTION I. — GÉNÉRALITÉS, FORMALITÉS A REMPLIR

La loi française est du 24 juillet 1881. Elle abroge et remplace toutes les lois qui régissaient le domaine de la presse à partir des lois de 1819. Cette loi de 1881 se distingue des précédentes par l'abolition de certaines mesures préventives et la suppression de plusieurs délits.

La loi de 1881 se divise en cinq chapitres dont un est spécialement consacré à la presse périodique. Le premier chapitre a trait à l'imprimerie et à la librairie ; le second s'occupe de la presse périodique ; l'affichage, le colportage, la vente sur la voie publique formant l'objet du chapitre troisième ; les délits de presse sont énumérés et punis au chapitre quatrième ; enfin le dernier chapitre règle les questions de la poursuite et de la répression.

La loi proclame le libre exercice de l'imprimerie et de la librairie ; elle exclut formellement l'autorisation préalable et le cautionnement en ce qui concerne la presse périodique. A l'égard de cette presse, la loi de 1881 conserve trois mesures préventives de pur contrôle : le *dépôt*, la *déclaration préalable* et l'institution du *gérant responsable*.

Nous avons vu que le dépôt au parquet est une simple mesure destinée à faciliter la constatation des délits et leur poursuite.

Pour les journaux et écrits périodiques, ce dépôt est double ; tel exemplaire est destiné à enrichir les collections nationales, tel autre est remis au parquet pour faciliter l'examen de son contenu par l'autorité judiciaire

La *déclaration préalable* est une mesure du même genre. Cette déclaration consiste dans l'indication : 1º du titre du journal et de son mode de publication ; 2º du nom et de la demeure du gérant responsable, enfin 3º de l'imprimerie où le journal ou l'écrit périodique est imprimé. — L'indication du nom des propriétaires et de leurs parts respectives dans l'entreprise n'est plus exigée.

Le *gérant responsable* qui, dans la législation française, apparaît pour la première fois dans la loi de 1828, doit remplir aujourd'hui les conditions suivantes : être Français, majeur, en possession de ses droits civiques et avoir la jouissance de ses droits civils. Il suit de là qu'une femme peut être gérant responsable d'un écrit périodique.

Le fait que la déclaration n'a pas eu lieu n'autorise nullement la saisie ou la confiscation du journal ; si la publication s'opère nonobstant le défaut de déclaration, le propriétaire, l'éditeur ou l'imprimeur sont punis d'une amende pour chaque numéro paru.

Tout écrit rendu public doit porter l'indication du nom de l'imprimeur et de son domicile ; pour la presse périodique, chaque feuille doit porter, en outre, le nom du gérant responsable.

La presse non périodique est soumise au dépôt et à l'obligation d'indiquer le nom de l'imprimeur et son domicile.

Telles sont les seules mesures préventives que la loi de 1881 a conservées parmi toutes celles que les régimes politiques ont imposées à la presse depuis la Restauration. Encore ne sont-ce pas des mesures de prévention empêchant l'écrivain d'user de son droit. Simplement destinées à favoriser l'action de la justice, leur non-observation ne constitue que des contraventions punies par le tribunal de police ou par le tribunal correctionnel. Elles n'attoignent pas l'exercice du droit de l'écrivain, mais touchent seulement aux conditions de garantie dans lesquelles cet exercice est permis.

SECTION II. — DROIT DE RÉPONSE.

Les « communiqués » officiels dont l'insertion était rendue obligatoire par le décret de 1852 ont disparu de la législation actuelle. Ces communiqués ayant pour objet non seulement des réponses et rectifications, mais des explications, relations authentiques, renseignements divers étaient, sous l'empire, l'occasion de nombreux abus. La loi de 1881 n'accorde plus qu'un *droit de rectification* aux fonctionnaires attaqués à l'occasion de leurs fonctions. Cette rectification est gratuite et ne doit pas dépasser le double de l'article dont elle est la suite.

Quant au droit de réponse des particuliers, il est fort large dans la législation de 1.381. Ce droit est accordé à toute personne nommée ou désignée dans le journal. Il suffit que la personne se reconnaisse pour être autorisée à user de ce droit. Il n'est pas nécessaire qu'elle soit nommée en toutes lettres.

L'article 13 accorde le droit de réclamer l'insertion d'une *réponse*. Il faut sous-entendre « à l'article qui est la cause de cet échange d'explications. » Ce terme de réponse no doit pas signifier que si Pierre m'attaque à propos d'un marché peu délicat, je puisse lui répondre par le récit de ses infortunes de ménage ou de tel autre fait sans connexité avec ce qu'il me reproche. La réponse doit être une réponse et non une attaque nouvelle, sans relation aucune avec les faits allégués par l'attaquant.

L'insertion de la réponse doit se faire à la même place que l'article auquel elle se rapporte et les caractères typographiques doivent être les mêmes dans la réponse que dans l'article.

La loi ne prévoit pas le cas d'interpolations dans le texte de la réponse ou l'usage de semblables artifices des journalistes.

La réponse est gratuite et ne doit pas dépasser le double de l'article qui l'a provoquée.

La loi n'a prévu aucun délai de prescription pour l'usage du droit de réponse, de telle sorte qu'un particulier attaqué pourra reprendre des articles parus depuis plusieurs semaines, des mois même, et réclamer, à raison de ceux-ci, l'insertion d'une réponse suffisante pour remplir plusieurs fois le journal. Il est vrai que le bon sens proteste contre une pareille manière d'agir et que, jusqu'à présent, on n'a pas vu invoquer un droit aussi monstrueux. Ce n'est cependant pas une raison pour négliger de fixer le délai à l'expiration duquel toute réponse est irrecevable.

L'exercice du droit de réponse ne supprime pas la faculté de déposer une plainte en diffamation contre l'auteur de l'article jugé diffamatoire.

SECTION III. — INJURE ET DIFFAMATION.

La loi de 1881 reproduit la définition classique de la diffamation et de l'injure, telle qu'elle est donnée par la loi de 1819 : « Toute allégation ou imputation d'un fait qui porte at-
» teinte à l'honneur ou à la considération de la personne ou
» du corps auquel le fait est imputé est une diffamation ; toute
» expression outrageante, terme de mépris ou invective, qui
» ne renferme l'imputation d'aucun fait est une injure. »

La loi prévoit des pénalités spéciales contre la diffamation ou l'injure envers les tribunaux, les corps constitués, les armées, les administrations, les ministres, les députés, les fonctionnaires, les agents de l'autorité, les citoyens chargés d'un mandat public (témoins, jurés, etc.).

La question de la diffamation envers les morts a soulevé de nombreuses discussions, les uns soutenant que ce délit n'existait pas, les autres réclamant énergiquement la punition de semblables actes.

La loi actuelle refuse toute action contre la diffamation envers un mort, si l'intention de porter atteinte à l'honneur et à la considération des vivants n'est pas prouvée. Le législateur a pris un moyen terme entre l'interdiction absolue de poursuivre les auteurs de diffamations contre les morts et la punition forcée des coupables, alors que les survivants n'ont subi aucun préjudice de cette publication. En somme, le principe « respect aux morts » a cédé officiellement devant les exigences et les droits de l'histoire ; la diffamation envers les morts est complètement laissée à l'écart par la loi, qui, en ce qui concerne les héritiers, ne crée pas un droit nouveau, puisque c'est en leur propre nom que les héritiers agissent ; la loi ne fait que sanctionner l'application de l'article 1382 du code civil.

Les survivants, qu'ils soient lésés dans leurs intérêts ou leur bon renom ou qu'ils n'aient subi aucun préjudice par suite de la publication d'un article offensant pour un mort, n'en conservent pas moins le droit de réponse dans la même mesure qu'un particulier nommé dans un écrit. Les vivants exercent ce droit à la place du défunt dont ils sont chargés de sauver l'honneur et la réputation.

Lors de la discussion du projet qui est devenu la loi de 1881, il fut proposé d'accueillir le principe autorisant la preuve de la vérité des faits diffamatoires. Cette proposition fut repoussée au nom de l'intérêt public et de la paix entre les citoyens ; on préféra interdire toute preuve de ce genre dans l'espoir de prévenir les divulgations scandaleuses et les haines qui en sont presque toujours la conséquence. Une autre proposition consistait à accorder au plaignant le droit d'exiger l'administration de la preuve; elle fut également repoussée par le motif fort juste qu'elle aboutissait à la preuve obligatoire. Il est évident que si chacun a la faculté de demander que le prévenu fasse la preuve de ses allégations, chacun sera obligé d'exiger cette preuve, car celui qui se refuserait à cette sommation passerait, *ipso facto*, pour redouter l'issue d'une telle enquête et reconnaître plus ou moins la vérité des accusations dont il est l'objet. En d'autres termes cette faculté se transformerait certainement en une obligation morale que chacun devrait subir sous peine de perdre son procès devant l'opinion publique.

La preuve de la vérité des faits diffamatoires est donc interdite d'une façon absolue entre particuliers, sauf une exception dont nous allons parler.

En revanche, elle est permise contre les fonctionnaires d'abord. Tout fonctionnaire, tout dépositaire ou agent de la force publique, tout citoyen revêtu d'un mandat public temporaire ou permanent est obligé de supporter la preuve des faits diffamatoires allégués contre lui à l'occasion de ses fonctions. L'intérêt général a dicté cette prescription au législateur de 1819; mais la notion du terme « fonctionnaire » et d'autres semblables fut restreinte autant que possible. La loi de 1881 a élargi le cadre de ces expressions sans que la pratique des tribunaux ose, nous semble-t-il, s'en prévaloir pour aller jusqu'au bout; ainsi elle refuse de faire rentrer sous la dénomination de fonctionnaires publics, les gendarmes et les huissiers entre autres, probablement dans l'intérêt de ces fonctionnaires de la justice, généralement peu appréciés, en raison de leurs occupations officielles, par ceux qui ont affaire avec eux. La loi les protège contre les haines et les rancunes de ceux qui ont été l'objet soit d'une arrestation, d'un procès-verbal, soit d'une notification d'exploit, d'une saisie, etc.

La preuve de la vérité des faits est encore autorisée en cas de diffamation ou d'injure contre les directeurs ou administrateurs de toute entreprise industrielle, commerciale ou financière, faisant publiquement appel à l'épargne ou au crédit. Nous croyons que c'est là une disposition excellente à une époque où la presse a mis son immense pouvoir de dispersion au service des tripoteurs d'affaires véreuses et d'entreprises aussi hasardées que mielleusement annoncées au public. « L'intérêt public exige, dit la circulaire ministérielle au sujet de l'entrée en vigueur de la loi, que les personnes qui exercent ces fonctions ou un mandat de cette nature répondent de la sincérité et de la fidélité de leur gestion devant le public auquel elles font appel. » Si le prévenu fait la preuve requise, il est acquitté.

Nous avons vu une disposition se rapprochant de celle-ci dans le projet de code pénal anglais, qui permet la discussion, dans l'intérêt du public, d'une matière diffamatoire qu'on croit vraie. Ce projet n'exige que la preuve de la *croyance* à la vérité des allégations et celle d'une intention d'intérêt public. Celui qui répand des bruits diffamatoires qu'il a des raisons de croire fondés n'est pas tenu de faire la preuve de la réalité des faits auxquels ces accusations se rapportent. S'il a des motifs de croire à l'existence de ces faits et s'il s'en sert dans un but d'intérêt public, il sera libéré de toute peine lors même qu'il aurait parfaitement eu l'intention d'attaquer telle administration, telle direction, tel comité et de ruiner leur crédit. Il n'aura pas l'obligation de prouver l'existence des faits dont il s'est servi pour formuler ses accusations; il lui suffira de justifier les raisons qu'il avait de croire à la réalité de ses imputations et son but d'intérêt public; l'intention mauvaise se subordonne aux mobiles élevés de son action. L'appréciation de ces mobiles est l'affaire du jury, dont la tâche est ici bien délicate.

Avec la loi française, il n'est pas permis d'aller si loin. Cette loi sauvegarde beaucoup plus les intérêts privés contre les imputations dont ils peuvent être l'objet. D'après la théorie française, les mobiles de l'action ne portent aucun préjudice aux conséquences de l'intention diffamatoire; ces mobiles pourront abaisser la peine à son minimum, mais ne peuvent avoir pour effet de libérer le prévenu. D'après cette loi, la preuve des faits seule peut amener un acquittement. Si la publication est diffamatoire, peu importe la pureté du but et des motifs : elle est punissable dans le cas où la preuve de la vérité des faits ne peut être fournie.

Prenons un exemple. Je suis rédacteur d'un journal et dans un article, j'accuse le directeur d'une caisse d'épargne ou d'une banque de crédit de se livrer à des opérations financières interdites par les statuts de l'établissement. Je tiens mes renseignements d'actionnaires et les explications que ces personnes me donnent m'autorisent à croire au bien-fondé de mes imputations. D'après le projet anglais, je serai libéré si je prouve d'abord que, personnellement, je n'ai aucun intérêt ni pour moi ni pour mes amis à lancer les accusations qui motivent l'action en diffamation intentée contre moi, et que j'ai agi dans l'intérêt des créanciers de cet établissement; ensuite, que je pouvais en toute sincérité me fier aux renseignements qui m'ont été fournis et qui se présentaient de façon à me convaincre de la réalité des opérations anti-statutaires contre lesquelles mon article était dirigé. Si je réussis à fournir ces deux preuves, je n'aurai nul besoin de faire encore celle de la vérité des faits incriminés par mon article. Certainement mes intentions étaient méchantes à l'égard du directeur, mais si la banque en question a subi des pertes à la suite de la publication de mon article, elle m'attaquera devant les tribunaux civils pour en obtenir la réparation.

Dans la doctrine française, il n'en est plus ainsi. En présence de l'action pénale en diffamation intentée contre moi, si je ne puis fournir la preuve de la réalité des faits dont je me suis servi pour baser mes accusations, je serai condamné quelles qu'aient été la pureté de mes motifs et ma conviction au sujet de l'existence des faits imputés. Il est certain que j'ai eu l'intention d'attaquer le directeur ou tel employé de la banque en question ; je n'ai pas pu apporter la preuve de l'existence des actes sur lesquels je me suis appuyé dans mes imputations : je serai condamné.

La loi française, beaucoup plus stricte, se tient très près des faits et ne laisse pas autant de champ à l'appréciation du jury. Il reste à savoir si la théorie du projet anglais entrera telle quelle dans la réalité.

Revenons à la loi française. Dans son article 35, § 2 qui autorise la preuve de la vérité contre les directeurs ou administrateurs de sociétés, la loi n'a donné aucun caractère spécial à ces personnes ; elle ne cesse pas de les envisager comme de simples particuliers, mais les soumet, par une dérogation au principe général, à la preuve de la vérité des faits. En ce qui concerne la pénalité, la diffamation à l'égard de ces personnes est punie comme la diffamation envers toute autre personne privée.

SECTION IV. — CRIMES ET DÉLITS.

Certains faits qualifiés délits par les lois précédentes, ne le sont plus par la loi de 1881 : ainsi l'excitation au mépris et à la haine du gouvernement, l'apologie de faits qualifiés crimes ou délits ; les attaques à la propriété, à la famille ; la provocation à la désobéissance aux lois ; l'excitation à la haine et au mépris du gouvernement ou des citoyens entr'eux ; la publication de faits relatifs à la vie privée, etc., en tout une vingtaine de délits d'opinion principalement.

La provocation aux crimes et délits doit être *directe*. L'absence de ce mot permettrait de considérer toute sorte d'excitations, d'apologies, d'invites détournées comme une provocation à commettre tel crime ou délit prévus par la loi. Si elle est suivie d'effet, les provocateurs sont considérés comme complices des auteurs du délit ou de la simple tentative ; si la provocation n'est pas suivie d'effet, elle n'est punie que dans le cas de meurtre, pillage, incendies ou de crimes contre la sûreté de l'Etat, tels que les énumère le code pénal dans ses articles 75 à 101.

Les délits contre la chose publique sont l'offense au président de la République, la propagation de fausses nouvelles, l'outrage aux bonnes mœurs.

Le délit de fausses nouvelles n'existe que si elles ont été publiées de mauvaise foi et ont eu pour conséquence un trouble réel de la paix publique. On peut s'étonner que ce délit ait été conservé par la loi, à une époque où l'abondance des journaux, la rapidité des moyens de communications permettent aux démentis de monter, pour ainsi dire, en croupe derrière les faux bruits.

Les délits contre les personnes sont l'offense envers les chefs d'Etats étrangers, l'outrage envers leurs agents diplomatiques, la diffamation ou l'injure envers les corps constitués, les fonctionnaires, etc., et les simples particuliers.

Enfin, il y a délit si l'on publie certaines pièces judiciaires, telles que les actes d'accusation et tous les autres actes de procédure criminelle ou correctionnelle, avant qu'ils aient été lus à l'audience ; si l'on rend compte d'un procès en diffamation où la preuve des faits n'est pas admise, ou bien des délibérations du jury ou dés cours. Quant aux jugements, ils peuvent toujours être publiés.

Les discours tenus dans les Chambres, le compte-rendu fidèle et de bonne foi ne donnent lieu à aucune action en diffamation, outrage ou injure.

Tels sont les délits prévus par la nouvelle loi. Il est facile de se rendre compte de l'accroissement de liberté que la presse a obtenu par la promulgation de la loi de 1881 et par l'abolition des nombreuses dispositions qui, dans les lois précédentes, incriminaient des actes de publicité.

SECTION V. — RESPONSABILITÉ PÉNALE ET CIVILE.

La loi de 1881 a conservé l'institution de la gérance, organisée par la loi de 1823 qui créa les *gérants responsables* capables d'obliger par leur signature, la société du journal. La loi de 1819 à laquelle on doit le germe de cette institution n'avait créé que des *éditeurs responsables* sans capacité à l'égard de la société. La loi de 1828 alla plus loin que celle de 1823 : pour empêcher que le gérant ne devint un simple plastron de la société, elle exigea qu'il fut propriétaire d'une certaine partie du cautionnement. La loi actuelle n'impose pas cette obligation.

L'institution de la gérance elle-même est de source anglaise. En Angleterre, on a conservé aux gérants, comme les appelle la législation française, le nom de *publisher* (publicateurs).

En France, le délit est constitué par la publication. Tel est le principe admis en matière de délits de presse dans tous les pays. Mais ce principe, en France, on l'applique strictement et l'on déclare que du moment que le délit est constitué par la publication, le publicateur est responsable. Or, la loi française décide qui est le publicateur. En matière de presse périodique, c'est le *gérant*; pour la presse ordinaire, c'est l'*éditeur*. C'est le gérant, c'est l'éditeur que la loi déclare responsables du délit. Appliquant la règle que le gérant s'est approprié le délit en permettant la publication des articles incriminés, la loi le poursuit comme auteur principal. Elle ne voit que le fait de sa publication, sans s'élever jusqu'à la notion de la responsabilité de l'auteur, comme auteur principal, tant que le gérant est là pour le couvrir. Elle laisse beaucoup trop de côté la participation intellectuelle de l'auteur de l'écrit, en matière de presse périodique.

Le système de la responsabilité du gérant est très vivement attaqué. On le rejette comme immoral et contraire à tous les principes fondamentaux du droit pénal, et cela avec raison. Voilà un homme qui assume d'avance la responsabilité d'actes qu'il n'a pas commis, d'allégations dont il n'est pas l'auteur, et, tandis que cet individu, qui n'a péché que par négligence, sera condamné comme auteur principal, l'auteur de l'article, celui qui l'a conçu et rédigé tel que le journal l'a publié, sera traduit devant les tribunaux, s'il est découvert, comme complice seulement et jamais comme auteur du délit. La chose est assurément digne de remarque, et l'on peut s'étonner à bon droit de voir attribuer une importance si grande au fait matériel de la publication, quand, aux yeux de l'équité, la responsabilité de l'auteur de l'écrit n'est pas un élément de moindre importance. Tandis que nous concevons la culpabilité des auteurs spirituels comme primant celle du publicateur matériel, la loi française fait tout le contraire. Elle ne voit tout d'abord que le délit de celui qui a laissé exécuter la publication du journal dont le contenu est délictueux. Le gérant, de quoi est-il coupable? Selon nous, il a manqué aux devoirs d'attention et de surveillance que sa profession lui commande; il a péché par omission; il est fautif non pas parce qu'il a publié, mais parce qu'il a publié sans avoir pris connaissance du journal, dont le contenu est déterminé par le rédacteur. Cela est si vrai que la loi ne punit pas le gérant qui a laissé publier un article dont le sens voilé lui aurait échappé; néanmoins, dans ce cas, le gérant a parfaitement voulu la publication.

Nous le répétons, le gérant est puni parce qu'il a manqué à ses devoirs de surveillance; c'est là la source directe de sa culpabilité. L'auteur, lui, doit être puni parce qu'il a fait sciemment, avec intention, tout ce qui dépendait de lui pour amener la publication de tel article. Nous nous refusons à primer la responsabilité de l'auteur de l'écrit par celle du gérant; nous nous refusons à nous prévaloir de la négligence du gérant pour le punir comme auteur principal du délit et faire une application aussi fréquente de la phrase *ex vero delicto tenetur.*

D'après la législation française, le gérant sera donc toujours puni comme auteur principal ou libéré. En tant que gérant, il n'est pas possible qu'il soit poursuivi comme complice. En apposant sa signature, il déclare qu'il a lu et n'a rien trouvé de mauvais dans le contenu du journal. S'il a lu et que le contenu d'un article soit délictueux, il est censé avoir approuvé; s'il n'a pas approuvé, il ne devait pas signer; s'il n'a pas lu, il ne devait pas signer et il a cherché à tromper la loi. — La jurisprudence admet, à titre de grâce pour ainsi dire, la preuve de sa bonne foi, du manque d'intention mauvaise. Il ne pourra guère être admis à s'excuser en s'appuyant sur le fait qu'il a été malade ou absent, qu'il n'a pas lu l'article ou qu'il ne l'a pas compris. Si cette preuve est permise, elle n'aura d'autre portée, dit Chassan, que d'atténuer la peine. Nous ne pouvons souscrire à une condamnation, quelle qu'elle soit, dans le cas où le gérant peut prouver qu'il n'a pas compris le sens de l'article incriminé ou du moins faire naître cette opinion dans l'esprit des juges. Dans ce cas, l'intention mauvaise manque totalement et nous ne pouvons comprendre une condamnation.

Dans le cas où le gérant ferait défaut et ne pourrait être atteint, la loi attribue la responsabilité du délit à l'*auteur*.

La loi du 9 juin 1819 considérait l'auteur comme solidaire des condamnations prononcées contre l'éditeur responsable. Il suit de là que l'auteur n'était poursuivi qu'à titre de complice.

En 1828, le projet de loi présenté à la Chambre des députés proposait que si l'auteur était connu et poursuivi, le gérant ne parût dans la cause que comme complice. C'était retourner les principes; le fait de la publication attestée par la signature du gérant ne formait plus l'élément principal du délit. La commission de la Chambre substitua à cette tendance nouvelle l'idée ancienne de la poursuite du gérant responsable comme auteur principal et de l'auteur comme complice. Cette jurisprudence a toujours été maintenue, pour la presse périodique du moins. La loi de 1881 ne permet la recherche de l'auteur comme auteur principal que si le gérant ne peut être atteint; elle ordonne la poursuite de l'auteur comme complice dans tous les cas où le gérant paraît comme auteur responsable (art. 43).

Mais l'auteur peut être puni comme complice alors même que le gérant serait acquitté, ce qui est du reste une règle de droit commun. Il a été jugé par la Cour de cassation, par arrêt du 8 septembre 1837, que « la réponse négative sur la culpabilité de l'éditeur responsable n'a détruit ni l'existence du fait incriminé, ni la culpabilité de ce fait; que l'existence et la culpabilité de ce même fait résultent, au contraire, textuellement de la réponse relative au rédacteur en chef du journal; que, dès lors, la déclaration de non-culpabilité du gérant responsable n'entraînait nullement la nécessité d'une déclaration semblable à l'égard du rédacteur en chef. »

Quant à la presse non périodique, il se peut que l'auteur du livre soit recherché conjointement avec l'éditeur comme auteur responsable. Tel est le cas lorsque l'auteur a vendu son livre à l'éditeur sous condition de le publier, ce qui est toujours présumé, sauf preuve du contraire que doit fournir l'auteur. Ainsi l'auteur qui vend son manuscrit à un éditeur sous condition de percevoir un tant pour cent des bénéfices sera assurément traduit devant le tribunal comme auteur principal en même temps que l'éditeur. Chassan (page 126) semble disposé à primer la responsabilité de l'éditeur par celle de l'auteur, sous prétexte que le premier ne fait « pour ainsi dire qu'un acte de spéculation » et que « le contenu de l'ouvrage lui est bien souvent inconnu ; » et Chassan dit : « Aussi, dans ces cas, la responsabilité n'incombe-t-elle à proprement parler qu'à l'auteur. » On voit que l'idée du fait de la publication, considéré comme élément absolu de la culpabilité, donne lieu à de singulières hésitations. Notre auteur ne serait pas loin de déférer l'éditeur au tribunal pour complicité seulement et cela en se basant sur le fait que la publication n'est qu'un acte de spéculation — comme si l'excuse en était une — ou que l'éditeur ignore le contenu de l'ouvrage. Notre auteur est bien plus rigoureux pour l'imprimeur dont il dira (page 136) : « L'imprimeur sait qu'un écrit peut renfermer un délit ; or,
» en consentant à devenir l'agent de la publication, il con-
» court, par son fait, à cette publication et par conséquent au
» délit, s'il y en a un. Son devoir n'est-il pas dès lors d'ap-
» précier l'écrit ? S'il l'a fait, il a connu le mal et a consenti à
» prendre sur lui une partie de la responsabilité de la publi-
» cation. S'il ne l'a pas fait, il a commis une faute lourde qui
» est assimilée au délit et, dans ce cas, *ex vero delicto tene-*
» *tur.* » Notez que cela s'adresse à un imprimeur qui voue son activité à l'impression d'une foule d'écrits de tous genres et dont on cherche ainsi à incriminer l'oubli du devoir qu'on

lui pose de lire tout ce qui sort de ses presses, tout article de journal entre autres. A combien plus forte raison cela peut-il s'appliquer à un éditeur à propos d'un livre!

Le principe que la publication est l'élément déterminant pour la recherche de l'auteur principal est donc bien près de chavirer, si l'on en croit Chassan, en matière de presse non périodique; il est déjà atteint en partie par la recherche de l'auteur et sa condamnation comme auteur principal, lorsque celui-ci a vendu son manuscrit dans l'intention que la publication suivrait cette vente.

L'auteur ne peut être condamné si la publication a eu lieu à son insu ou sans son consentement; dans ce cas, il n'y a de sa part aucune intention de nuire.

Si le gérant et l'auteur de l'article ne peuvent être atteints ou s'il n'y a pas d'éditeur, la loi saisit l'*imprimeur* comme auteur principal de la publication. Dans le cas où l'auteur du manuscrit n'aurait aucun éditeur, c'est évidemment l'imprimeur qui doit être considéré comme le publicateur.

Mais l'imprimeur peut-il être recherché comme complice? Il en était ainsi, sous l'empire de la législation antérieure à 1881, lorsque le ministère public réussissait à prouver, outre le fait de l'impression, l'intention de l'imprimeur, sa participation consciente à l'acte délictueux; il fallait démontrer que l'imprimeur avait agi en toute connaissance de cause. Mais pour le seul fait de l'impression, il n'était poursuivi que s'il avait négligé de remplir les formalités nécessaires à l'exercice de son industrie.

La loi de 1881 a reculé encore les limites de la non-culpabilité de l'imprimeur. Elle le libère de toute complicité à raison du fait de l'impression, alors même qu'il aurait connu le caractère délictueux de l'écrit, sauf toutefois dans le cas de provocation à un attroupement armé ou non; en pareille circonstance, l'imprimeur peut être recherché comme complice.

et puni s'il a agi sciemment. La complicité de l'imprimeur ne repose donc plus, sauf le cas indiqué ci-dessus, par le fait de l'impression : elle ne résultera plus que d'autres faits étrangers à l'impression, tels que les prévoit l'article 60 du code pénal.

La conséquence de cette disposition se formule ainsi : l'imprimeur peut tout imprimer impunément, sauf des provocations à un attroupement et sauf le cas où gérant, éditeur ou auteur feraient défaut, dans le sens vulgaire du mot. Il s'agit donc, ici, d'une importante dérogation aux principes de la complicité atteignant celui qui joint au fait l'intention, la participation morale à l'assistance matérielle. L'impression, le fait matériel, dont l'existence est si facile à prouver, est sortie du nombre des actes qui peuvent fonder une recherche pour complicité à titre de participation matérielle directe. C'est là assurément une exception bien grave aux principes et un privilège important en faveur de l'imprimeur.

On pourrait peut-être trouver dans cette dérogation à la règle, une tendance à abandonner toute idée de complicité en matière de presse, comme les partisans de la liberté plus grande de la presse le demandent. Nous croyons que le motif qui a dicté la disposition exceptionnelle dont nous parlons réside plutôt dans le désir de ne plus exposer le ministère public à des désistements de poursuite peu dignes d'une justice correcte et en tous cas peu profitables au ministère public. Soit par tracasserie, soit en toute sincérité d'appréciation, souvent le ministère public faisait comparaître devant la cour l'imprimeur comme complice, et se voyait dans l'obligation d'abandonner la prévention faute de pouvoir établir d'une façon suffisante l'intention coupable du prévenu. Dorénavant, l'excès de zèle n'aura plus, pour favoriser ses inconséquences, le fait de l'impression à son service.

Une autre raison est tirée de la crainte de voir l'indépendance de l'écrivain comprimée par la surveillance appeurée de l'imprimeur ; la loi a voulu éviter le reproche de contenir, en conservant la responsabilité de l'imprimeur, une menace perpétuelle contre l'indépendance de l'écrivain.

Enfin la loi de 1881 déclare auteurs principaux, à défaut du gérant, de l'éditeur, de l'auteur et de l'imprimeur, les vendeurs, distributeurs ou afficheurs. — Dans le cours de la discussion, on rejeta une rédaction primitive de l'article 43 qui libérait ces personnes de toute complicité en raison du fait de la vente, de la distribution ou de l'affichage, appliquant ainsi aux vendeurs, distributeurs et afficheurs la dérogation aux principes de la complicité dont l'imprimeur est admis à bénéficier. Il résulte du rejet de cette rédaction que les personnes dont nous parlons pourront être traduites devant les tribunaux pour le seul fait de la vente, de la distribution ou de l'affichage, s'il est démontré qu'elles ont agi en connaissance de cause, c'est à dire sachant que l'écrit ou l'imprimé contenait des provocations ou allégations coupables.

Les dispositions ordinaires du code pénal sur la complicité sont applicables à l'auteur de tout acte étranger à la publication d'un écrit, qu'il a seulement pour but de provoquer ou de favoriser.

SECTION VI. — RESPONSABILITÉ DES PROPRIÉTAIRES.

En ce qui concerne la responsabilité, au point de vue de la loi pénale, chacun n'est responsable que de son fait. C'est en vertu de ce principe que la loi poursuit et condamne le gérant, l'auteur, etc., en raison des délits commis au moyen du journal ou d'un imprimé quelconque. Nous ne nous dissimulons pas qu'à l'égard de gérants d'emprunt, d'hommes de paille, l'application du jugement pénal, sous le rapport des amendes et des frais, est éludée très facilement : si ce sont eux qui sont condamnés, c'est le propriétaire qui paie.

En matière de réparation civile, au contraire, la loi peut frapper non seulement l'auteur du fait dommageable, mais encore celui qui, en raison de son autorité et de son droit de surveillance, aurait pu empêcher la commission de l'acte nuisible. C'est à ce point de vue que la loi française de 1881 s'est placée pour ordonner, à son article 44, que « les propriétaires » de journaux ou écrits périodiques sont responsables des » condamnations pécuniaires prononcées au profit des tiers » contre les personnes désignées dans les deux articles précédents, conformément aux dispositions des articles 1382, » 1383 et 1384 du code civil. »

L'ancienne jurisprudence n'admettait pas de responsabilité particulière du propriétaire. Elle mettait à la charge du gérant, par exemple, le paiement des amendes, des frais du procès et des dommages-intérêts, et, pour le frapper plus sûrement, la loi l'obligeait d'être propriétaire de partie ou de la totalité du cautionnement déposé, — toutes fraudes réservées cependant.

La loi de 1881 a rompu avec cette manière de concevoir l'attribution de la responsabilité civile. Elle déclare le propriétaire, le commettant de l'article 1384 c. c., responsable des condamnations prononcées contre le gérant, le préposé, *au profit de tiers* (l'amende est donc en dehors de cette règle). C'est en s'appuyant sur le code civil que la loi de 1881 a établi cette responsabilité ; elle a fait application, dans un nouveau domaine, de l'article 1384 et il est curieux de constater que, le code civil datant de 1810, il ait fallu une loi de 1881 pour étendre formellement l'application de l'article 1384 aux conséquences dommageables des délits de presse.

Cette extension formelle des prescriptions de l'art. 1384 ne s'est pas faite sans opposition. On a dit qu'elle était contraire au droit commun, contraire au droit civil, inapplicable dans certains cas, enfin qu'elle déguisait le rétablissement du cautionnement.

Sans doute, l'article 44 de la loi impose une charge ou plutôt enlève un privilège à la presse, à ceux qui la dirigent, qui la créent et aux idées, aux desseins, aux ambitions desquels elle sert. Elle est mise sur le même pied que tout instrument ; elle rentre dans le droit commun au lieu d'en sortir. Il n'est pas facile de comprendre comment le propriétaire d'un journal, qui encaissera les bénéfices que les nouvelles à scandale de sa feuille lui auront apportés, serait dispensé de prendre à sa charge le paiement des indemnités réclamées par les tiers en réparation du préjudice causé. S'il exploite lui-même son journal, le cas est simple : c'est lui qui est gérant ; il doit supporter les risques de l'exploitation. S'il a loué cette dernière, le locataire assumera la responsabilité civile entière lorsque le prix est fixé à une somme précise, absolue, 50,000 fr. par exemple ; mais lorsque le prix est déterminé par le rapport de tant pour cent, nous estimons que le propriétaire pourra être rendu responsable en même temps que le locataire, car, dans ce cas, le propriétaire reste intéressé à l'exploitation du journal, il aura des motifs pour encourager par exemple la publication de tel scandale. Dans le troisième cas, celui où le propriétaire fait exploiter sa feuille par un gérant, un préposé, il en est de même que dans le cas où c'est lui, le propriétaire, qui exploite. Il est intéressé à la publication de son journal, à sa bonne marche ; comme il en palpe les bénéfices, il doit supporter les pertes.

Enfin, il n'y a pas de doute que la question de la responsabilité civile du propriétaire ne rentre dans le domaine des applications de l'article 44. Cet article statue que les commettants sont responsables du dommage causé par leurs préposés dans les fonctions auxquelles ils les ont employés.

Qu'est-ce qu'un propriétaire qui confie l'exploitation de sa propriété à un gérant, sinon un commettant ? Qu'est-ce qu'un préposé ? La jurisprudence et les auteurs sont d'accord pour définir le préposé : celui qui *gère* une industrie pour le compte d'un tiers. Il n'est pas besoin d'insister plus outre sur ce point ; il n'y a plus à s'étonner que d'une chose, c'est qu'on n'ait pas fait plus tôt application de l'art. 1384 c. c. à la presse. La loi de 1881 n'a rien innové dans le fond ; elle a découvert une nouvelle application de cet article à des faits qui jusqu'à cette époque avaient pu se soustraire aux dispositions du code civil. L'article 44 est une confirmation des règles du code civil dans leur rapport avec l'exercice de la presse.

On a dit enfin, contre l'article 44, que l'adoption d'une telle disposition déguisait le rétablissement du cautionnement. Nous doutons un peu que ceux qui se sont exprimés ainsi l'aient fait en toute sincérité et sérieusement. Où voient-ils l'ombre d'un cautionnement ? Le cautionnement avait à sa base deux idées, l'une juste, l'autre absolument fausse. L'idée juste était celle de la responsabilité des propriétaires astreints au paiement des indemnités ; l'idée fausse c'était la présomption de culpabilité, motivant l'obligation de verser par anticipation des sommes destinées à couvrir le montant des amendes.

Mais dans l'article 44, nous ne retrouvons qu'une seule de ces idées, celle que la raison admet, celle de la responsabilité des propriétaires. La présomption de la culpabilité du propriétaire, le caractère préventif de l'obligation de verser la somme destinée à fournir l'exécution de condamnations ultérieures ne paraît point du tout, ni dans la lettre, ni dans l'esprit de notre article. Nous ne saurions mieux faire que de transcrire les termes du rapport de la commission : « Le cautionnement » est une mesure préalable, c'est la garantie éventuelle de » l'exécution d'une condamnation qui peut ne jamais interve- » nir, tandis que la responsabilité civile des propriétaires de

7

» journaux ne doit recevoir d'application que dans l'hypothèse
» où une condamnation a été prononcée. Elle ne devance pas
» la condamnation, elle la suit ; elle ne peut être que théorique
» si le journal ne commet pas de délit ou si la condamnation
» s'exécute directement. Elle n'empêche pas ce délit de se
» commettre, elle empêche l'impunité de s'accomplir. » Il est
inutile de nous arrêter plus longtemps sur cette question, qui
ne peut faire naître aucun doute dans l'esprit de celui qui
l'examine sans parti pris.

SECTION VII. — SAISIE, DÉTENTION PRÉVENTIVE, DÉPÔT
DE PLAINTE EN DIFFAMATION.

La *saisie* n'est maintenue que dans deux cas.

La saisie-séquestre, la saisie préventive est exercée à l'égard
de tous ouvrages, écrits et imprimés, gravures, etc., de nature à blesser les bonnes mœurs. C'est le seul cas de saisie
préventive.

Le second cas où la saisie est pratiquée est celui de l'ordonnance de saisie et de destruction des imprimés qui font
l'objet d'une condamnation, lorsqu'elle paraît nécessaire au
tribunal.

Si la formalité du dépôt n'a pas été observée, le juge d'instruction a bien le droit de faire saisir quatre exemplaires de
l'imprimé. Mais il ne s'agit pas alors d'une saisie-séquestre ;
le but de cette mesure n'est pas d'empêcher la propagation
de l'écrit, mais seulement de mettre la justice en possession
de l'instrument du délit.

La *détention préventive* des inculpés est interdite lorsqu'ils
sont domiciliés en France et qu'il ne s'agit que de délits. Si
l'inculpé est recherché pour crime, cette disposition n'est pas
nécessairement applicable.

Nous avons vu que c'est par motif d'intérêt général que le

législateur a autorisé la preuve des faits qualifiés diffamatoires, contre les fonctionnaires. Pour que l'intention du législateur reçût sa sanction, il fallait éviter que le fonctionnaire attaqué et qui redoute la preuve des imputations diffamatoires ne pût échapper à celle-ci en intentant une simple action civile. L'article 46 décide que l'action civile ne peut être intentée séparément de l'action publique dans le cas où la preuve de la vérité des faits est autorisée. De cette façon les plaignants ne pourront se soustraire à cette preuve qu'en renonçant absolument à poursuivre l'offensant.

Nous n'irons pas plus loin dans l'examen des règles de pure procédure qui forment l'objet du chapitre V de la loi et qui ne rentrent pas dans l'étude que nous nous sommes proposée.

CHAPITRE IV

L'Allemagne.

SECTION I. — LES LÉGISLATIONS DES DIFFÉRENTS ÉTATS AVANT 1874.

I. — Avant la constitution de l'empire, la presse était soumise, en Allemagne, à autant de régimes qu'il y avait d'Etats. Les lois concernant la presse manifestaient des tendances très diverses, dont l'explication se trouve dans les événements contemporains à l'adoption de chacune d'elles. La variété des règles adoptées par les différents Etats allemands apparaît surtout en matière de responsabilité pénale pour délits de presse.

Un des premiers systèmes proposés pour régler cette question fut celui dont le député *von Berg* se fit l'interprète à la diète du duché d'Oldenbourg. Ce député demandait que si l'auteur était connu et pouvait être atteint par la justice, le libraire-éditeur, l'imprimeur et le propagateur fussent libres de toute responsabilité ; en revanche, si l'imprimé était anonyme, le libraire-éditeur et l'imprimeur devaient être considérés et punis comme complices.

Nous disions, dans un de nos chapitres précédents, que l'opinion publique n'exigeait pas, en général, une série de condamnations et qu'il lui suffisait de la punition d'un seul auteur principal et peut-être d'un complice. La proposition de Berg était la conséquence de cette manière de voir, à laquelle elle fixait des limites encore plus larges. Il lui suffisait d'un coupable et ce coupable était l'auteur de l'écrit punissable, la responsabilité du libraire-éditeur et de l'imprimeur ne prenait naissance qu'éventuellement, soit dans le cas où le principal et premier coupable se trouvait hors des atteintes de la justice.

La proposition du député von Berg ne rencontra pas d'écho et ne présente qu'un intérêt purement historique.

II. — La *Constitution prussienne de 1848* disait, à ses articles 25 et 26, que les crimes et délits devaient être jugés selon les règles du droit commun. Si l'auteur d'un écrit était connu et se trouvait dans la juridiction allemande, le libraire-éditeur, l'imprimeur et le propagateur ne devait pas être poursuivis, à moins que leur complicité ne résultât d'autres faits étrangers à l'édition, à l'impression ou à la propagation.

Il est facile de se rendre compte de l'influence de l'article de la Constitution belge sur les rédacteurs des dispositions constitutionnelles de 1848. Seulement, on ne voit pas l'énonciation d'une responsabilité successive par cascades ; l'énumération n'est pas subsidiaire, elle est faite *in globo*.

La *loi prussienne du 30 juin 1849* statuait que l'*auteur*, l'*éditeur*, le *libraire-éditeur*, l'*imprimeur* et le *colporteur*

étaient responsables comme tels. Si la publication avait eu
lieu sans participation morale de l'auteur, l'éditeur suppor-
tait toute la responsabilité. Cette loi posait nettement lê
principe de la responsabilité subsidiaire et exclusive en ces
termes : « Aucune personne citée dans l'énumération ci-dessus ne peut être poursuivie, lorsque le délinquant, dont la responsabilité prime la sienne, suivant cette énumération (l'*antécesseur*, si l'on nous permet ce néologisme), est connu et
peut être atteint par le pouvoir judiciaire. »

Cette disposition ne s'opposait pas à une poursuite simultanée lorsque d'autres faits fondaient une complicité à l'acte
illicite.

Ainsi, dans le cas où l'auteur était connu, l'éditeur (*Herausgeber*) était hors de cause; sinon la responsabilité le frappait
en lieu et place de l'auteur. Si l'auteur et l'éditeur ne pouvaient être atteints, le libraire-éditeur (*Verleger*) assumait la
responsabilité et ainsi de suite jusqu'au colporteur. Tel est le
système de la responsabilité successive et exclusive, commu-
nément appelé *système de la responsabilité par cascades* ou
système belge.

Ce principe libéral autant qu'artificiel succomba devant la
réaction monarchique de 1851. Une loi de cette année lui
substitua le régime de l'application du droit commun complété par le régime des peines pour négligence ou imprudence, *Fahrlässigkeitsstrafen*.

Le principe fondamental de cette loi, indiqué à l'article 34,
était celui de la responsabilité comme auteur principal ou
complice, selon les règles du droit commun.

Telle était la base du système. Tout individu convaincu
d'avoir pris part en toute connaissance de cause à la publication d'un imprimé, était poursuivi d'après les règles du
code pénal. Il ne bénéficiait d'aucune disposition particulière
en raison de la nature du délit commis.

Mais la loi ne s'était pas arrêtée à ce point. Dans les articles suivants, nous trouvons une série de dispositions ordonnant la poursuite de tout individu qui, par le fait de sa négligence, avait laissé commettre un délit qu'il eût pu empêcher s'il eût agi avec toute l'attention et le zèle dont sa profession lui faisait un devoir. C'est là le *système des Fahrlässigkeitsstrafen*, sur lequel nous reviendrons dans l'étude de la loi actuelle.

Appliquant ce dernier système, la loi de 1851 ordonnait, en cas de délit, la recherche du libraire-éditeur, qui ne pourrait être considéré comme auteur principal ou complice en vertu de l'article 34, c'est-à-dire du droit commun, et le punissait d'une amende pour imprudence et négligence dans ses devoirs professionnels, à moins qu'il ne pût indiquer, au cours de son premier interrogatoire, l'auteur ou l'éditeur et que ces personnes n'eussent eu un domicile dans le royaume au moment de la publication. L'imprimeur était également puni pour imprudence et négligence de ses devoirs professionnels si, d'une part, il ne pouvait nommer ou désigner ses antécesseurs, soit le libraire-éditeur, d'abord, puis l'éditeur, puis enfin l'auteur, et si, d'autre part, ces différentes personnes n'avaient pas eu leur domicile dans les limites de la juridiction prussienne au moment de l'impression.

Quant au rédacteur responsable d'une feuille soumise au cautionnement, il était toujours puni pour négligence, même si l'absence ou la maladie ou quelque autre motif l'avait empêché de veiller à la rédaction du journal sans qu'il eût averti la rédaction et demandé son remplacement momentané. Nous parlons ici de la condamnation du rédacteur en raison de sa négligence, car il est évident que s'il pouvait être recherché comme auteur principal ou complice du délit, il était puni en vertu des règles du droit commun, soit d'après l'article 34.

La loi prussienne de 1851 soumettait donc la presse aux dispositions du code pénal, et pour faciliter la poursuite des coupables, elle complétait la procédure pénale ordinaire par le régime des *Fahrlässigkeitsstrafen*, en vertu duquel elle punissait les personnes qui, à ses yeux, étaient coupables d'avoir négligé les devoirs d'attention et de diligence dont leur profession leur imposait l'observation.

III. — La *loi saxonne* de 1844 consacrait également la responsabilité à teneur du droit commun, avec le système des *Fahrlässigkeitsstrafen*, soit celui de la responsabilité pour cause de négligence.

La *loi bavaroise* de 1850 appliquait aussi les règles du droit commun. Elle faisait peser la responsabilité découlant de la négligence sur le libraire-éditeur et sur l'imprimeur, s'ils ne pouvaient indiquer avec certitude le nom de l'auteur et son domicile. En cas de refus ou d'incapacité de livrer ces indications, ils pouvaient être punis des arrêts, sans préjudice de la responsabilité dérivant du délit même.

La *loi badoise* appliquait les règles du droit commun ou celles de la responsabilité éventuelle suivant que l'auteur, l'éditeur (rédacteur), le libraire-éditeur ou son préposé et l'imprimeur avaient participé sciemment (*vorsätzlich*) à la publication ou non. Si ces personnes n'avaient pas contribué sciemment à la publication, chacune d'elles pouvait rejeter la responsabilité sur l'auteur ou sur un antécesseur, à condition que ceux-ci se fussent trouvés dans les limites de la juridiction allemande au moment de la publication. Ce n'est que plus tard que la loi du grand-duché de Baden adopta le principe des *Fahrlässigkeitsstrafen*.

La loi du royaume de *Würtemberg*, du 30 janvier 1817, prescrivait en premier lieu la recherche de l'auteur de l'écrit, que le libraire-éditeur (*Verleger*) et, s'il n'y en avait pas, l'imprimeur étaient tenus de nommer, sur réquisition de la justice, à défaut de quoi ces derniers étaient traités comme auteurs du délit. En dehors de ce cas, l'imprimeur n'était responsable que s'il y avait eu entente malicieuse entre l'auteur ou l'éditeur et lui ; il était alors puni comme coauteur, mais moins que l'auteur de l'écrit, ajoutait la loi. Le libraire-éditeur était considéré comme responsable non seulement de son intention malicieuse, mais encore de négligence ; cependant il était également moins puni que l'auteur. Enfin, l'éditeur (*Herausgeber*), particulièrement les rédacteurs de journaux, étaient responsables pour les contraventions à la loi qui règle ces questions de presse, en qualité de complices ou d'auxiliaires de l'auteur.

La justice pouvait donc exercer son action à l'égard d'un auteur principal et de coauteurs, c'est à dire de personne ayant participé directement à la publication, mais ces derniers étaient punis moins sévèrement que l'auteur de l'écrit. Dans le cas où l'auteur faisait défaut, l'éditeur ou l'imprimeur prenaient sa place s'ils ne pouvaient pas ou ne voulaient pas le nommer. Le système suivi par la loi wurtembergeoise n'était ni le système belge pur, puisqu'il pouvait y avoir des coauteurs, ou complices plutôt, ni le système de l'application du droit commun, puisque la complicité ne naissait que par l'entente malicieuse entre auteur ou éditeur et imprimeur.

Le système de la responsabilité par cascades était en vigueur à *Weimar*, tandis que le régime du droit commun se déployait dans toute sa simplicité à *Lübeck*.

IV. — Pour résumer les divers régimes en usage dans les différents Etats de l'Allemagne avant la promulgation de la loi de 1874, nous en ferons trois groupes :

1° Le régime du droit commun dans toute sa simplicité ; il était en vigueur à Lübeck.

2° Le régime de la responsabilité exclusive et éventuelle ou par cascades ; il était appliquée par la loi de Weimar.

3º Enfin le régime du droit commun combiné avec le principe de la punition de l'oubli des devoirs professionnels, autrement dit le principe de la *Fahrlässigkeitsstrafe*. Ce régime, dont le but est d'assurer une condamnation tout en favorisant la rapidité de l'enquête par la certitude de l'impunité accordée à tous les intéressés ayant un antécesseur, ce régime, disons-nous, se concentrait dans les législations de la Prusse, de la Bavière, de la Saxe et de Baden.

Toutes ces lois établissaient la responsabilité d'abord à la charge de l'auteur, puis de l'éditeur (*Herausgeber*) puis du le libraire-éditeur (*Verleger*), etc. Le rédacteur d'un journal était partout considéré comme un éditeur (*Herausgeber*) et sa responsabilité était primée par celle du rédacteur de l'article. C'est ce dernier qui était l'auteur du délit.

Cette manière d'envisager la responsabilité pénale découlant d'un délit de presse disparut devant l'idée qui devait recevoir sa confirmation dans la législation de 1874. Le rédacteur prit place à côté de l'auteur et l'on posa ce principe à la base des dispositions sur la responsabilité : « Le rédacteur responsable est auteur du journal. »

SECTION II. — LA LOI IMPÉRIALE EN 1874.

Ces lois furent abrogées par la *loi du 7 mai 1874* qui régit la presse dans toute l'étendue de l'empire allemand et qui rentrait dans la compétence législative de l'empire à teneur du nº 16 de l'article 4 de la Constitution du 16 avril 1871.

§ 1. *Le principe de la liberté de la presse dans la loi.*

I. — Cette loi de 1874 déclare, à son article 1, que « la liberté de la presse n'est soumise à aucune autre restriction que celles qui sont prescrites ou admises par la présente loi. » Telle est la seule garantie de la liberté de la presse, formellement exprimée dans la législation allemande. Le projet du gouvernement ne parlait même pas de « liberté de la presse; » cette expression n'y figurait pas. Il semble qu'on voulait éviter de reconnaître la liberté de la presse en ne la mentionnant pas même une seule fois. C'est le Reichstag qui introduisit ces mots dans la loi.

Tandis que le gouvernement semblait se refuser à consacrer formellement le principe de la liberté de la presse, le parti socialiste, dans la personne de MM. Hasenclever, Hasselmann et Reimer, présentait un article premier dont la teneur proclamait d'une façon assurément très large la reconnaissance de cette liberté. Cet amendement au projet était ainsi conçu : « Chacun a le droit de publier ses pensées; la liberté » de la presse ne peut être restreinte en aucune manière. Ce- » lui qui rend des personnes méprisables ou qui leur cause » un préjudice matériel en répandant au moyen de la presse » des faits reconnus inexacts, est tenu de les démentir sur la » demande de la personne calomniée ou lésée, et, en cas de » préjudice matériel, condamné envers celui qui l'a éprouvé » à une réparation pécuniaire qui peut s'élever jusqu'à 5000 » marcs. »

L'adoption d'un tel amendement aurait certainement rendu toute liberté à la presse, mais au détriment de la paix entre les citoyens. C'eût été accorder un beau témoignage d'honnêteté et de correction ou bien un certificat complet d'impuissance à la presse. La diffamation aurait pu se donner libre carrière impunément; une diffamation basée sur un fait réel et vrai n'aurait pu faire l'objet d'aucune poursuite; une diffamation calomnieuse n'aurait exposé son auteur qu'à la courte honte d'une simple rétractation en cas d'absence de préjudice matériel. S'il y avait eu dommage matériel, quelle qu'en fût l'importance, la réparation n'aurait pu dépasser

5000 marcs. Nous le répétons, nul doute que les intentions des auteurs de l'amendement n'aient été sincères, mais ils nous semblent avoir eu vraiment trop bonne opinion de la presse, en la considérant comme incapable d'une lâcheté, ou des particuliers, en les présumant insensibles aux attaques déloyales.

II. — L'exercice de l'industrie de la presse est soumis aux dispositions de la loi sur l'organisation de l'industrie (*Gewerbe-ordnung*) qui dit à son article 57 : « L'autorisation néces-
» saire à l'exercice d'une industrie ne peut être refusée... à
» tout citoyen de la Confédération qui possède un domicile
» fixe dans les limites du territoire de la Confédération et
» qui a plus de vingt et un ans, si ce n'est dans les cas sui-
» vants :

» 1º S'il est atteint d'une maladie repoussante ou conta-
» gieuse ;

» 2º S'il a été condamné à un emprisonnement de six se-
» maines ou moins, accompagné de la privation de ses droits
» civiques, pour attentat à la propriété, à la pudeur, à la vie
» ou à la santé des hommes, pour incendie et quelques con-
» traventions à la police sanitaire ;

» 3º S'il est placé sous la surveillance de la police ;

» 4º S'il a mauvaise réputation pour cause de paresse, men-
» dicité, vagabondage, ivrognerie habituelle. »

L'exercice de la presse n'est donc pas complètement libre : une autorisation est nécessaire. Une fois cette autorisation obtenue, elle ne peut être retirée ni par voie administrative, ni par voie judiciaire.

III. — MM. Hasenclever et autres formulèrent une proposition ainsi conçue : « Pour que les industriels dans leur en-
» semble ne soient pas lésés dans l'exercice de leur industrie,
» aucune subvention ne peut être offerte à l'éditeur ou rédac-
» teur d'un imprimé périodique de la part du gouvernement

» de l'empire ou des gouvernements des divers états alle-
» mands, ou d'une autorité publique. »

Quel que pût être le but de cette proposition, il est évident.
qu'elle devait atteindre tout spécialement la presse officieuse ;
il s'agissait d'interdire au gouvernement de faire usage du fameux *fonds des reptiles* destiné à subventionner les journaux
attachés au pouvoir et à s'attirer le concours temporaire de
telle feuille. Que cet achat de consciences ait lieu au moyen
d'un fonds des reptiles ou des fonds secrets — peu importe
le nom — il est certain qu'un tel état de choses est répu-
gnant et l'on ne peut qu'approuver la proposition des socia-
listes du Parlement allemand, qui n'a cependant pas trouvé.
grâce devant la majorité.

§ 2. *Formalités pour la publication.*

I. — La loi allemande prévoit pour la publication quelques
formalités de pur contrôle, qui sont : 1° L'indication du nom
et du domicile de certains intéressés ; 2° le dépôt.

Il est à remarquer que la déclaration préalable n'est pas
exigée par la loi sur la presse. La formalité de l'autorisation
préalable prévue par la loi sur l'industrie ne gène le fondateur
de tel journal qu'au point de vue de l'impression de la feuille
périodique ; ce n'est pas la publication des écrits qui est visée
directement, c'est le droit d'être imprimeur, soit d'exercer
cette profession. Cette autorisation limite l'exercice de l'industrie, mais, directement, n'a rien à faire avec la fondation.
d'un journal. Toute personné peut publier un journal sans être
tenue d'en faire la déclaration préalable à l'autorité.

Cette déclaration ne peut être autre chose, du reste, qu'un
moyen pour l'autorité de s'assurer que telle feuille est soumise ou non au dépôt. En France, tout imprimé périodique
est soumis au dépôt ; la déclaration n'a d'autre effet que de

signaler à l'autorité une nouvelle publication. En Allemagne, au contraire, le dépôt à la police n'est pas obligatoire pour toute publication périodique ; les imprimés qui ont un but exclusivement scientifique, artistique, commercial ou industriel en sont dispensés ; la déclaration aurait donc eu sa raison d'être pour faciliter la distinction entre les feuilles périodiques astreintes et les feuilles non astreintes au dépôt. La loi allemande a préféré laisser libre de toute formalité la fondation d'un journal : nous ne pouvons l'en blâmer.

II. — Tout imprimé, sauf les ouvrages dits de ville, *bilboquets*, doit mentionner le nom et le domicile de l'imprimeur. De plus, si l'ouvrage est destiné à la librairie ou à tout autre mode de diffusion, il doit indiquer le nom et la demeure du libraire-éditeur dans le cas où cet ouvrage fait l'objet d'une entreprise d'édition ; si la publication a lieu sans intermédiaire, si l'auteur lui-même ou si le commentateur d'une œuvre tombée dans le domaine public ou le compilateur d'une encyclopédie, d'un recueil, etc., le *Herausgeber*, en un mot, est le publicateur, l'ouvrage devra porter l'indication du nom et de la demeure de l'auteur ou de l'*Herausgeber*.

Un livre, par exemple, devra être muni de l'indication du nom et du domicile de deux personnes : imprimeur, puis, selon le cas, libraire-éditeur, auteur ou éditeur.

Un journal devra également porter la mention du nom et de la demeure d'un imprimeur et d'un libraire-éditeur. Mais la loi ne se contente pas de ces deux mentions ; elle exige que le nom et le domicile du <u>rédacteur responsable</u> soit indiqué sur chaque numéro ou livraison de l'imprimé périodique. Elle n'autorise la désignation de plusieurs rédacteurs responsables que si, d'après cette désignation, il est facile de reconnaître le rédacteur responsable de chacune des parties du journal.

La loi ne considère comme rédacteur responsable que celui qui est indiqué comme tel. Le rédacteur faussement désigné comme responsable est puni d'une amende qui peut aller jusqu'à mille marcs ou d'un emprisonnement de 6 mois au plus. Quant à ceux qui prennent soin de la rédaction sous le couvert du faux rédacteur responsable, ils sont poursuivis d'après les règles du droit commun.

Le rédacteur responsable d'imprimés périodiques doit réunir certaines conditions. Il doit être capable de disposer de ses biens, être en possession de ses droits civiques et avoir son domicile et sa résidence habituelle en Allemagne.

Le rédacteur n'est pas tenu de faire la preuve qu'il possède réellement ces qualités en entrant en fonctions; il suffit qu'il puisse apporter cette preuve en cas de poursuites.

Il n'est pas exigé par la loi que le rédacteur soit sujet de l'empire; il peut fort bien être étranger. La loi française n'a pas appliqué cette règle à l'égard du gérant, qui doit toujours être Français.

Une femme peut-elle être rédacteur? La réponse à cette question sera fournie par les dispositions des codes des États allemands en matière de capacité civile.

III. — La loi ordonne le dépôt à la police de tout imprimé périodique et de chaque numéro, contre récépissé. Elle excepte de cette règle générale les imprimés dont le contenu ne touche qu'à des matières scientifiques, industrielles, commerciales ou artistiques, comme nous venons de le voir.

§ 3. *Saisie.*

L'article 5 de la loi nous apporte une disposition préventive d'un haut degré. En vertu de cet article, la police locale peut interdire de répandre des imprimés dans le public aux personnes auxquelles l'autorisation peut être refusée d'après l'article 57 de la loi sur l'organisation de l'industrie. La police peut saisir de son propre chef les publications ainsi distribuées; c'est la saisie administrative, la saisie policiaire d'imprimés qui, en soi, n'ont rien de délictueux.

La saisie préventive, administrative, sans ordre de l'autorité judiciaire, a lieu encore dans les cas suivants :

1° Si un imprimé ne porte pas l'indication des noms et domiciles de l'imprimeur, du libraire-éditeur, de l'auteur ou de l'éditeur, comme le veut la loi à son article 6 ;

2° En cas de contravention à la défense faite par le chancelier, en vertu de l'article 15 de la loi, de publier des renseignements sur les opérations militaires en temps de guerre ou de danger de guerre ;

3° Si du contenu de l'imprimé ressort l'existence de délits prévus aux articles 85, 95, 111, 130 et 184 du code pénal allemand. Ces articles visent le crime de haute trahison, l'offense à des souverains, la provocation à un délit, à troubler la paix entre les classes de la société, la distribution d'écrits ou d'images obscènes.

Telles sont les mesures préventives dont la loi allemande fait usage. Nous avons vu que le dépôt et l'indication du nom de telle personne participant à la publication sont des mesures préventives de pur contrôle, tandis que la saisie par la police revêt déjà un caractère de prévention plus grave; il s'agit de la suppression temporaire ou définitive, suivant le jugement du tribunal, d'un imprimé prêt à la publication. Cette saisie est admise dans des cas plus nombreux en Allemagne qu'en France, bien que les dangers résultant de la publication d'un écrit punissable ne paraissent pas plus menaçants dans un pays que dans l'autre.

§ 4. *Communiqués.*

Un journal ou imprimé périodique quelconque, qui reçoit des annonces, est tenu de recevoir les *avis* que l'autorité lui envoie, moyennant paiement au prix des annonces. C'est, restreint au journal *annoncier*, l'obligation d'insérer les communiqués officiels telle que l'imposait le régime du second empire en France. Le terme « avis » est très vague et peut s'appliquer aussi bien à une annonce qu'au communiqué français.

Le droit de l'autorité d'exiger l'insertion de ces avis existe à l'égard des journaux qui reçoivent des annonces et mettent leur pouvoir de publicité au service de la réclame. Cette insertion doit se faire, à teneur de la loi, dans les deux plus prochains numéros et, en cas de refus ou d'omission, c'est le rédacteur responsable qui doit en rendre compte.

Ce droit de l'autorité a été supprimé en France par la législation de 1881, ensuite des abus auxquels il avait donné lieu précédemment et aussi grâce aux bonnes dispositions du législateur pour le développement de la liberté de la presse. Il a paru que tant que, la presse se maintenait dans les limités légales et ne fournissait aucun moyen de faciliter des actes coupables, elle ne devait pas faire l'objet de dispositions spéciales. Pourvu que la surveillance de la justice puisse être exercée, la recherche des coupables facilitée, il n'y a pas de motif à maintenir la presse dans une position différente de celle des autres industries. Il a, entre autres, rejeté la manière de voir de ceux qui veulent faire de la presse un auxiliaire obligatoire du pouvoir, de ceux qui se fondent sur la puissance de cet instrument pour en attribuer, de droit, la jouissance à l'Etat. C'est pourquoi le législateur français a consacré, en ces matières, la parfaite indépendance de la presse vis-à-vis de l'Etat.

La loi allemande, au contraire, est partie de l'idée de la toute-puissance de l'Etat en matière de presse; elle a tiré de ce point de vue l'obligation, pour la presse, de faciliter les intérêts de l'Etat. En conséquence, elle a ordonné au rédacteur responsable l'insertion forcée de tout avis émanant de l'autorité. Nous avons déjà insisté sur le vague de ce terme avis, *Bekanntmachung*. L'immixtion de l'autorité dans les affaires de la presse, propriété privée, est servie admirablement par le peu de précision de la locution allemande. A la faveur de cette locution, une autorité quelconque peut, moyennant paiement il est vrai, encombrer un journal de toute espèce de déclarations, renseignements, communiqués sans intérêt pour le lecteur.

§ 5. *Droit de réponse.*

I. — La faculté accordée aux particuliers et aux autorités publiques de réclamer l'insertion d'une réponse à un article dirigé contre eux, est réglée d'une façon assez précise dans la loi allemande. L'article qui consacre ce droit de réponse concilie les légitimes revendications des personnes qui s'estiment lésées et les droits de la presse.

Le droit de réponse est accordé aux particuliers et autorités publiques, *intéressés* à l'insertion de la réponse. Il faut qu'il y ait un intérêt, ce qui est du reste un principe général car « *ubi nullum negotium, ibi nulla actio.* » Les personnes morales sont admises au bénéfice de ce droit.

La réponse doit être insérée *sans interpolations ni suppressions*. Elle ne doit contenir, du premier mot du texte au dernier, que ce que le réclamant a écrit et tout ce qu'il a écrit. La loi française, comme nous l'avons vu, a omis de mentionner cette prescription, qui ne semble pas un détail de minime importance lorsqu'on a vu les réponses, hachées de réflexions que les journaux publient en l'absence de la règle dont il s'agit.

Un député proposait d'ajouter au texte de l'article ces mots : « sans observations, ni commentaires. » Cette proposition fut rejetée et nous le regrettons. Nous sommes absolument convaincus des avantages d'une pareille innovation et nous nous réservons de les énumérer plus tard.

Qu'est-ce que la loi comprend sous le nom de réponse ? Ce terme doit s'entendre d'une *rectification alléguant des faits*. Le réclamant doit envoyer une rectification, une énonciation, conforme à ce qu'il estime la vérité, de faits dénaturés. Il ne peut se prévaloir de sa désignation, dans un journal, pour se servir de ce journal comme d'une tribune propre à lui procurer la satisfaction d'approuver de sa haute science telle considération ou de s'acquérir de petits succès d'amour-propre. En dehors d'une rectification, il ne pourra réclamer aucune insertion du journal.

De plus, cette rectification doit contenir l'allégation de faits. Toute discussion qui ne porte pas sur un fait, toute appréciation purement philosophique sera refusée avec raison par le rédacteur auquel elle ne conviendrait pas : ainsi des appréciations de caractère, de conduite, etc. Il est clair que cette appréciation peut toujours se ramener à un fait : aussi la ligne de démarcation est-elle très difficile à tirer.

Les rectifications doivent être signées par celui qui les envoie.

La loi allemande ordonne l'insertion de la réponse rectificative dans le premier numéro, non encore composé, qui suit la réception. Elle diminue donc d'un jour le délai accordé au rédacteur par la loi française.

La réponse doit être insérée « dans la même partie de l'imprimé et avec les mêmes caractères que l'article qui y a donné lieu » dit l'article 4. Elle est gratuite pour autant qu'elle ne dépasse pas « les proportions » de l'article à rectifier. La loi allemande a préféré s'en tenir à cette règle, dont les applications sont bien élastiques, plutôt que de fixer, comme la plupart des lois, les limites de l'espace exigé pour la réponse au double des lignes de l'article à rectifier. Le législateur a été guidé par la considération que la limite arbitraire qui fixe au double de l'article l'espace dont la réponse peut disposer, ne tient aucun compte de la réalité des faits; il se peut fort bien qu'un très long article ne donne lieu, suivant la raison, qu'à une rectification très courte, de la part d'une personne incidemment désignée, qui, malgré cela, voudrait abuser du droit que la loi lui accorde, le cas échéant, de réclamer l'insertion d'une réponse double de l'article.

La question est en tout cas délicate à trancher, car l'appréciation des proportions de la réponse pourra fort bien servir, dans certains cas, de prétexte à des procès et à des tracasseries contre les rédacteurs. Nous estimons que cette disposition de la loi allemande, très correcte en théorie, est de nature à soulever de nombreuses difficultés entre la presse et les réclamants, jaloux tous deux de ce qu'ils appellent leur droit d'attaquer et de rectifier. Nous préférons que le rédacteur sache exactement à quoi il s'expose par la publication de tel article et que, de même, l'intéressé connaisse l'étendue de son droit. Du reste, il y a toujours une certaine relation d'étendue entre l'attaque et la défense; à un article en deux lignes on répond en une ligne par un démenti ou l'assurance de son dédain; si le rédacteur est sûr de son affaire il répondra certainement et fournira à la personne désignée l'occasion de s'expliquer comme elle le désire. Un rédacteur n'est pas un être difficile à entraîner: il est si commode pour lui d'ajouter à son aise, au bas de la rectification, quelques réflexions que lui suggère la lecture de la réponse !

Tout ce qui dépasse les limites d'une rectification jugée proportionnelle à l'attaque doit être inséré moyennant paiement au taux des annonces.

Telle est la façon dont la loi allemande envisage l'exercice du droit de réponse. Ce droit est réglé d'une manière plus précise que dans la loi française, en laissant moins de champ à l'appréciation de la jurisprudence, surtout en ce qui concerne le respect dû à la forme, au texte de la rectification et à son contenu. En revanche, ce droit, au point de vue de l'étendue de la réponse, est laissé à l'appréciation du rédacteur d'abord et du tribunal ensuite, ce qui nous paraît fâcheux. Nous n'y verrions pas d'inconvénients si les juges étaient toujours à l'abri de préoccupations étrangères à la justice. Mais ce sont des hommes, et nous croyons que leur impartialité peut faiblir lorsque le pouvoir ou des personnages influents sont en cause.

Il est à remarquer que la loi ne prévoit pas plus que la loi française de délai de prescription pour l'exercice du droit de réponse. Nous ne répéterons pas ici ce que nous avons dit à ce sujet au chapitre III.

II. — Le projet de la commission contenait une disposition par laquelle le rédacteur qui aurait des doutes sur l'obligation d'insérer telle réponse, pour un motif ou pour un autre, était autorisé à provoquer immédiatement une décision judiciaire à ce sujet, décision rendue sur le vu de la réponse, sans recours, par un tribunal compétent. Un député proposait un amendement à cette proposition, à teneur duquel le rédacteur pouvait porter ses doutes à la connaissance du public, auquel cas c'était au plaignant à requérir le prononcé du tribunal.

Ces deux propositions furent rejetées. L'une aussi bien que l'autre donnaient occasion au rédacteur de gagner un jour ou deux. Mais la seconde faisait vraiment la position trop belle au rédacteur qui, après avoir attaqué telle personne, aurait pu retarder l'insertion d'une réponse, en prétextant de ses doutes, et forcer le lésé à faire d'ultérieures démarches pour obtenir la publication d'une rectification dont chaque jour de retard affaiblit la portée et la valeur.

La loi interdit la publication des pièces de la procédure pénale avant la fin de la procédure ou le commencement des débats.

§ 6. *Responsabilité pénale.*

« Art. 20. La responsabilité pour les actes dont le caractère délictueux repose sur le contenu d'un imprimé, se détermine d'après les lois pénales ordinaires.

» Si l'imprimé est périodique, le rédacteur responsable est puni comme auteur du délit, à moins que la présomption qu'il en est l'auteur ne soit détruite par des circonstances particulières.

» Art. 21. Si du contenu d'un imprimé résulte l'existence d'un acte délictueux, le rédacteur responsable, le libraire-éditeur, l'imprimeur, celui qui a colporté l'imprimé par profession ou qui l'a répandu autrement dans le public (propagateur), quand ils ne doivent pas être punis comme auteurs ou complices en vertu de l'art. 20, sont passibles, à raison de leur négligence, à moins qu'ils ne justifient de la diligence convenable ou de circonstances qui ont rendu celle-ci impossible — d'une amende qui peut s'élever à 1000 marcs ou d'une détention simple ou en forteresse ou encore d'un emprisonnement qui peut durer un an au plus.

» Chacune des personnes ci-dessus désignées échappe cependant à toute peine quand, antérieurement au prononcé de la première sentence, elle indique comme l'auteur ou le correspondant avec le consentement duquel la publication a eu lieu, ou — s'il ne s'agit pas d'un imprimé périodique, comme l'une des personnes nommées avant elle dans l'énumération des responsabilités qui précède (un de ses antécesseurs), une personne qui se trouve ou qui, si elle est morte, se trouvait au moment de la publication dans la juridiction d'un Etat de la Confédération allemande. Il en est ainsi aussi pour le propagateur d'imprimés étrangers qui lui sont parvenus par la voie de la librairie. »

I. — La règle, en droit allemand, est donc l'application du droit commun aux délits de presse, qu'il s'agisse d'imprimés périodiques ou non. Mais la loi ne s'en est pas tenue à ce régime ; elle l'a complété par l'admission des *Fahrlässigkeitsstrafen*, autrement dit par la création de pénalités contre la négligence de ceux qui participent à une publication sans qu'on puisse les considérer comme complices du délit.

Le régime du droit commun, tel qu'il était suivi avec plus ou moins de rigueur en Bavière, en Saxe et à Lübeck, est certainement très favorable à la presse et surtout aux rédacteurs, comme il peut aussi leur être très dangereux. Le cas peut fort bien se présenter où rédacteur, éditeur, imprimeur, propriétaire, administrateurs — si le journal est la propriété d'une société — soient considérés comme auteurs et punis comme tels, tous à la fois. Nous pensons qu'un pareil déploiement de rigueur, alors même que les faits auraient consacré la culpabilité de toutes ces personnes, n'est absolument pas utile et même serait mal vu de l'opinion publique dans certains pays. Nous avons dit qu'en France l'imprimeur ne peut plus être poursuivi comme complice d'un délit de presse : la loi restreint le cercle de la culpabilité des participants et la sphère d'action de la justice.

D'un autre côté, avec le régime du droit commun, il n'arrivera que trop souvent que l'auteur et le rédacteur — les principaux délinquants — ne pourront être punis. L'auteur, on ne pourra le découvrir ; le rédacteur aura mille excuses pour sa défense. Avec l'application des simples règles du droit commun, la preuve de l'intention est à la charge du plaignant. Comment celui-ci pourra-t-il prouver que le rédacteur a permis, ordonné l'insertion en toute connaissance de cause ? Le rédacteur prétendra qu'il n'a pas lu l'article incriminé, qu'il ne l'a pas même vu et ne l'a connu que par la lecture du journal, soit en même temps que tout le monde. C'est par de semblables moyens qu'un rédacteur pourra se soustraire à toute peine. Le public n'aurait que des garanties dérisoires pour se défendre contre les attaques de la presse.

II. — L'article 20 pose nettement le principe de la responsabilité d'après les règles du droit commun. Chacun des participants peut être puni comme auteur, ou coauteur ou complice. L'auteur, le rédacteur, l'éditeur, l'imprimeur pourront être considérés comme coauteurs indistinctement, si ce caractère leur est attribué par les règles du droit commun. Du reste, cette complicité ne se limite en aucune manière aux personnes énumérées à l'article 21, à celles qui, aux yeux de la loi, prennent plus directement part à la commission du délit. Cette complicité englobe toute autre personne complice aux termes du titre III du code pénal de 1870, qui distingue entre :

1° L'*auteur* (*Thäter*), celui qui a commis l'acte punissable (art. 47);

2° L'*instigateur* (*Anstifter*), celui qui, par dons, menaces, promesses, abus d'autorité ou de pouvoir, en faisant naître ou en entretenant une erreur, détermine volontairement un tiers à commettre un délit;

3° Le *complice par assistance* (*Gehülfe*) qui assiste sciemment l'auteur par des conseils ou des actes.

A teneur du code pénal, articles 48 et 44, la peine des complices est la même que celle de l'auteur principal.

Si la publication est le résultat d'une entente préalable des participants, si chacun d'eux peut être considéré comme ayant voulu fermement prendre part à la publication, chacun sera puni comme auteur. S'il résulte des circonstances que, au contraire, aucun colloque n'a eu lieu entre les participants, si chacun d'eux s'est occupé de la publication dans le but d'aider simplement l'auteur, les participants seront traités comme complices.

III. — Le 2e alinéa rend le rédacteur d'un périodique responsable comme auteur du délit, à moins que des circonstances particulières n'excluent cette responsabilité.

Le législateur allemand se fait du rédacteur la même idée que les Français du gérant. « Une feuille périodique n'est autre chose que l'expression de l'individualité intellectuelle et morale, de la façon de comprendre et de juger du rédacteur. Le rédacteur qui rédige une feuille suivant une tendance déterminée, auquel est reconnu le droit de disposer à son gré des articles qui lui sont envoyés pour son journal, le rédacteur qui présente ces articles au public, sous le voile de l'anonyme, examinera sûrement si tel article est en harmonie avec les tendances du journal, avec sa propre manière de voir et celle du public auquel le journal est destiné » (Discours de Schwarze).

Le rédacteur est donc, aux yeux de la loi, l'auteur du journal dont il dispose à son gré. Il est présumé avoir lu tout le contenu du périodique. La responsabilité du rédacteur est ainsi établie par le seul fait de la publication, *sauf dans les cas prévus par la fin de l'article 20*. Il n'est pas admis à faire la preuve contre cette présomption de culpabilité. Il est censé avoir pris connaissance. La loi s'oppose à la preuve contraire et cela, dans le but de conserver toute sa valeur à la déclaration renfermée dans les termes « rédacteur responsable. » Elle a voulu éviter que le rédacteur pût se décharger de sa responsabilité en prétendant qu'il n'a pas lu ou pris connaissance d'un article punissable ; elle le regarde comme auteur du journal, donc auteur de l'article, sans pour cela, c'est évident, abandonner le véritable auteur s'il est autre que le rédacteur.

III. — Mais cela ne signifie pas que le rédacteur doive, dans tous les cas, être puni comme auteur. La loi en décidant que le rédacteur est puni « comme auteur » (*als Thäter*) a entendu assimiler le rédacteur à l'auteur principal, à l'auteur de l'écrit. La position n'est ni plus dure ni plus douce. Il résulte de cette assimilation que le rédacteur peut se servir, pour sa défense, de tous les moyens qui compètent à l'auteur (*Thäter*). Dans tous les cas, il est permis à l'auteur de se réclamer de telle ou telle circonstance qui empêche la constitution de sa responsabilité ; cette faculté est également accordée au rédacteur, car enfin la loi ne veut pas faire de ce dernier une tête de Turc destinée à recevoir tous les horions sans avoir le droit de chercher à les éviter. Le rédacteur pourra se prévaloir de toutes les excuses derrière lesquelles le droit commun reconnaît à l'auteur principal la liberté de s'abriter.

Ainsi en a jugé le Tribunal supérieur de Berlin dans un cas de poursuites pour outrages à la religion (art. 166 code pénal). Un journal avait publié un article dans lequel l'auteur se raillait du Sacré cœur de Jésus tel que l'honore le catholicisme. Le rédacteur allégua comme moyen de défense qu'il n'avait pas outragé les institutions ou les rites de l'Eglise catholique, attendu qu'il ignorait que le culte du Sacré cœur de Jésus fût une institution de cette Eglise. En conséquence il réclamait le bénéfice de l'article 59 du code pénal qui dit: « Lorsque l'auteur d'un acte punissable ignorait l'existence de circonstances qui en constituent le caractère délictueux ou qui en aggravent la criminalité, ces circonstances ne lui seront point imputées. » Le tribunal admit ce moyen et jugea fondées les conclusions du rédacteur.

C'est à teneur de cet article 59 qu'un tribunal devra libérer

un rédacteur qui aurait inséré un article diffamatoire ou injurieux dont il n'aurait pu comprendre le sens caché.

L'article 131 du code pénal concerne la propagation de
faux bruits malgré la certitude que l'on a de leur fausseté. Si
un rédacteur insère dans son journal une fausse nouvelle
destinée à tourner en ridicule une autorité (comme le prévoit
l'article 131) sans en connaître la fausseté, il ne pourra être
poursuivi.

Ainsi, la loi considère le rédacteur comme l'auteur du journal, donc comme l'auteur principal du délit, sauf les cas visés
par la réserve de l'article 20, 2me alinéa.

V. — Le projet du gouvernement, tel qu'il fut présenté au
Reichtag, étendait cette déclaration de culpabilité à tous les
participants à une publication. Il statuait :

« L'état de fait délictueux fondé sur le contenu d'un écrit
entraîne la responsabilité de l'auteur, du rédacteur ou éditeur
(*Herausgeber*), du libraire-éditeur (*Verleger*) ou éditeur-com-
missionnaire (*Commissionsverleger*), de l'imprimeur, du propagateur, qui doivent être frappés des peines de l'auteur principal sans qu'il soit nécessaire d'établir leur complicité.

» Si la publication a lieu à l'insu et sans le consentement
de l'auteur, la responsabilité de ce chef est endossée par le
rédacteur ou éditeur (*Herausgeber*).

» Chacune des personnes ci-dessus énumérées peut se libérer de la poursuite si elle désigne d'une façon certaine, lors
de son premier interrogatoire ou dans les vingt-quatre heures
à partir de celui-ci, une personne placée avant elle dans l'é-
numération qui précède et si cette personne se trouve dans
la juridiction d'un des Etats de l'empire. »

Comme on le voit la présomption de culpabilité était générale à l'égard des participants à une publication. Aucun d'eux
n'était admis à faire la preuve du contraire. La loi ne tenait
aucun compte de la réalité des faits et de la participation de

l'éditeur, de l'imprimeur et même du colporteur. La seule façon, pour eux, de se décharger de leur responsabilité, c'était
de nommer un antécesseur. La loi poursuivait un but essentiel en autorisant cette désignation dont elle faisait découler
la libération de toute poursuite : la découverte de l'auteur de
l'écrit (*Verfasser*).

La Commission du Reichstag ne conserva la présomption
de culpabilité qu'à l'égard du rédacteur. Les participants se
retrouvèrent au bénéfice du droit commun. En vertu du droit
d'anonymité de la presse, l'auteur qui se reconnaît auteur ou
complice fut libéré de l'obligation de témoigner en justice
(*Zeugnisspflicht*), non par une disposition formelle de la loi
sur la presse, mais, plus tard, par l'insertion de cette prescription dans le code de procédure pénale.

VI. — L'article 20 dit à son 2me alinéa que « si l'imprimé est
périodique, le rédacteur est puni comme auteur, *à moins que
des circonstances particulières n'excluent cette responsabilité.* »

Que signifient ces mots « circonstances particulières » *besunderen Umstände*? La chose ne semble pas être très claire
aux yeux des auteurs allemands. Schwarze, dans son commentaire, dit que cette réserve finale de l'article 20 a trait aux
circonstances « qui se rapportent d'une manière spéciale à la
conduite des affaires de la rédaction » et non pas aux faits
dont la justification se fonde sur les principes généraux du
droit pénal. Il dit plus loin que « la clause finale de l'article 20
vise, comme le 2me alinéa de cet article, la situation particulière du rédacteur ; » que « cette clause a pour but d'atteindre
les cas dans lesquels le rédacteur n'a pas exercé sa participation à l'article comme rédacteur, lorsque ce défaut de participation découle de circonstances indépendantes de sa volonté ; » enfin, le même auteur ajoute qu'il s'agit ici de
« circonstances grâce auxquelles le rédacteur n'a pu prendre

connaissance du contenu de l'article, sans que l'existence de ces circonstances puisse lui être imputée à faute. »

Il s'agit ici de circonstances que le rédacteur n'a pu prévoir et qui se sont produites à son insu, de façon que non-seulement le rédacteur ne peut être considéré comme auteur, mais encore qu'il ne peut être poursuivi comme rédacteur en raison de simple négligence *(Fahrlässigkeit)*. Tel serait le cas si un employé enlevait un article du bureau du rédacteur, à l'insu de celui-ci, et le remettait à l'imprimerie, ou bien encore si un compositeur imprimait dans le compte-rendu de la Chambre des seigneurs « *Irrenhaus* » ou « *Narrenhaus* » au lieu de « *Herrenhaus* ».

Il est évident que le rédacteur ne saurait être puni, dans de semblables hypothèses. Il ne peut être rendu responsable d'une faute qu'il n'a pas commise et qu'il n'a pu prévoir.

Un motif d'exclusion de la culpabilité, auquel il est souvent fait appel, est tiré de la maladie du rédacteur. Encore faut-il que le rédacteur n'ait pu prévoir l'irruption de la maladie et qu'il soit empêché de prendre part aux affaires de la rédaction. Si, quoique malade, il prend connaissance de l'article et en ordonne l'insertion, il retombe dans la culpabilité présumée par l'article 20.

Un arrêt du Tribunal de l'empire, du 24 novembre 1884, a sanctionné le principe que la responsabilité pénale du rédacteur, fondée sur l'alinéa 2 de l'article 20 de la loi sur la presse, n'est pas diminuée lorsque ce dernier, soit par un abandon volontaire, soit par le fait qu'il s'est déchargé volontairement des affaires de la rédaction, s'est mis dans le cas de publier en tout ou en partie, sans l'avoir lu, le contenu d'un écrit punissable.

Le tribunal a appliqué la responsabilité de l'article 20. Il est parti du point du vue que le rédacteur, en se déchargeant sur autrui du soin des affaires de la rédaction ou en délaissant ses devoirs a commis un dol, et doit donc encourir la responsabilité pleine et entière de l'auteur. Il devait penser que son éloignement des affaires de la rédaction pouvait avoir des suites fâcheuses. Un pareil abandon ne rentre pas au nombre des circonstances que le rédacteur ne peut prévoir et dont il est innocent.

A première vue, il semble que le fait d'aller se promener en abandonnant le bureau est une négligence ou une imprudence. La jurisprudence allemande restreint considérablement le sens du mot « imprudence. » Le rédacteur qui ne peut donner tous ses soins à la rédaction doit se faire remplacer, car il est exposé au reproche de dol s'il ne peut prouver aucun empêchement réel, sérieux à veiller à sa besogne. La loi a voulu éviter que le rédacteur ne pût trop facilement esquiver sa responsabilité comme auteur du délit, en alléguant un prétexte quelconque.

Nons avons donné le texte de l'article 21 qui réprime la négligence professionelle de ceux qui participent à une publication.

La « *Fahrlässigkeit* » est une négligence grave ou plutôt une imprudence. L'homicide par imprudence rentre dans la notion de la « *Fahrlässigkeit* ».

Ce système part du point de vue que si l'on ne peut prouver la commission intentionnelle d'un délit, ni la connaissance du contenu d'un article, il est permis de penser qu'une négligence punissable a été commise. L'élément subjectif de la culpabilité à raison d'un délit n'est plus nécessaire ; il suffit que l'état de fait délictueux existe ; l'élément objectif est seul requis. Le prévenu n'est pas puni parce que tel délit est commis, il est puni parce qu'il a omis tel acte qui eût prévenu le délit.

Nous sommes en présence d'un délit nouveau créé par la loi et constitué par le défaut de surveillance de certaines personnes à l'égard de leurs occupations et par un état de fait délictueux qui se présente comme la conséquence de cette absence de zèle et d'attention de la part de ceux qui ont contribué inconsciemment à le créer. Ce délit dépend de l'existence d'un autre délit sans lequel il ne peut exister.

Ainsi un journal publie un article diffamatoire. Il se trouve que le rédacteur responsable a dû s'aliter la veille et n'a pu veiller à la rédaction du journal. S'il n'a pas averti la rédaction de sa maladie — au cas où son mal lui en laisse la faculté, cela va sans dire — et s'il n'a pas invité ses collègues ou son directeur à lui donner un représentant, il sera puni pour imprudence ou négligence. Mais il est clair qu'il n'encourra pas cette responsabilité si la publication du journal n'éveille aucune poursuite. Le délit de « *Fahrlässigkeit* » est parfait en même temps que le délit dont le contenu de l'article forme le corps.

L'appréciation de la « *Fahrlässigkeit* » repose sur de pures questions de fait, car celui qui se rendrait coupable de négligence avec intention (si le rédacteur sait que tel article lui sera envoyé tel jour et s'absente) ne sera pas puni d'après la l'article 21, mais bien d'après l'article 20. La négligence intentionnelle vaut la commission intentionnelle du délit à laquelle elle est assimilée. Mais si nous supposons un rédacteur obligé de partir subitement, sans qu'il ait pu prévoir ce voyage, assurément il ne pourra encourir la responsabilité de l'article 20, mais il encoura celle de l'article 21 s'il a négligé d'envoyer à la rédaction l'annonce de son départ subit.

VIII. — Mais comment les intéressés pourront-ils échapper à la responsabilité qui découle pour eux de l'article 21 et de leur négligence ou imprudence ? Pour cela il existe deux moyens.

Le prévenu peut se disculper en prouvant qu'il a fait consciencieusement la diligence que l'on est en droit d'exiger

de lui ou bien qu'il a été empêché, par des circonstances indépendantes de sa volonté, de remplir ses devoirs de surveillance et d'y apporter l'attention nécessaire.

Tel est le cas où le rédacteur, forcé de s'absenter, peut prouver qu'il a pris ses précautions pour que la rédaction fût
avertie de son absence subite. Un autre cas sera celui de
l'impossibilité pour le rédacteur de remplir son devoir par
suite d'une catastrophe : une attaque d'apoplexie, ou bien s'il
a perdu la tête devant l'imminence de la mort imprévue d'un
membre de sa famille ou bien devant un incendie, etc.

Mais le prévenu de « *Fahrlässigkeit* » a un autre moyen de
se soustraire à cette responsabilité, c'est la désignation d'un
antécesseur, d'une personne citée avant lui dans l'énumération des responsabilités telle que l'article 21 la donne. Seulement l'antécesseur doit être à portée de la juridiction d'un
Etat de l'empire ; s'il est mort, il devait se trouver à portée
de cette juridiction au moment de la publication.

Le but de la loi est manifestement de forcer les différents
participants à prendre connaissance de l'écrit à publier.

L'inculpé est censé avoir exercé la surveillance voulue s'il
peut désigner un antécesseur actuellement dans l'empire ;
cette même désignation n'a plus la même valeur si l'antécesseur est hors de la juridiction allemande. La loi a donc établi
la présomption d'insuffisance de la désignation, pour empêcher qu'un antécesseur, certain de l'impunité de la personne
qu'il a occupée à la publication d'un écrit, parce qu'il s'est
fait connaître à elle, ne mette la frontière entre lui et la justice et qu'ainsi cette dernière ne soit frustrée dans ses recherches. La loi part de l'idée que l'éditeur, l'imprimeur, etc.,
doivent prendre connaissance des écrits qu'ils publient et
pour leur inculquer son idée, pour les contraindre à exercer
la surveillance qu'elle exige d'eux, elle les tient sous la menace de les punir s'ils ne peuvent aider efficacement la jus

tice non seulement à découvrir l'auteur, mais encore à le saisir. De cette façon un imprimeur qui a quelque doute sur l'instinct sédentaire de son éditeur s'empressera de lire l'écrit dont ce dernier lui confie l'impression.

Cette disposition de la loi atténue l'argument qu'on a voulu tirer de la désignation d'un antécesseur pour justifier, à ce point de vue, le régime de la *Fahrlässigkeit*. On a dit que chaque participant doit, s'il comprend ses devoirs, s'enquérir de la personne qui lui confie telle besogne, que ceci fait, il est censé avoir rempli ses devoirs de surveillance et que par conséquent il ne peut être rendu responsable d'imprudence. Très bien, et notre homme est donc en règle avec la justice. Mais voilà que la personne qui lui a confié telle besogne disparaît le jour de la publication. Jusqu'à ce jour, notre homme, l'imprimeur si l'on veut, était parfaitement à l'abri, confiant dans la loyauté de son client, l'éditeur ; mais ce dernier s'éclipse et voilà notre imprimeur poursuivi et condamné parce qu'il n'a pas eu la précaution de conserver précieusement cet éditeur sous clef pour le cas où l'écrit imprimé par ses soins ne serait pas du goût de l'autorité ! Il est brusquement sous le coup d'une présomption de faute contre laquelle il ne lui est pas possible de se garer. En fait, donc, le moyen de défense tiré de la désignation d'un antécesseur est une ressource dont l'efficacité est douteuse.

Aussi bien, avons-nous raison de dire que la loi a pour but d'obliger les participants à prendre connaissance de l'écrit à la publication duquel ils doivent contribuer. Ils deviennent ainsi censeurs les uns des autres et, sous ce rapport, on peut dire, sans exagération, que la loi ne peut s'attribuer le mérite de faciliter l'exercice de la presse.

IX. — Quelles sont les personnes qui peuvent faire l'objet d'une désignation ? Ce sont : 1º l'auteur ou le correspondant qui a eu connaissance de la publication de l'article ; 2º le rédacteur responsable; 3º le libraire-éditeur; 4º l'imprimeur. Il est évident que le colporteur ou propagateur ne peut être mentionné ici, puisque, en fait, sa responsabilité étant la dernière dans l'échelle de la loi, il ne se trouvera pas une autre personne pour faire cette désignation.

L'auteur peut servir de plastron au rédacteur ou à tel autre participant s'il est prouvé que la publication s'est faite avec son approbation ou tout au moins de son aveu. Dans ce cas il est responsable d'après l'article 20. Mais si la publication a eu lieu à son insu, il ne peut être inquiété et le rédacteur qui le désignerait n'échapperait pas pour cela aux conséquences de son imprudence ou de sa négligence. L'auteur de l'écrit n'est, dans ce dernier cas, ni auteur, ni complice de la publication et ne peut être poursuivi de ce chef. D'un autre côté, il n'est pas nommé, par la loi, au nombre des personnes qui peuvent être rendues responsables des suites de leur négligence dans le soin de leurs affaires professionnelles. En pareil cas, le rédacteur reste responsable; il ne lui sert de rien de désigner l'auteur.

En général, la personne qui veut se libérer en nommant l'auteur est au bénéfice de la présomption que la publication s'est faite en parfaite connaissance de cause de la part de l'auteur.

Le rédacteur désigné doit être celui que le périodique indique comme rédacteur responsable. Nous avons déjà examiné dans quelles circonstances il assume une responsabilité pour *Fahrlässigkeit*.

Quant au libraire-éditeur, la loi part du point de vue que c'est son activité seule qui lui fait attribuer sa responsabilité; elle n'exige pas la désignation d'un éditeur responsable couvrant les erreurs de ses préposés par le seul effet de son titre. La loi attribuera en conséquence la responsabilité à celui qui s'est effectivement occupé de la publication, par exemple à tel préposé ou à tel patron éditeur et non pas à tous les individus dont une raison sociale recouvre la personnalité.

L'imprimeur enfin peut être désigné par le colporteur.

X. — Qu'est-ce que la loi entend par désignation *Nachweis*? Comme le terme allemand le fait entrevoir, il ne suffit pas simplement de répondre, lors de son premier interrogatoire ou dans les 24 heures, « L'imprimeur qui m'a donné à répandre ce journal est X » ou bien « Le rédacteur responsable est Y. » La simple indication du nom ne suffit pas, il faut prouver que l'antécesseur est bien celui qu'on nomme; en second lieu, il faut que cette preuve soit de nature à permettre la citation de l'antécesseur devant le tribunal. Toutefois, la loi n'exige pas une preuve absolue, parfaite; ce terme n'est pas employé au sens étroit et rigide du mot.

La désignation ne doit pas nécessairement se rapporter à l'antécesseur dont la responsabilité prime immédiatement celle du prévenu. Celui-ci peut citer telle personne qu'il veut parmi les participants.

XI. — Du moment où la *Fahrlässigkeit* est un délit basé sur le fait que le prévenu n'a pas agi avec toute la diligence et l'attention désirables, il est évident que plusieurs des participants peuvent être en même temps poursuivis et punis en vertu de l'article 21.

SECTION III. — LA DIFFAMATION ET L'INJURE DANS LE CODE PÉNAL ALLEMAND.

§ 1. *La diffamation et l'injure.*

I. — Le terme général qui sert à désigner un outrage quelconque est celui de **Beleidigung**.

Cette expression s'emploie dans un sens étendu et dans un sens étroit. Au sens étendu du mot, *Beleidigung* est tout outrage dont une personne est victime, qu'il y ait publicité ou non, c'est-à-dire qu'il n'est pas nécessaire qu'un tiers ait été témoin de l'outrage. Dans son sens étroit, *Beleidigung* comprend 1° la diffamation ou mieux la calomnie, l'imputation d'un fait qu'on sait être faux, *Verleumdung* ou *verleumderische Beleidigung;* 2° la diffamation lancée dans l'ignorance de la vérité ou de la fausseté du fait allégué, *üble* ou *ehrenrührige Nachrede.*

II. — L'article 185 du code pénal traite de l'outrage qui consiste dans une expression ou une voie de fait portant atteinte à l'honneur ou à la considération de la victime.

Cet article ne donne aucune définition de la *Beleidigung* au sens large du mot. Pour qu'il y ait outrage, il faut et il suffit que l'agresseur ait voulu le fait injurieux et su que ce fait était contraire au droit. Il n'est pas nécessaire que l'agresseur ait accompli cet acte dans l'intention, dans le but d'offenser. Il suffit qu'il ait eu conscience qu'il violait le droit d'autrui à être respecté, comme si un passant, séduit par la beauté d'une jeune personne, se permettait de lui dérober un baiser ; dans ce cas, l'*animus injuriandi* consiste seulement dans le fait d'accomplir un acte sans droit, *non jure ;* il ne s'agit assurément pas de l'intention d'injurier.

Notre article 185 se contente de distinguer entre l'outrage simple et l'outrage par voie de fait ; il punit ce dernier plus sévèrement que l'outrage par la parole ou la presse.

III. — Ce que nous appelons, en langage juridique, diffamation, forme l'objet des articles 186 et 187 du code pénal.

L'article 186 s'occupe de celui qui affirme ou répand sur le compte d'autrui un fait de nature à rendre cette personne méprisable ou à l'abaisser dans l'opinion publique, mais sans pouvoir prouver la vérité de ses allégations. Il s'agit de la publication d'imputations dont on ignore le bien fondé ou le manque de fondement, en allemand de *ehrenrührige Nach-*

reden ; ces bruits sont publiés sans souci de l'exactitude des faits sur lesquels on les base et si, en cas de poursuites, on ne peut prouver l'existence de ces faits, on est puni pour diffamation, pour divulgation de *üble Nachreden.*

Tandis que l'injure simple a lieu même en l'absence de toute publicité, la diffamation prévue à l'article 186 exige, pour être parfaite, la présence d'un tiers au moins au moment où elle est lancée.

En France et dans le canton de Vaud, toute diffamation, même celle qui a pour base un fait vrai, est punie, la preuve de cette vérité du fait étant interdite.

La loi allemande distingue entre la *diffamation* fondée sur un fait réel et celle qui consiste dans la publication de faits qu'on sait être faux, la *calomnie* dans le sens vulgaire du mot. Le code autorise la preuve de l'existence des faits imputés et si cette preuve est apportée, elle peut entraîner la libération du prévenu. Nous disons qu'elle *peut* entraîner cette libération ; car l'acquittement du prévenu n'est pas une conséquence nécessaire de la réussite des preuves tentées.

En effet, l'article 192 exige, pour la libération du prévenu, que la diffamation dont ce dernier s'est rendu coupable ait eu lieu sans que, de la forme des propos lancés ou des circonstances qui en ont entouré la publication, puisse résulter la preuve d'une intention injurieuse de sa part. Suivant telle condition de forme, d'époque, de lieu, cette intention injurieuse apparaîtra et, dans ce cas, empêchera l'acquittement du prévenu, lors même qu'il aurait prouvé la réalité des faits sur lesquels il s'est appuyé pour diffamer autrui. Cette intention injurieuse n'est pas présumée et doit être constatée par le ministère public.

IV. — La diffamation qui consiste dans l'imputation d'un fait faux par une personne qui a pleine connaissance de cette fausseté, la *verleumderische Beleidigung* est l'objet de l'article 187. Cet article punit pour calomnie « celui qui sciemment et *de mauvaise foi* aura affirmé ou répandu sur le compte d'autrui un fait *faux* de nature à le rendre méprisable ou à l'abaisser dans l'opinion publique, ou encore à porter préjudice à son crédit » Nous trouvons ici cette expression employée dans l'acception ordinaire et courante du mot, l'imputation d'un fait faux.

. Il nous semble que les termes « de mauvaise foi » ne signifient rien dans cet article et, en tout cas, nous avons peine à trouver quelle peut bien être leur signification. Est-il possible qu'un individu qui répand une allégation qu'il sait être fausse et qui est de nature à causer du tort à l'honneur d'autrui ne soit pas de mauvaise foi? Comment peut-il être question de se réclamer en pareil cas de sa bonne foi? La bonne foi d'un individu qui, sciemment, dit un mensonge dans le but de discréditer quelqu'un ! Est-il possible qu'elle existe ? Nous ne pouvons le croire, et c'est pour cela que nous indiquons l'expression « de mauvaise foi » comme une superfétation.

Si la diffamation a été commise par écrit ou dans un lieu public, la peine ne peut être moindre d'un mois de prison.

§ 2. *Nature juridique de l'indemnité de l'article 188.*

I. — Dans les deux cas de diffamation ci-dessus exposés, si l'attaque a eu pour effet de « porter préjudice à la fortune, à la position ou à l'avenir de l'offensé, » le tribunal peut prononcer au profit et sur la demande de ce dernier une amende de 2,000 thalers au maximum. L'article 188 ajoute qu'en pareil cas l'offensé ne peut plus obtenir d'autres dommages-intérêts.

II. — A ce sujet, on discute beaucoup en Allemagne sur la nature juridique de cette prestation.

En droit romain, la loi des Douze Tables punissait de la peine du talion, l'*injuria* de celui qui avait brisé l'os d'un membre d'une personne. Pour une fracture de moindre importance, la peine consistait en une somme d'argent déterminée par la loi elle-même. Plus tard, le préteur abandonna la fixation de cette somme à la personne lésée, toute latitude étant réservée au juge pour la modérer. La gravité de l'injure variait selon la position sociale, la dignité de l'offensé, la voie de fait exercée, le lieu où l'injure s'était produite, enfin même selon la partie du corps qui était l'objet de la voie de fait. Ces injures étaient appelées *atroces*. (§§ 7-10 Inst. De inj. IV, 4).

Comment pouvait-on poursuivre l'auteur d'une injure ? Il y avait deux actions, l'*action civile* et l'*action publique* (Inst. eod.). La première, l'*actio injuriarum œstimatoria sive prœtoria* qui aboutissait à une véritable *peine* privée, est celle que nous avons indiquée dans l'alinéa précédent. L'action publique entraînait une peine extraordinaire, *extraordinaria pœna* (§ 10 Inst. eod).

L'ancien droit allemand conserva les peines privées. La pratique admit bientôt cependant la peine publique, qu'on finit par compléter au moyen de la réparation d'honneur (*Abbitte*) et la rétractation (*Widerruf*). On en vint à accorder au lésé le droit d'exercer les deux actions simultanément.

III. — Revenons maintenant à notre question. Nous disions qu'en Allemagne, on discute au sujet du caractère juridique de l'amende que le tribunal peut accorder aux termes de l'article 188. Sommes-nous en présence d'une *indemnité civile* ou bien d'une *peine privée ?* Un grand nombre de juristes estiment qu'il ne s'agit pas d'une peine, mais simplement d'une indemnité, de dommages-intérêts, *Privatgenugthuung* ; ainsi Dambach, Binding, von Liszt, etc. Ce dernier fait observer que l'amende de l'article 188 du code allemand est applicable en cas de dommages purement moraux, de tort moral. D'autres auteurs se prononcent en faveur de l'opinion que cette amende constitue une *Privatstrafe*, une peine privée. D'autres enfin, tels que Schwarze, Stenglein, estiment qu'il faut considérer cette amende comme une indemnité prononcée sous la forme d'une peine privée. C'est la solution mixte.

En faveur de l'opinion que la prestation dont nous nous occupons revêt bien le caractère d'une peine, on peut alléguer que cette règle de l'article 188 est formulée dans le code pénal et limite considérablement la règle de droit civil qui oblige celui qui cause sans droit un dommage à autrui de le réparer. Le code pénal détermine exactement la somme maximum que le tribunal peut allouer. Or, en matière de dommages-intérêts, il est impossible de fixer arbitrairement un maximum au delà duquel aucune réclamation n'est admise. La réparation du dommage causé, certain, réel, est une question de fait comme ce dommage, qui en est la cause, et la loi ne peut la limiter à son gré.

Les auteurs, Olshausen entre autres, disent que la prestation de l'article 188 est exigible en cas de douleurs morales « nicht bloss Entschädigung für den Vermögensrechtlichen (namentlich auch zukunftigen), sondern auch für den vom Verletzten empfundenen, körperlichen und *psychischen* Schaden sei. » Nous aurons, plus tard, l'occasion de développer l'opinion que la réparation d'un dommage moral, d'une douleur morale n'est pas une indemnité, mais une véritable peine infligée à l'auteur du tort moral au profit du lésé. Où il n'y a pas dommage matériel, certain, il n'y a pas dommages-intérêts, il n'y a qu'une peine.

L'article 188 parle d'une amende (*Busse*) et non d'une indemnité. Or l'amende n'est pas du domaine du droit civil.

Le même auteur, dont nous venons de rappeler le nom, dit

que d'après le § 444, quatrième alinéa du code de procédure pénale, la réclamation de l'amende, par les héritiers, ne peut être admise; que, par conséquent, le lésé qui est en droit d'exiger l'amende, doit avoir été vivant au moment du prononcé du jugement. Plus loin, notre auteur ajoute qu'il ressort de la nature éminemment personnelle de la réclamation de l'amende que celle-ci ne peut être considérée comme cessible. Enfin, il reconnaît que du moment que la réponse à la question de savoir s'il y a lieu de prononcer une amende est laissée à l'arbitraire du juge, il n'existe, en réalité, avant cette appréciation du juge, aucune prétention, et que le jugement qui prononce cette amende n'est pas déclaratif, mais constitutif du droit.

Comment dès lors attribuer le caractère d'une indemnité civile à une amende que seul le lésé est en état de réclamer, tandis qu'une semblable requête de ses héritiers sera repoussée. La demande en dommages-intérêts n'est-elle pas toujours accueillie, qu'elle émane du lésé ou de ses héritiers ?

Benedikt dit que primitivement, dans le projet de code pénal allemand, on voulait faire de l'amende une *peine privée* laissant intact le droit de réclamer des dommages-intérêts au civil. « Si une peine emportant privation de la liberté est prononcée, le diffamateur peut, *en outre*, se voir condamné au paiement d'une indemnité de 2,000 thalers au maximum en faveur du lésé. » M. Lasker et consorts s'élevèrent vivement contre cet article et réclamèrent l'abolition de l'amende. On n'abolit pas l'amende, mais le droit à des dommages-intérêts.

Nous inclinons dès lors volontiers à nous ranger au nombre des auteurs qui attribuent à l'amende ainsi prononcée un caractère de peine privée. Il est probable que les auteurs du code pénal, dont l'idée première était d'envisager l'amende comme une peine privée n'excluant pas la réclamation de dommages-intérêts par la voie civile, renoncèrent à attribuer un droit aussi grand au lésé, la réclamation d'une indemnité en sus de l'amende, pour conserver au tribunal pénal le droit de prononcer cette amende en faveur du plaignant et par conséquent de maintenir à celle-ci son caractère de peine privée.

Il nous semble que le motif tiré de la fixation par la loi d'un chiffre quelconque comme valeur de l'amende est détermi-.nant.

Nous ne nous dissimulons pas ce qu'une pareille manière d'envisager l'amende de l'article 188 jette de fâcheux sur l'application de notre article et de l'amende en tant que *peine*. Au point de vue de l'opinion publique, la condamnation par le tribunal pénal à une amende est, sans nul doute, bien plus grave que l'admission, par le même tribunal siégeant au civil, des conclusions du lésé demandant la réparation du dommage. Une amende est une peine, et en raison de la nature des questions qui lui sont soumises, le tribunal pénal jouit d'une influence plus grande auprès du public que le tribunal civil ; la conscience publique attache plus de gravité aux décisions du premier qu'à celles du second.

Or, supposons le cas où une diffamation aura entraîné un dommage de moins de 2,000 thalers. Le lésé pourra réclamer la condamnation du prévenu à l'amende, en indiquant le montant du dommage causé. Le tribunal, acceptant ce chiffre, condamne le coupable au paiement d'une amende équivalant à la valeur de la perte. Le plaignant se voit donc complètement indemnisé et cela par une sentence pénale, c'est-à-dire par une décision qui, devant l'opinion publique, a bien plus de gravité qu'une décision prise par le tribunal civil.

Maintenant, s'il s'agit d'un dommage de plus de 2,000 thalers, la marche à suivre ne sera pas indifférente pour le lésé ; s'il tient à voir la condamnation prononcée uniquement par le tribunal pénal, il devra renoncer à rentrer dans la totalité de sa **perte**; si, au contraire, il préfère une indemnité pécuniaire complète, il devra renoncer à la sentence pénale et aux **avan**tages qu'il pourrait en tirer devant l'opinion publique.

Cet **article 188** favorise à ce point de vue les petites réclamations en dommages-intérêts au détriment des grandes, en leur offrant le moyen de faire d'une pierre deux coups.

§ 3. *Diffamation envers les morts, preuve de la vérité des faits, etc.*

La **diffamation** contre les **morts**, faite sciemment et de mauvaise **foi**, est punie par l'article 189. L'imputation doit consister en **un** fait faux qui aurait été de nature à rendre le défunt méprisable ou à le ruiner dans l'opinion publique. D'où l'on peut **tirer** cette conclusion, c'est que le code pénal allemand punit **cette** diffamation par la raison seule qu'elle est dirigée contre **un** mort et non pas, comme la loi française, parce qu'elle **a** lésé les vivants. Cette diffamation est punie en considération du défunt et non en considération des vivants. Ceux-**ci**, lors même que le fait imputé n'est pas de nature à léser **leurs** intérêts, peuvent intenter une action contre l'offensant. Dans ce cas, les héritiers n'agissent pas en leur propre **nom**, mais au nom du défunt : *hæres personam defuncti sustinet*, et cet apophthegme trouve son application jusque dans **la** sphère pénale.

Les **personnes** qui peuvent poursuivre le diffamateur au nom **du** défunt sont, d'après le code, le père, la mère, les enfants **ou** le conjoint.

II. — La preuve de la vérité des faits est la règle en droit allemand; elle a pour résultat de libérer le prévenu, à moins que l'intention injurieuse ne résulte de la forme ou des circonstances dans lesquelles la diffamation a eu lieu. Il est évident que cette intention n'a pas besoin d'être prouvée quand les expressions sont par elles-mêmes injurieuses.

Il est cependant un cas où la preuve de la vérité n'est pas admise, c'est lorsque le fait imputé constitue un acte punissable et qu'il est intervenu, à ce sujet, avant la publication de ce fait, un jugement d'acquittement passé en force de chose jugée.

Inversement, si le fait constitue un acte punissable et si la personne offensée a été condamnée, il ne sera admis aucune preuve contre la vérité du fait allégué. Dans ce cas, si le prévenu de diffamation est condamné, ce sera uniquement en raison de son intention injurieuse, puisque la justice elle-même se charge de prouver la réalité du fait imputé.

III. — Le code pénal tranche la question des droits de la critique des œuvres de science, d'art ou d'industrie, en faveur de celle-ci, sous réserve que l'intention injurieuse ne résulte pas de la forme de la critique ou des circonstances qui en aggraveraient l'expression.

Le tribunal peut ordonner, à la requête du lésé, la publication du jugement.

CHAPITRE V

L'Autriche.

SECTION I. — LA LOI DE 1862 ET LA NOVELLE DE 1868

§ 1. *Formalités requises, saisie.*

I. — La loi sur la presse de l'empire d'Autriche-Hongrie est de 1862 ; elle a été complétée par la novelle de 1868.

Cette loi garantit la liberté de la presse, sauf dans certaines circonstances, comme la loi allemande. Tandis qu'en France, en Angleterre, et ailleurs encore, la presse est garantie dans sa liberté quels que soient les événements, la loi autrichienne admet la suspension de la liberté de la presse dans un cas : guerre ou troubles menaçant l'existence de l'Etat, de la Constitution ou la paix des citoyens. Cette suspension donne aux autorités le droit d'exiger que les publications leur soient soumises 2 à 8 jours avant leur mise en vente ou leur distribution, ou bien le droit d'empêcher la publication des journaux ou enfin d'interdire l'exercice d'industries de publicité dont les produits sont dangereux pour l'ordre général.

II. — La loi autrichienne a conservé un certain nombre de mesures préventives. Tout journal doit contenir le nom d'un rédacteur responsable, sujet autrichien, en possession de ses droits civiques, exerçant sa capacité civile et domicilié au lieu de la publication de l'imprimé.

La déclaration préalable existe pour les journaux. Elle doit contenir le *titre* de l'imprimé, les *époques* de la publication, son *programme*, coup d'œil sur les matières qu'il doit traiter, les noms et domicile (*Wohnort*) du rédacteur responsable, les noms et résidence (*Wohnsitz*) de l'imprimeur et du libraire-éditeur, lorsque celui-ci est différent de l'éditeur.

Au moment de la distribution, l'imprimé doit faire l'objet d'un dépôt au chef de la police municipale (*Verwaltungsgebiet*).

Le cautionnement est exigé de chaque éditeur d'un écrit périodique paraissant plus de deux fois par mois et traitant, même accidentellement, des questions politiques, religieuses ou sociales. Les feuilles éditées par le gouvernement sont dispensées du cautionnement, qui peut s'élever jusqu'à 8,000 florins, à Vienne par exemple.

Le timbre grève la presse.

III. — La loi autrichienne règle le droit de réponse à peu

près comme nous l'avons vu réglé par la loi allemande. Elle accorde ce droit à tout intéressé. La réponse doit être insérée sans interpolations ni suppressions, dans l'un des deux plus prochains numéros à dater de sa réception ; elle est limitée au double de l'article qu'elle doit rectifier. L'exercice du droit de réponse n'est soumis à aucun délai de prescription.

La presse périodique est tenue à l'insertion des décrets, sentences et ordonnances des tribunaux. L'obligation d'insérer des documents officiels ne comprend donc pas les avis du gouvernement, de l'autorité exécutive ou législative ; elle se borne aux actes du pouvoir judiciaire. Cette disposition est ainsi d'une portée beaucoup moins étendue que celle de la loi allemande. L'insertion a lieu contre paiement.

IV. — La saisie est appliquée d'une façon très sévère. Il y a deux espèces de saisie, la *saisie administrative* et la *saisie judiciaire*.

La saisie administrative par la police est immédiate ou exécutée à l'instance du ministère public. Elle s'exerce à l'égard des écrits édités ou répandus à l'encontre des formalités requises par la loi, ou bien lorsque les écrits font l'objet d'une poursuite pénale.

La saisie judiciaire préalable ne peut avoir lieu que sur plainte et conclusion formelle de l'offensé. La saisie judiciaire préalable est confirmée par le tribunal ou levée, suivant le cas. Le tribunal peut ordonner la destruction des écrits saisis.

La saisie ne peut avoir lieu que dans l'endroit où les écrits se trouvent placés pour la vente ou la distribution. La possession privée de ces ouvrages ne subit aucune atteinte. Cette saisie ne s'applique qu'aux écrits même et non aux planches, modèles, moules, pierres, etc.

§ 2. *Responsabilité pénale.*

I. — La loi de 1862 a admis l'application du droit commun aux délits de presse. La nouvelle de 1868 a complété ces règles au moyen des « *Fahrlässigkeitsstrafen* ».

En Allemagne, l'éditeur (*Herausgeber*) est assimilé, dans la plupart des cas, au rédacteur : ces deux personnes ne font qu'un en fait de presse périodique ; le rédacteur responsable sera le plus souvent éditeur (*Herausgeber*). En Autriche, il n'en est plus ainsi. Ces deux fonctions ne se fondent pas l'une dans l'autre, leur notion diffère. L'éditeur (*Herausgeber*) est pour la presse périodique ce que le libraire-éditeur est pour la presse non périodique. Le rédacteur est l'âme spirituelle du journal, l'éditeur (*Herausgeber*) l'âme administrative.

L'article 28 de la loi de 1862 statue que « au cas où il se- » rait commis au moyen d'un écrit une action punissable aux » termes du code pénal, on appliquera les règles de ce » code ». L'imprimeur et le propagateur sont punis d'après les mêmes règles.

II. — La novelle du 15 décembre 1868 permet la poursuite du rédacteur, du libraire-éditeur, de l'imprimeur et du propagateur en raison de leur négligence ou imprudence dans l'exercice de leurs devoirs professionnels, toutes les fois qu'une intention coupable ne peut leur être attribuée d'après les règles du code pénal.

La loi autrichienne ne recherche pas l'auteur, ni le propriétaire, ni l'éditeur (*Herausgeber*) pour négligence. L'auteur n'est jamais coupable de négligence, il n'a aucune relation officielle avec le journal. Le propriétaire n'a pas de devoirs de surveillance relativement aux articles de son journal. Quant à l'éditeur (*Herausgeber*) nous avons vu que la loi allemande le frappe parce qu'elle permet de l'assimiler au rédacteur. La loi autrichienne ne le recherche pas pour négligence, car, à ses yeux, l'éditeur n'est que le soutien administratif du journal, il n'a pas d'obligations à l'égard du contenu ; il ne pourvoit qu'à l'administration générale de l'entreprise considérée comme toute autre opération de spéculation ; il équivaut au gérant de n'importe quelle société et n'a rien à faire avec l'esprit, la tendance du journal dont le rédacteur supporte toute la responsabilité au point de vue intellectuel.

Le rédacteur est responsable de négligence, aux termes de la novelle de 1868, chaque fois qu'il n'a pas observé les devoirs de vigilance que sa profession lui impose, lorsque cette négligence a eu pour conséquence la publication d'un article dont il eût refusé l'insertion dans le cas contraire. Il n'est déchargé de cette responsabilité ni par l'indication de l'auteur, ni par la déclaration que celui-ci fait de vouloir se charger de la responsabilité, ni par la mention d'une réserve générale ou particulière. Dans ce dernier cas, le rédacteur sera jugé comme auteur, d'après les règles du droit commun, car le seul fait d'une réserve indique ses doutes à l'endroit d'une publication et l'accuse.

Cette responsabilité pour négligence dans l'observation de ses devoirs professionnels disparaît : 1º si le rédacteur prouve que la publication a eu lieu malgré la surveillance convenable qu'il a exercée, ou 2º s'il prouve que cette surveillance n'a pu être exercée, comme dans le cas de maladie, d'absence subite, etc.

Le libraire-éditeur n'est pas responsable s'il peut indiquer le nom de l'auteur, pour autant que ce dernier avait son domicile en Autriche au moment de la publication, mais il est responsable en cas d'absence ou d'incapacité de l'antécesseur.

§ 3. — *Procédure objective.*

Le § 493 du Code pénal autrichien dit que le ministère public peut, sans actionner aucune personne, demander dans l'intérêt public que le tribunal reconnaisse si le contenu d'un écrit constitue une action punissable et que, le cas échéant, il veuille prononcer l'interdiction de publier ultérieurement cet écrit. Le tribunal, après audition du ministère public, à huis clos, juge, sans que la décision puisse servir à la poursuite éventuelle et ultérieure d'une personne déterminée. Mais dès lors toute publication de l'écrit est sous le poids du séquestre.

C'est là ce qu'on appelle la procédure objective du code autrichien, qui ne considère le délit qu'objectivement, dans ses effets et dans ses moyens, sans se préoccuper de l'élément subjectif, soit de l'intention qui y a présidé et de la personne qui a eu cette intention. Ce régime tient par certains côtés au régime de la censure, seulement le censeur c'est le tribunal, l'autorité judiciaire. C'est un moyen d'entraver ou même d'empêcher absolument — en cas de poursuite rapide — la publication d'un imprimé. Cette mesure présente donc un caractère préventif bien marqué. Aussi dans les quinze dernières années a-t-on fréquemment demandé l'abolition de ce mode de procéder.

En 1882, à l'occasion de l'examen d'une proposition de suppression de la procédure objective, qui soustrait au jury l'appréciation des délits de presse, la commission chargée de rapporter sur ce sujet se déclara d'accord avec les motionnaires dans ce sens que la procédure objective ne pourrait être conservée qu'à l'égard des écrits délictueux dont les auteurs responsables ne sauraient être découverts. La commission allait beaucoup moins loin que ceux qui avaient présenté la proposition dont il s'agit. Ses conclusions n'étaient que des moyens dilatoires pour maintenir la presse dans la dépendance du pouvoir ; elle voulait conserver au gouvernement la faculté de soustraire au jury l'appréciation des délits de presse dans les cas où les écrits paraîtraient sous le voile de l'anonyme et où la punition, pour négligence, d'une des personnes responsables à ce titre ne suffirait pas ; ainsi, dans le cas où un écrit socialiste, répandu dans le public, ne porte que le nom d'un imprimeur qui peut prouver sa bonne foi et d'un éditeur qui a mis la frontière entre les gendarmes et lui.

Le jury a été introduit, en matière de presse, par une loi de 1869, que le code de procédure pénale de 1873 a abolie, tout en confirmant l'institution du jury et en en étendant les attributions.

SECTION II. — LA DIFFAMATION ET L'INJURE DANS LE
CODE PÉNAL.

Le code déclare punissables :

1º Les *outrages simples* (*Beschimpfung, Misshandlung*) commis par paroles injurieuses, par voies de fait légères, par menaces. La preuve de la vérité de l'injure n'est pas admise; l'intention est tout.

2º Les *outrages publics* (*Schmähung*) sous forme d'imputation d'un vice, sans allégation de fait déterminé, ou d'imputation exposant celui qui en est l'objet à la raillerie. La preuve de la vérité libère le prévenu.

3º Les *accusations calomnieuses* telles que l'imputation d'un fait précis et faux de nature à rendre méprisable la victime ou à la déshonorer aux yeux du public. La libération du prévenu découle de la preuve de la vérité des faits ou de circonstances qui permettaient de conclure à leur existence. Mais, chose singulière, cette excuse tirée des circonstances qui pouvaient faire croire à la réalité du fait imputé, n'est pas admise pour la presse. Il y a certainement, dans une semblable exception, quelque chose d'irrationnel. Tel individu a le droit de conclure de telle circonstance qu'un fait est vrai et le rédacteur d'un journal n'a pas ce droit. Rien ne justifie une pareille différence.

4º La *publication de faits outrageants* quoique *vrais*, comme ceux qui touchent à la vie privée ou qui ne sont punis que sur la plainte d'un tiers. La preuve du fait est absolument interdite en pareil cas.

5º La publication d'outrages fondés sur une *condamnation* ou sur une *enquête pénale*, tant que l'offensé se conduit honnêtement.

Le code considère comme une circonstance aggravante de l'outrage à une personne le fait qu'on lui devait du respect et des égards. La diffamation contre les morts est punie.

Ce que le code autrichien appelle « *Verleumdung* » est la dénonciation calomnieuse.

CHAPITRE VI

La Belgique.

I. — La Constitution belge dit: « La presse est libre, la censure ne pourra être établie. Aucune garantie ne peut être exigée des écrivains, éditeurs et imprimeurs. Lorsque l'auteur est connu et domicilié en Belgique, l'éditeur, l'imprimeur ou le distributeur ne peut être poursuivi. »

Le décret du 20 juillet 1831 sur la presse dit, à son article 4: « Dans tous les procès pour délits de presse, le jury, avant de s'occuper de la question de savoir si l'écrit incriminé renferme un délit, décidera si la personne présentée comme auteur du délit l'est réellement. L'imprimeur poursuivi sera toujours maintenu en cause jusqu'à ce que l'auteur ait été judiciairement reconnu tel. »

Tel est le système de responsabilité pénale en matière de presse que l'on a appelé *système belge* ou *système de la responsabilité par cascades*, comme l'a fait M. Ch. de Brouckère. Les Allemands ont coutume de le désigner, d'après le caractère sous lequel il se présente : *système de la responsabilité successive et exclusive*.

A la lecture des articles tirés de la Constitution et du décret de 1831, il n'est pas facile de distinguer les deux idées de successivité et d'exclusivité qui ont toujours caractérisé l'application de la responsabilité pour délits de presse, en Belgique. La Constitution dit que si l'auteur est connu et domicilié en Belgique, l'éditeur, l'imprimeur ou le distributeur ne *peut* être poursuivi. L'exclusivité de la responsabilité n'est indiquée que par une nuance de grammaire, au lieu de l'être en termes clairs, nets et précis.

II. — D'après le régime belge, l'auteur de l'écrit est considéré comme auteur du délit : c'est jusqu'à lui qu'on remonte, sans s'attarder à la culpabilité de l'éditeur, qui s'en déchargera facilement en nommant l'auteur de l'article incriminé. Le rédacteur n'est pas envisagé par la loi belge de la même façon que le gérant en France et le rédacteur responsable en Allemagne ou en Autriche. Dans ces deux derniers pays, nous avons vu que le rédacteur est regardé comme l'auteur de l'écrit, l'auteur de tous les articles du journal, à moins de circonstances particulières ; s'il nomme l'auteur de l'écrit, il n'est pas déchargé pour cela ; il reste auteur de la publication. En Belgique, le rédacteur n'est pas mentionné ; on poursuit à sa place l'éditeur, intermédiaire entre l'auteur de l'article, celui qui a conçu les idées qu'il renferme ou s'en est fait l'écho, et l'imprimeur. Le coupable, aux yeux de la loi belge, c'est le créateur de ce qui a paru comme article dans le journal, c'est l'auteur moral du délit.

Si l'éditeur ne peut ou ne veut pas nommer l'auteur de l'écrit, il assume de plein droit la responsabilité, de même pour l'imprimeur à l'égard de l'éditeur et pour le colporteur à l'égard de l'imprimeur.

Il est important de faire remarquer que ces responsabilités successives, éventuelles et exclusives naissent de plein droit par la découverte de chacune de ces personnes et par le fait que celles-ci ne peuvent nommer un antécesseur. Il n'est besoin d'aucune preuve de leur complicité dans l'exécution du délit pour établir leur responsabilité. L'enquête est donc bien facile et procurera rapidement un coupable à la justice, une réparation à l'offensé.

Un tel régime est à coup sûr très libéral : il ne permet la poursuite et la condamnation que d'une seule personne puisque, par le fait même de la responsabilité de cette personne, celle de tous les autres participants est exclue. Au point de vue pratique, il a le mérite d'être d'une application facile et d'une grande simplicité.

III. — Le principal reproche dont il est l'objet de la part des théoriciens vise l'attribution parfaitement arbitraire de la responsabilité, qu'il fait passer, à son gré, de celui-ci à celui-là. Tantôt cette responsabilité pèsera sur telle personne, quoique celle-ci n'ait eu aucune intention mauvaise, aucune connaissance quelconque de l'écrit auquel elle n'aura prêté que le concours indifférent de ses machines ou de son activité. Tantôt, au contraire, cette responsabilité abandonnera complètement, sans aucune trace de son passage, tel participant, complice suivant le droit commun, du délit auquel il a prêté les mains en toute connaissance de cause, pour peu qu'il puisse désigner un coupable plus grand aux yeux de la loi. Il est évident que c'est ne tenir aucun compte des intentions et baser ses jugements sur de purs faits de précaution, comme si par exemple la justice pouvait admettre qu'un voleur près d'être pincé avec son compagnon, se tirât allègrement de ce mauvais pas et évitât toute poursuite en jetant son acolyte dans les bras du gendarme.

Il n'est pas admissible que celui qui est coupable soit comme auteur, soit comme complice d'après le droit commun et en face de la réalité des faits, ne le soit plus parce qu'il a pu désigner à la justice une personne dont l'activité a eu une relation plus immédiate, plus rapprochée avec les intentions de l'auteur. Comment cette simple désignation d'un antécesseur, d'une personne placée avant lui dans l'énumération des responsabilités successives, peut-elle effacer le caractère délictueux de l'action du prévenu et faire disparaître son dol ? Il s'agit d'une pure fiction de culpabilité qui cédera devant la désignation d'un antécesseur, moyennant encore une condition qu'il n'est pas du tout au pouvoir de l'inculpé de réaliser.

En effet, la loi exclut le prévenu de l'impunité découlant de la désignation d'un antécesseur quand ce dernier ne possédait pas de domicile en Belgique ou n'était pas connu au moment de la publication. La loi allemande, comme nous l'avons vu, contient une disposition semblable à l'égard du prévenu poursuivi pour négligence, mais elle le punit à raison de la négligence qu'il a exercée en omettant de s'enquérir du nom et du domicile de son antécesseur, tandis que la loi belge le punit comme auteur du délit même.

En résumé la législation belge, si simple, ne tient aucun compte de la réalité des faits. Elle ne punit jamais qu'un individu considéré comme auteur et attribue cette qualité à un individu qu'elle sait n'y avoir souvent aucun droit, puisque l'auteur sera aujourd'hui l'imprimeur, demain l'éditeur, etc. La loi jongle avec la responsabilité unique qu'elle établit.

La loi belge part de l'idée que les agents secondaires d'une publication ne doivent pas être à même d'entraver la liberté de l'auteur d'un écrit et dans le but de les affranchir de toute crainte, elles les considère comme de simples instruments pour peu qu'ils puissent aider la justice à découvrir le vrai coupable, l'auteur de l'écrit.

La jurisprudence proclame que le rédacteur qui aura reproduit un article d'un autre journal condamné à un titre quelconque, se rend coupable du même délit et doit être puni comme tel. Mais si la reproduction s'est faite à l'instigation de l'auteur, celui-ci reste responsable.

IV. La Belgique possède le droit de réponse. Pour en faire usage il suffit d'être cité « nominativement » ou « indirectement, » donc d'être désigné. L'article 13 du décret de 1831 donne le droit de faire insérer une réponse; la loi vaudoise emploie le même terme sans le définir, ce qui a donné lieu à des abus de ce droit, qui doit être considéré seulement comme la faculté de rectifier des faits et non de parler de choses sans rapport avec l'article sur lequel on motive l'envoi d'une réponse.

CHAPITRE VII

La Hollande.

SECTION I. — LA RESPONSABILITÉ PÉNALE.

Le code pénal du 3 mars 1881 s'exprime dans les termes suivants: « Art. 53. En cas de délit commis par le moyen de
» la presse, l'éditeur comme tel n'est pas poursuivi si la pièce
» imprimée contient son nom et son adresse et si l'auteur est
» connu ou a été dénoncé par l'éditeur, à la première sommation après l'ouverture de la poursuite.

» Cette règle n'est pas applicable si, au moment de la pu-

» blication, l'auteur ne pouvait être poursuivi criminellement
» ou était établi hors du royaume, en Europe.

» Art. 54. En cas de délits commis par le moyen de la
» presse, l'imprimeur comme tel n'est pas poursuivi, si la
» pièce imprimée contient son nom et son adresse et si
» la personne par ordre de laquelle la pièce a été imprimée
» est connue ou a été dénoncée par l'imprimeur, à la pre-
» mière sommation après l'ouverture de la poursuite.

» Cette règle n'est pas applicable si, au moment de la pu-
» blication, la personne par ordre de laquelle la pièce a été
» imprimée ne pouvait être poursuivie criminellement ou
» était établie hors du royaume, en Europe. »

La responsabilité est ainsi fixée d'après les règles du système belge. Cette responsabilité successive et exclusive est
beaucoup mieux indiquée que dans la Constitution belge, non
pas au moyen d'une nuance de syntaxe, mais dans un texte
clair et précis.

Le code pénal néerlandais n'exige pas seulement, pour la
libération de l'éditeur ou de l'imprimeur, que l'auteur ou l'é-
diteur soient connus et se trouvent dans le royaume; il réclame, de plus, la mention des noms et domicile de ces personnes sur l'imprimé qui donne lieu aux poursuites.

Il reste à savoir ce qu'il advient de ces personnes, au cas
où leur antécesseur est parfaitement connu, mais où elles ont
omis d'insérer les indications réclamées par la loi. Pour leur
libération, la loi exige l'accomplissement de deux conditions.
Quid, si l'une seulement est remplie ? C'est ce que la loi ne
dit pas. D'après le système général qu'elle suit, celui de la
responsabilité exclusive et successive, elle ne peut pas admettre la poursuite concurrente de plusieurs personnes pour
faits inhérents à la publication. En subordonnant l'interdiction de toute poursuite à la mention des noms et domicile
des participants, la loi va donc à l'encontre des règles qu'elle

semble se tracer; en tout cas, elle se met en contradiction flagrante avec l'idée qui est à la base du système belge et d'après laquelle une seule personne doit être punie dans les délits de presse.

SECTION II. — LA DIFFAMATION ET L'INJURE.

L'article 261 du code pénal de 1881 traite de la *diffamation* soit de l'action de porter atteinte à l'honneur ou à la réputation de quelqu'un en lui imputant un fait précis, avec l'intention évidente d'y donner de la publicité.

Si la diffamation est commise au moyens d'écrits, son auteur est coupable d'*écrits diffamatoires*.

L'auteur n'est pas puni s'il a évidemment agi dans l'intérêt public ou pour sa défense nécessaire.

Se rend coupable de *calomnie* celui qui diffame quelqu'un par des allégués qu'il sait être faux.

La preuve de la vérité des faits n'est admise que dans deux cas :

1º Si le juge estime que la recherche de la vérité est nécessaire pour apprécier l'assertion du prévenu qui prétend avoir agi dans l'intérêt général ou pour sa défense nécessaire ;

2º Si l'on impute à un fonctionnaire un fait commis dans l'exercice de ses fonctions.

Nous ne saisissons pas très bien la raison du 1º que nous venons de citer et nous nous demandons en quoi la recherche de la vérité du fait imputé peut influer sur la constatation des mobiles de l'imputation. Ce que le juge doit rechercher, à teneur de l'article 261 du code, c'est la question de savoir si l'auteur de l'offense a agi dans l'intérêt public ou pour sa défense nécessaire. Or, comment la preuve de la vérité du fait pourra-t-elle donner la réponse demandée ? Nous ne voyons aucune relation entre ces deux idées, au point de vue de la libération du prévenu. Ah ! si l'on nous disait que lorsque le prévenu aura justifié sa conduite par un motif d'intérêt public ou de défense personnelle, le juge pourra recevoir la preuve que les imputations étaient fondées, afin d'éclairer tout à fait sa religion sur la conduite de l'inculpé, alors nous comprendrions ce langage.

. En somme la preuve de la vérité des faits est admise quand l'offensant peut se réclamer d'un motif d'intérêt public ou de défense personnelle.

La preuve des faits est encore admise lorsque l'imputation a été lancée contre un fonctionnaire à l'occasion de ses fonctions.

L'article 265 déclare que si l'outragé a été déclaré coupable du fait imputé, il n'y a pas lieu de condamner l'offensant pour calomnie. Par conséquent, l'imputation peut cependant amener une condamnation pour diffamation simple, si le prévenu ne peut la justifier par l'intérêt public ou la nécessité de sa défense personnelle.

L'injure, l'outrage simple fait l'objet de l'article 266.

La diffamation contre les morts est punie sur plainte d'un parent ou allié en ligne directe ou collatérale jusqu'au deuxième degré ou du conjoint.

CHAPITRE VIII

L'Italie.

SECTION I. — LA LOI DE 1848.

§ 1. *Formalités requises.*

I. — La liberté de la presse est garantie par la Constitution du Piémont, du 8 mars 1848, qui régit maintenant tous les

Etats de la Péninsule. L'article 28 de cette Constitution dit simplement : « La presse est libre ; une loi en réprimera les abus. »

Le 26 mars de la même année, fut promulguée la loi que la Constitution annonçait. Cette loi contient dix chapitres dont le premier s'occupe des dispositions générales relatives à la presse ; les quatre suivants concernent les provocations publiques à commettre des délits et les délits contre certaines autorités : Roi, famille royale, Chambres, etc. ou contre la religion et les bonnes mœurs ; le chapitre VI s'occupe de la diffamation et de l'injure ; le chapitre VII autorise la publication fidèle des comptes-rendus des séances des Chambres ou des tribunaux ; la presse périodique fait l'objet des dispositions du chapitre VIII ; les images, lithographies, etc. sont traitées au IXme chapitre ; le dernier règle les questions de compétence et de procédure.

II. — La loi italienne exige l'accomplissement de certaines formalités pour la publication d'un imprimé quelconque.

Après avoir statué, article 1, que la manifestation des pensées par le moyen de l'imprimerie ou tout autre procédé propre à ce but est libre, la loi formule les conditions de cette liberté. Tout imprimé doit porter l'indication du nom et du lieu de l'imprimerie, celle de l'année et enfin celle du nom de l'imprimeur. La loi ne réclame aucune désignation d'auteur ou même d'éditeur. Une seconde formalité à remplir est le dépôt d'un exemplaire au bureau du procureur général (*avvocato fiscale*) et à la Bibliothèque de l'arrondissement, à charge et sous la responsabilité de l'imprimeur.

Pour la presse périodique, ces deux conditions sont maintenues. De plus, tout individu qui veut publier un journal doit être majeur, sujet du roi et posséder là jouissance de ses droits civils. Le fondateur du journal doit présenter au secrétaire d'Etat pour l'Intérieur une déclaration portant :

1º que les qualités requises, sus-indiquées, sont réunies soit chez le propriétaire, soit chez le gérant ;

2º l'indication du titre et de la nature de la publication, du nom de l'imprimerie légalement autorisée et enfin du nom et de la demeure de l'imprimeur ;

3º l'indication du nom et de la demeure du gérant responsable.

. Tout journal doit avoir un gérant responsable et l'absence de celui-ci entraîne la suspension du journal à moins qu'il ne soit immédiatement pourvu à son remplacement (art. 46).

Le gérant doit signer un exemplaire du journal et l'envoyer au procureur général.

III. — Le gérant est soumis à l'obligation de l'insertion d'un article dans deux cas :

1º Si l'insertion est réclamée par l'autorité pour un avis, un renseignement, une relation officielle, une rectification ou tout autre écrit. L'insertion est payée par l'autorité au taux des annonces ou, si le journal n'en publie pas, au taux des annonces judiciaires.

. Tout journal, imprimé périodique, est donc tenu à l'insertion des avis du gouvernement, qu'il ait l'habitude ou non de recevoir des annonces. Nous avons vu que la loi allemande ne prévoit cette obligation qu'à l'égard des journaux *annonciers ;*

2º L'insertion forcée a lieu dans le cas de l'exercice du droit de réponse, lequel est accordé à toute personne nommée ou indiquée dans le journal. L'insertion doit avoir lieu dans l'un des deux plus prochains numéros à dater de la réception de la réponse, qui paraît gratuitement en tant qu'elle ne dépasse pas le double des lignes de l'article auquel elle se rapporte. Le surplus se paie au taux des annonces. — La loi italienne n'exige pas d'autres conditions soit de la part de l'auteur, soit de la part du gérant.

§ 2. *Responsabilité pénale.*

I. — La loi italienne s'est inspirée du système belge de la responsabilité par cascades et du système français de la responsabilité du gérant.

L'article 4 de la loi statue que les poursuites seront exercées, en ce qui concerne la presse non périodique, d'abord contre l'auteur, ensuite contre l'éditeur si l'un ou l'autre sont désignés dans l'écrit ou simplement connus, enfin contre l'imprimeur, de telle façon que l'un soit poursuivi subsidiairement à l'autre.

Selon l'article 5, l'imprimeur ne peut être actionné pour le seul fait de l'impression, et la plainte portée contre l'auteur ou l'éditeur ne pourra être étendue jusqu'à lui, à moins qu'il n'ait agi sciemment et de façon à être considéré comme complice.

On a dit que la loi italienne prescrit beaucoup plus nettement le système de la responsabilité exclusive et successive que la loi belge de 1831. En effet, l'article 4 que nous venons de transcrire pose clairement le principe belge; il décide que chaque personne qui a contribué à la publication d'un écrit non périodique ne sera poursuivi que subsidiairement à celle qui la précède dans l'énumération des responsabilités établies par la loi. Mais remarquons que, ce principe une fois posé, la loi italienne n'a rien de plus pressé que de l'abandonner à l'égard de l'imprimeur. Ce dernier, nonobstant la découverte et la poursuite de l'auteur ou de l'éditeur, pourra fort bien être mis en cause comme complice. Que devient la responsabilité successive et exclusive? Il est vrai que l'imprimeur ne sera pas recherché pour le seul fait de l'impression, mais ne sera poursuivi que si l'intention mauvaise ou du moins la parfaite conscience de ce qu'il imprime peut être prouvée contre lui.

Tout cela n'empêche pas que l'imprimeur ne soit considéré sous le même aspect qu'en France par la législation antérieure à 1881 et particulièrement par les lois de 1819. A son égard, donc, le principe belge pur est certainement abandonné. Nous sommes fondés à nous demander le pourquoi de cette différence de traitement entre l'imprimeur, dont les occupations sont multiples, et l'éditeur d'un ouvrage, qui fait une spéculation et ne s'engage pas à publier tel écrit sans en avoir, au préalable, pesé les mérites et, par conséquent, sans l'avoir lu.

Pour la presse périodique, la loi italienne a adopté le système français et punit le gérant comme auteur. Mais, si l'auteur de l'article est connu, le gérant ne sera puni que comme complice. Le principe français que la publication fait le délit n'est donc pas strictement appliqué, puisque le gérant, même s'il a inséré l'article incriminé en toute connaissance de cause, ne sera condamné que comme complice de l'auteur.

SECTION II. — DIFFAMATION ET INJURE.

Le code pénal de 1859 a abrogé les arttcles 27 et 28 de la loi, concernant la diffamation et l'injure, et les a remplacés par les articles 570 à 586.

A teneur de l'article 570, est diffamation toute imputation de faits déterminés qui, s'ils existaient, pourraient donner lieu à une poursuite criminelle ou correctionnelle ou qui offensent l'honneur et la réputation d'une personne en l'exposant au mépris ou à la haine d'autrui.

Ces imputations, qui, pour être réputées diffamatoires, doivent être répandues dans un lieu public ou une réunion publique, constituent, quand elles ont eu lieu par la presse, le délit appelé *libelle fameux*.

L'injure est toute parole ou expression outrageante, proférée en public, mais ne contenant l'imputation d'aucun fait.

Aucune preuve des faits n'est admise, pas plus que l'excuse de la notoriété, sauf dans un cas, celui où le diffamé demande que la procédure qui s'instruit contre le prévenu s'étende aux faits allégués (art. 577 et 578). Nous avons eu l'occasion de juger cette idée précédemment. Nous n'admettons pas cette faculté laissée au plaignant de réclamer la preuve des faits par le prévenu ou de réclamer l'extension de l'enquête à ceux-ci. Cette faculté ne sera jamais qu'une obligation morale du demandeur et ramène les inconvénients de la preuve des faits devant lesquels tant de lois ont reculé.

La preuve contre les fonctionnaires est admise.

L'article 586 autorise le lésé à déposer une action civile pour faire condamner l'auteur de la diffamation à la réparation des dommages causés. Les auteurs italiens admettent la réparation du tort moral, celle que réclame un état moral blessé. Un arrêt du 14 mai 1879 de la Cour de Modène a prononcé que « dans les délits de diffamation, pour évaluer le dommage, on peut faire entrer en ligne de compte, suivant les circonstances, le dommage purement moral « meramente morale. »

Les délits de presse sont jugés par le jury, sauf les attaques au roi, aux autorités, à la religion et les délits de diffamation et injure.

CHAPITRE IX

L'Espagne.

I. — La Constitution espagnole du 30 juin 1876 dit à son article 13 : « Tout Espagnol a le droit d'émettre librement ses idées et ses opinions par la parole, l'écriture, en se servant de l'imprimerie ou d'un procédé semblable, sans être soumis à la censure préalable... » Si, en 1876, l'abolition de la censure constituait un progrès assez grand pour faire l'objet d'une mention spéciale dans la Constitution, on peut en conclure que la liberté de l'expression des opinions n'est pas une chose bien ancrée dans les esprits, ce qui, du reste, trouve sa confirmation dans la surveillance stricte et même tyrannique dont les autorités font usage à l'égard de la presse espagnole.

. Une loi du 8 janvier 1879 sur l'exercice de la liberté de la presse a été abrogée et remplacée par la loi du 26 juillet 1883, sans que cette dernière ait apporté de grandes modifications à l'état de choses existant avant cette époque.

La loi espagnole est sévère à tous les points de vue : formalités pour la publication, responsabilité et fixation des délits.

Pour publier un journal, il est nécessaire d'avoir l'autorisation préalable du gouverneur ou de l'alcade, auquel on doit indiquer le titre de l'imprimé périodique, le nom de l'imprimeur et son domicile, le nom du propriétaire ou de la société et celui du gérant. Le propriétaire ou le gérant à sa place, doit être citoyen espagnol. Avant la publication, il doit être opéré un dépôt d'exemplaires en mains de l'autorité. Telles sont les conditions requises pour la fondation d'un journal ou sa publication.

Le droit de réponse est admis pour rectifier des faits faux ou défigurés. La rectification doit être insérée à la même place que celle où a paru l'attaque, intégralement et sans interpolations. L'étendue de la réponse est limitée au double du nombre de lignes de l'attaque. Ce droit de réponse ne peut s'exercer que sur l'objet qui a basé l'attaque, et il appartient, dans le cas d'imputations contre un mort, aux père et mère, époux, fils et frères de la victime et aux héritiers. Il appartient aux parents susnommés si le lésé vivant est dans l'impossibilité de répondre.

Les délits de presse dits délits d'opinion sont encore nombreux et témoignent de la difficulté qu'on éprouve à laisser la presse discuter plus ou moins librement. Ainsi, c'est un délit de proclamer des maximes ou doctrines contraires au gouvernement, au régime de la monarchie constitutionnelle, d'attaquer ou de dénigrer les opinions et doctrines que soutiennent, à la Chambre, les députés ou bien les votes qu'ils émettent dans l'exercice de leur mandat, etc.

II. — Un projet de code pénal, de 1884-1885, a adopté le système belge en matière de responsabilité pour délits de presse. Chaque personne est punie comme auteur. Sont considérés comme auteurs : ceux qui ont rédigé l'écrit, le directeur du périodique ou l'éditeur du livre et enfin le chef de l'imprimerie. Du moment où l'auteur, celui qui a rédigé l'écrit, est connu et peut être atteint par la justice, il est seul poursuivi et la responsabilité pénale n'atteint ni le directeur ou éditeur, ni l'imprimeur. Si l'auteur est inconnu ou s'est dérobé, le directeur du périodique ou l'éditeur du journal supportent la responsabilité ; enfin, si ceux-ci ne peuvent être découverts ou atteints par les tribunaux, l'imprimeur est puni comme auteur.

Nous avons bien là une application du système belge de la responsabilité successive ; mais ce régime se limite à la responsabilité de l'auteur du délit. Celui-ci étant découvert et arrêté, les autres participants sont considérés comme complices, si le droit commun leur reconnaît cette qualité. Si l'auteur de l'écrit est condamné, il le sera seul comme auteur du délit ; le directeur, l'éditeur et l'imprimeur, qui ne peuvent pas être, aux termes du projet, condamnés également comme auteurs du délit, le seront comme complices s'ils sont convaincus d'avoir agi en connaissance de cause. Cette distinction n'est pas vaine en pratique, car les complices sont punis d'une peine plus douce que celle qui frappe les auteurs.

Nous avons donc raison de dire que le système adopté par le projet de code pénal est, au point de vue de la responsabilité de l'auteur, celui de la Belgique, car il ne condamne qu'un des participants comme tel et abandonne les autres; mais que, au point de vue de la responsabilité des autres participants, le système du projet applique les règles du droit commun sur la complicité. Le régime espagnol serait une combinaison du système belge et du régime du droit commun.

Les crimes très graves contre l'Etat, le gouvernement, l'ordre public et les ministres sont poursuivis avec toute la rigueur du droit commun pur.

Quant à la responsabilité civile, si l'auteur ne peut en supporter les conséquences, les autres participants contribuent subsidiairement au paiement des indemnités. La loi française laisse au tribunal l'appréciation de la manière dont la responsabilité civile doit être répartie, tandis que le projet espagnol détermine d'avance la personne qui en supporte la charge.

Toute peine entraîne nécessairement la destruction des modèles, planches, etc., ou du moins leur décomposition. — La suspension et même la suppression du périodique continueraient à être applicables comme elles le sont actuellement à teneur de la loi de 1883.

En 1886, il a été présenté aux Cortez un projet rétablissant pour la troisième fois le jury et soumettant à son appréciation les délits de presse entre autres.

CHAPITRE X

Le Portugal et le Brésil.

SECTION I. — LE PORTUGAL.

La loi de Portugal date de 1832.

Après avoir exigé l'inscription de l'imprimeur à la mairie

de son domicile et la déclaration de son nom sur chaque imprimé sortant de ses presses, la loi pose comme principe la responsabilité de l'imprimeur qu'elle fait découler du fait que la désignation du nom de l'imprimeur sur l'imprimé est la seule qu'elle exige et, ensuite, du fait que la publication, dans son élément purement matériel, est procurée par l'imprimeur d'abord. La loi portugaise s'en prend à l'imprimeur coupable d'avoir procuré à l'auteur les moyens matériels de publication ; voilà en ce qui concerne le fond ; au point de vue de la rapidité d'action de la justice, elle frappe aussi en premier lieu l'imprimeur dont le nom est inséré dans l'écrit.

Mais ce n'est pas à dire que celui-ci ne puisse pas se débarrasser de cette responsabilité. S'il peut produire une autorisation de l'auteur ou de l'éditeur de procéder à l'impression, la culpabilité résultant de la création matérielle de l'instrument du délit disparaît derrière la culpabilité de l'auteur de l'écrit. Cette autorisation a pour effet de libérer l'imprimeur.

A l'article 19, la loi dit que la responsabilité de l'éditeur n'a lieu qu'à défaut de l'auteur et celle de l'imprimeur à défaut de l'éditeur. Nous retrouvons la responsabilité par cascades. Seulement la loi ne dit pas ce qu'il en advient de l'imprimeur qui peut fournir une autorisation de l'auteur, alors que celui-ci a quitté le royaume. D'un côté, la loi dit que l'imprimeur, dans le cas d'une autorisation, est déchargé de toute responsabilité et, d'un autre côté, que la responsabilité de l'imprimeur n'a lieu qu'à défaut de l'auteur et de l'éditeur.

La loi n'en doit pas moins être comprise dans le même sens que la loi belge, c'est-à-dire dans le sens du maintien en cause de l'imprimeur, car l'article 19 envisage d'une manière spéciale la responsabilité, tandis que l'article 3 ne s'occupe de cette responsabilité que dans le but de contraindre l'imprimeur à la surveillance de son industrie. Cette intention de la loi, de prémunir l'imprimeur contre les conséquences d'une négligence, apparaît encore mieux dans la seconde partie de l'article 3, qui annule l'effet de la production de l'autorisation si l'auteur, après avoir été déjà condamné pour délit de presse, s'est soustrait à l'exécution du jugement.

Une particularité est celle que présente le dépôt. L'imprimeur est tenu de déposer au parquet du ministère public, un exemplaire de chaque publication, qui lui est rendu à l'expiration de l'année si aucune condamnation de l'imprimé n'est survenue. La loi ne songe pas à faire bénéficier l'Etat de l'activité intellectuelle des citoyens.

Aucune saisie préventive ne peut avoir lieu.

La preuve des faits est obligatoire à l'égard des fonctionnaires outragés.

Les délits de presse sont jugés par le jury.

Comme on le voit la loi portugaise peut s'attribuer le mérite d'avoir été l'une des premières lois libérales d'Europe.

SECTION II. — LE BRÉSIL

La Brésil ne possède aucune mesure préventive en matière de presse, sauf l'obligation imposée aux imprimeurs de faire connaître au conseil de la commune leur intention de s'établir.

La responsabilité pénale est établie de la même manière que celle de la loi portugaise. L'imprimeur est puni comme auteur, s'il ne peut produire un engagement par écrit dans lequel l'éditeur assume la responsabilité de la publication. A son défaut, l'éditeur est punissable s'il ne peut fournir le même engagement de l'auteur.

CHAPITRE XI

Le Danemark, la Suède et la Norvège.

SECTION I. — LE DANEMARK.

La Constitution de 1866 proclame la liberté de la presse et déclare formellement que ni la censure, ni aucune autre mesure préventive ne pourront être appliquées à la presse.

SECTION II. — LA SUÈDE ET LA NORVÈGE.

La Constitution de *Norvège* de 1814 dit : « La liberté de la presse doit exister. Personne ne peut être puni en raison d'un écrit de n'importe quel contenu qu'on a fait imprimer ou éditer, à moins que cet imprimé ne renferme les délits suivants ou une provocation à les commettre : désobéissance aux lois, mépris de la religion ou de la puissance publique, offense aux bonnes mœurs ou à l'Etat, résistance aux ordres de l'autorité constitutionnelle et accusation fausse et déshonorante contre une personne.

« Des appréciations impartiales, sincères sur l'administration de l'Etat ou sur quelque autre objet sont permises à chacun. »

La constitution de *Suède*, de 1804, proclame également le droit et les cas de violation.

La loi suédoise sur la presse est une des 4 lois fondamentales, qui ne peuvent être abrogées ou modifiées que par résolution du roi et de deux diètes ordinaires.

Cette loi contient un certain nombre d'articles sur la protection de la propriété littéraire et nous offre le seul exemple d'un pareil amalgame dans les législations européennes.

La loi exige la mention du nom de l'imprimeur, du lieu et de l'année de l'impression sur tout imprimé quelconque, sauf les ouvrages dits de ville. Un certain nombre d'exemplaires doivent être déposés au ministère de l'intérieur.

La publication de tout périodique doit être précédée d'une déclaration au ministre d'État et de la justice, qui peut interdire cette publication si l'auteur a été condamné pour un délit infamant ou déclaré incapable de plaider pour autrui.

La personne responsable est l'auteur de l'écrit. Sont réputés auteurs les éditeurs d'un périodique. Tout auteur doit livrer, sous pli cacheté, à l'imprimeur, l'indication de son nom et de son domicile, certifié par deux citoyens. Si l'indication est fausse ou si l'auteur fait défaut, ces deux citoyens sont poursuivis comme auteurs. Dans le cas où l'imprimeur n'est pas en état de fournir le nom de l'auteur ainsi déclaré, il est lui-même responsable du délit.

En cas de réquisition par la justice, l'imprimeur est tenu de fournir le pli cacheté au tribunal. L'imprimeur qui dévoile le nom de l'auteur est puni.

La loi renferme une disposition assez curieuse, c'est celle qui autorise la condamnation du ministère public à une amende, s'il a intenté une poursuite sans nécessité et s'il en est résulté la divulgation du nom de l'auteur.

Le jury apprécie le fait, puis le juge prononce son jugement, qui est transmis au tribunal de seconde instance. Celui-ci rend un arrêt définitif.

CHAPITRE XII

La Russie.

Il ne peut être question de chercher dans ce pays un germe de liberté en matière de presse. Celle-ci subit le sort des libertés dont le règne d'Alexandre II essaya de doter l'Empire russe, mais qui furent promptement compromises par le débordement des instincts brutaux et matériels de la grande partie de la population. En présence de ce spectacle, le gouvernement qui avait cru pouvoir transplanter la civilisation occidentale et ses libertés en Russie, se vit forcé, pour arrêter l'irruption des passions mauvaises, de revenir de ses intentions généreuses. Mais les esprits étaient lancés dans cette voie. Ceux qui voulurent enrayer ce mouvement passèrent aussitôt pour des rétrogrades et le nihilisme naquit de cet antagonisme entre le gouvernement retirant ses projets de liberté et d'émancipation et les esprits désireux de mettre en pratique les idées exaltées dont un si grand nombre étaient hantés.

Il en fut de la liberté de la presse comme des autres. Le gouvernement dut revenir sur ses pas, mais eut le tort de ne pas s'apercevoir que le régime de compression dont il usait, présentait de graves lacunes. On usa de rigueur envers les journaux, tandis qu'on laissa carte blanche aux revues. Or, précisément, les organes mensuels et bi-mensuels possèdent en Russie une influence de beaucoup supérieure à celle dont jouissent les feuilles quotidiennes. C'est, en effet, dans ces vastes répertoires que, vu la cherté des livres, la plupart des Russes vont chercher leur pâture intellectuelle.

« Grâce à l'impunité qui leur était acquise, les *rewiewers* purent pendant des années empoisonner l'esprit des lecteurs. Des écrivains... s'appliquèrent, avec une persévérance digne d'une meilleure cause, à pervertir systématiquement l'opinion, traînant dans la boue tout ce qui mérite le respect, vilipendant toutes les illustrations scientifiques, artistiques et littéraires. Les divagations de ces sophistes... constituent ce qu'on pourrait appeler la philosophie du nihilisme. » [1]

---

[1] *Nouvelle Revue*, 1882, IV. *Que faire ?*

En 1865, on donna aux journaux le droit de choisir entre la censure et le régime des avertissements avec suspension. Les écrivains de la presse périodique préférèrent subir les vexations de la censure à celles de l'avertissement. Les censeurs avaient le droit de séquestrer l'imprimé, sauf au tribunal à décider. Pendant ce temps, les revues et ouvrages de plus de 10 feuilles pouvaient être publiés librement et sans autorisation, sous la responsabilité de l'éditeur et de l'auteur.

La loi de 1865 fut modifiée en 1872, en ce sens que le droit de juger du bien-fondé du séquestre prononcé par les censeurs, fut accordé au ministre. Ce n'était pas encore assez entraver la presse, paraît-il, car, en 1879, les gouverneurs généraux reçurent le droit de suspendre ou de supprimer, sans explications, tout journal qui publierait un article dont la tendance paraîtrait dangereuse. C'est l'arbitraire le plus complet envers les journaux qui s'occupent de matières politiques, sociales ou philosophiques.

CHAPITRE XIII

La Serbie et la Bulgarie.

I. — La loi serbe, du 12-24 mars 1881 exige la remise d'exemplaires à l'agent de la police de service.

Pour la publication d'un périodique, la loi réclame une déclaration indiquant le titre du journal, le nom et la demeure du gérant, ceux du propriétaire et le nom de l'imprimerie. Tout périodique doit avoir un gérant de nationalité serbe. Celui-ci est tenu de signer un exemplaire de chaque numéro et la signature est reproduite sur tous les exemplaires, sous peine d'amende contre l'imprimeur.

Le droit de réponse est accordé aux autorités au sujet d'actes inexactement rapportés. Il ne s'agit donc pas de la faculté de répondre à tout jugement ou appréciation sur la conduite des autorités. Aux particuliers, le droit de réponse est donné à l'égard de faits personnels ou de calomnies dirigées contre eux. La réponse doit être une rectification.

La saisie par la police, la confiscation, comme l'appelle la loi, est pratiquée en cas d'attaques contre le roi ou la famille royale ou en cas d'excitations des citoyens à s'armer contre les autorités ou l'ordre public.

L'article 27 dit : « La vérité du fait diffamatoire pourra être établie par les voies ordinaires. Si le prévenu prouve la vérité des faits imputés ou s'il rapporte des circonstances qui permettent de conclure qu'il avait pu croire à la véracité de ses allégations, il n'y aura pas cas de diffamation, mais le prévenu sera puni pour offense, si toutefois il est démontré que le prévenu a agi de parti pris.......

« Mais dans aucun cas, la vérité du fait diffamatoire ne pourra être établie, lorsque ce fait se rapportera à la vie privée des personnes. »

La preuve de la vérité du fait ou la croyance en son existence, fondée sur des raisons sérieuses, entraînent la libération du prévenu, pourvu qu'il n'ait pas agi dans une intention injurieuse. Si cette intention est démontrée, l'inculpé est puni non pour diffamation, mais pour offense simple.

La responsabilité est celle du système belge : 1° auteur, 2° à son défaut, gérant, 3° à défaut de celui-ci, imprimeur et 4° colporteur.

Les propriétaires sont responsables des condamnations pécuniaires que le gérant ou l'auteur ne pourraient acquitter.

II. — La Constitution bulgare est du 16 avril 1879. Elle garantit la liberté de la presse et n'autorise ni impôt ni censure. Si l'auteur est connu et domicilié en Bulgarie, l'éditeur, l'imprimeur et le colporteur sont à l'abri de toute poursuite.

CHAPITRE XIV

La Turquie et l'Egypte.

Dans ces deux pays, le droit d'imprimer et de publier un journal ou tout autre écrit n'est que toléré. En Egypte, cependant, la presse possède quelques garanties inscrites dans le décret du 26 novembre 1881.

Ce décret ordonne le dépôt de tout journal ou imprimé à raison de cinq exemplaires.

Les journaux traitant de matières politiques, administratives ou religieuses sont soumis à une autorisation préalable.

Les écrits contraires à l'ordre public, à la morale et à la religion peuvent être saisis par la police.

Le Conseil des ministres a le droit de suspendre la publication d'un journal sans avertissement, pour des motifs politiques, administratifs ou religieux. Le ministre des affaires intérieures ne peut suspendre un journal pour les mêmes motifs qu'après deux avertissements.

Toute personne, nommée ou désignée dans un journal, a le droit de répondre. La réponse peut être cinq fois plus longue que l'article auquel elle se rapporte.

L'Etat s'est réservé le droit de faire insérer gratuitement, en tête d'un journal, les annonces et avis émanant du ministère de l'intérieur.

L'Egypte applique encore aujourd'hui le régime des avertissements et des suspensions, comme la Russie et la Turquie. Elle s'attribue un droit régalien sur la publication du journal, exige l'autorisation préalable et étend beaucoup plus que les lois d'Europe, la portée du droit de réponse.

TITRE II

DU RÉGIME DE LA PRESSE EN SUISSE

CHAPITRE PREMIER

La législation fédérale.

SECTION I. — LA CONSTITUTION FÉDÉRALE.

§ 1: *Historique.*

I. — La liberté de la presse n'eut pas à soutenir, en Suisse, des assauts aussi violents qu'en France. Elle s'introduisit chez nous peu à peu, tranquillement, sans secousse, et ne fut inscrite, dans la plus grande partie des constitutions cantonales, que lorsqu'elle était déjà plus ou moins passée dans les mœurs. La presse ne fut pas l'objet d'une disposition constitutionnelle prématurée. Elle bénéficia du mouvement progressiste auquel la Révolution ayait donné lieu, sans servir de prétexte à des violences, soit des gouvernants, soit des gouvernés.

II. — Le Pacte fédéral du 7 août 1815 ne confère à la Diète aucune attribution spéciale sur la presse. La Diète n'en prit pas moins sur elle d'encourager les gouvernements cantonaux à surveiller les feuilles périodiques et à sévir contre elles au besoin.

Le décret du 20 août 1816 recommande, à tous les Etats, au nom de la paix entre les Confédérés, de veiller à la protection des principes religieux et des opinions des différentes confessions dominantes et, à cet effet, de « contenir dans les bornes de la discrétion » les gazettes et feuilles périodiques. Les Etats étaient invités à réprimer et prévenir sévèrement les attaques contre les différents gouvernements suisses et étrangers, afin de ne leur donner « aucun sujet de plainte sur la tendance et le contenu des feuilles publiques. » (Recès, édit. orig., p. 319-320).

Sous cette forme, l'invitation ne satisfit pas longtemps la Diète helvétique, qui, le 3 septembre 1819, décidait, toujours au nom de la paix publique et du bien-être de la Confédération, « d'inviter de la manière la plus pressante tous les » Etats confédérés à prendre, en exécution de l'arrêté de la » Diète, du 20 août 1816, les mesures les plus convenables » pour empêcher qu'on n'imprime ou qu'on ne répande dans » des imprimés, brochures ou journaux, des articles injurieux » ou offensants contre l'une ou l'autre des deux confessions » chrétiennes. »

La sommation était brutale cette fois et devait produire ses effets. Il paraît cependant que ce décret de la Diète, ou du moins la façon dont il était observé, ne contenta pas complètement les grandes puissances, qui firent, à plusieurs reprises, des plaintes amères, allant jusqu'à la menace de la part de l'Autriche, sur l'indépendance de la presse suisse, principalement au sujet des réfugiés politiques. La Diète prit peur et, le 24 juillet 1823, décida que : « Tous les hauts Etats sont invités très instamment à prendre, de la manière qui sera jugée convenable, des mesures énergiques en vue de ce qui suit :

» 1º Qu'en traitant des relations extérieures dans les journaux, brochures et écrits périodiques, on évite avec soin tout ce qui blesserait les égards dus à des puissances qui sont en relations amicales avec la Suisse, ou leur fournirait des motifs à de justes plaintes ;

» 2º Qu'en prenant ces mesures on ait pour but, non seulement de punir, mais *surtout* de *prévenir* les contraventions. »

Il n'y avait pas à s'y tromper, c'était bien la censure que réclamait la Diète. Ce *conclusum* de 1823 fut confirmé chaque année jusqu'en 1829. Mais les restrictions à la liberté d'appréciation de la presse n'étaient pas en bonne odeur au sein de l'opinion publique, car, en 1828, soit la dernière année où fut confirmé le *conclusum* de 1823, un projet de résolution de la Diète, contre les abus de la presse au point de vue des affaires intérieures, ne rencontra pas d'écho et sombra devant la majorité hostile des députés.

III. — La révolution de 1830 éclate sur ces entrefaites et donne l'impulsion nécessaire à la réalisation de maints progrès. En Suisse, les réclamations portaient surtout sur le système d'élection des députés aux assemblées législatives. C'est, au fond, sur ce terrain que se fit la révision des constitutions cantonales. En 1830 et 1831, douze cantons de la Suisse, des plus grands et des plus importants, procédèrent à la révision de leur constitution et garantirent expressément la liberté de la presse. Ils prononcèrent en même temps l'abolition de la censure et des autres mesures préventives. Ces cantons étaient ceux de Zurich, Lucerne, Saint-Gall, Bâle-Campagne, Soleure, Argovie, Thurgovie, Schaffhouse, Vaud, Fribourg, Berne et Tessin. En lieu et place de la censure, ces cantons proclamèrent la répression des abus par des dispositions légales.

Dès lors, le principe de la liberté de la presse, considérée comme un puissant moyen politique d'éducation du peuple et comme une sérieuse garantie des droits de la nation, devait peu à peu envahir toutes les constitutions.

IV. — Le projet d'Acte fédéral révisé et modifié par la commission du 15 mars 1833, qui fut soumis à la Diète extraordinaire du mois de mai suivant, déclarait dans son article 32 :

« La presse est exclusivement du domaine de la législation cantonale ; la Confédération ne peut ni abolir, ni limiter la liberté de la presse, ni introduire la censure. »

C'était exclure la Confédération de toutes les questions qui se rattachent à la presse. Les cantons conservaient leur entière liberté sous ce rapport.

V. — En 1848, la commission de révision du Pacte fédéral de 1815 entendit un de ses membres proposer l'adoption de l'article 32 du projet de 1830. Cette opinion n'eut pas d'écho ; la commission estimait que la Confédération doit avoir le droit de veiller à la liberté de la presse dans toute l'étendue du territoire. En conséquence, la commission de la Diète rédigea l'article suivant : « La liberté de la presse est garantie. La législation cantonale prévoit les mesures nécessaires à la répression des abus. » La mention de l'interdiction de la censure fut écartée.

En Diète, Bâle-Campagne proposa la centralisation des lois sur la liberté de la presse, et cette proposition fut près de passer. Au deuxième débat, la Diète adopta deux amendements importants. Zurich proposa l'approbation des législations cantonales par le Conseil fédéral et Vaud l'attribution à la Confédération du droit d'édicter des prescriptions pénales pour réprimer les abus dirigés contre elle ou ses autorités.

L'article 45 de la Constitution fédérale de 1848 fut, en conséquence, ainsi conçu :

« La liberté de la presse est garantie.

» Toutefois, les lois cantonales statuent les mesures néces-

» saires à la répression des abus ; ces lois sont soumises à
» l'approbation du Conseil fédéral.

» La Confédération peut aussi statuer des peines pour ré-
» primer les abus dirigés contre elle ou ses autorités. »

VI. — Cet article de la Constitution de 1848 a passé tel
quel dans notre Constitution actuelle, du 29 mai 1874,
après rejet de tous les amendements proposés au sein des
commissions de révision des deux Conseils, soit en 1871,
soit en 1874. En 1871, M. Hornung, de Genève, par exemple,
avait envoyé à la commission du Conseil national une proposition tendant à ajouter à l'article 45 un paragraphe ainsi
conçu : « Les lois cantonales sur la presse ne peuvent contenir aucune disposition restrictive de la libre manifestation
des opinions, lorsqu'aucun droit individuel n'est lésé et
sous la réserve des dispositions du code pénal fédéral sur les
délits politiques commis par la voie de la presse. » M. Hornung voulait ouvrir la porte toute grande à l'expression de
n'importe quelle opinion politique, sociale ou religieuse qui
ne lésait pas un droit individuel.

Une autre proposition, de M. Jolissaint, conseiller national,
disait : « Les libertés de la presse, d'association et de réunion sont garanties.

» Il appartient à la législation fédérale de poser les principes protecteurs de ces libertés et de statuer les mesures nécessaires à la répression des abus.

» Tous les procès relatifs à cette répression seront soumis
au jury fédéral. »

Cette proposition tendait à l'unification des règles de droit,
sur la liberté de la presse entre autres. Elle eut soustrait au
pouvoir cantonal non-seulement l'incrimination des productions de la presse, les conditions de son existence, mais encore le jugement même des délits.

Ces deux propositions furent rejetées.

En 1874, l'article de la Constitution de 1848 ne subit aucun changement et ne donna lieu à aucune discussion de fond.

§ 2. *L'article 55 de la Constitution fédérale.*

I. — L'article 55 de la Constitution fédérale de 1874 garantit la liberté de la presse. Cette garantie s'étend à tout le territoire de la Confédération. La Constitution fédérale a succédé aux constitutions des cantons, et tandis qu'avant 1848 les cantons étaient tout et la Confédération rien, nous vivons aujourd'hui, jusqu'à un certain point, sous l'empire d'une idée tout à fait opposée.

La garantie de la liberté de la presse étant proclamée par la Constitution fédérale, il n'est plus au pouvoir des cantons de la reconnaître ou pas. Ils doivent l'accepter et en tolérer l'existence.

Que doit-on entendre par les mots « garantie de la liberté de la presse » ? Il est évident qu'il s'agit d'abord de la faculté d'exprimer librement sa pensée par le moyen de la presse, sous réserve d'être traduit devant les tribunaux si l'expression de ces opinions constituait un acte délictueux. Il est clair que la loi a bien entendu supprimer et empêcher la censure.

Quant à l'autorisation préalable par le gouvernement, le Conseil fédéral, à l'occasion d'un recours, disait : « Cette me-
» sure ne doit pas être envisagée dans le sens qu'elle investit
» le gouvernement du droit de refuser à un éditeur le moyen
» de s'occuper, pour des motifs de pur arbitraire et dans
» l'intention seulement d'entraver la publication de feuilles
» antipathiques. Il existe des raisons valables pour le main-
» tien de cette règle ; elles excluent l'idée d'une limitation de
» la liberté de la presse et reposent seulement sur la nécessité
» de mettre obstacle aux tentatives de ceux qui voudraient
» se faire un jeu de la loi au moyen d'une responsabilité fic-

» tive et sans portée réelle. » Il s'agit donc seulement d'empêcher l'intervention de bouc émissaire, d'homme de paille, de tête de Turc, etc.

A ce point de vue unique, la légitimité de cette mesure peut se démontrer, mais les dangers que présentent ce droit d'autorisation sont plus grands que ses avantages. Qui peut certifier que tel gouvernement ne s'inspirera que de l'idée d'entraver la création de fausses responsabilités ? Ce motif ne pourra-t-il pas abriter bien des arrières-pensées ?

A un autre point de vue, l'autorisation préalable est incompatible avec l'égalité des citoyens ; elle dérive du sentiment qui inspira la fameuse apostrophe : « Silence aux pauvres ! » Ne sera-t-on pas souvent tenté de considérer le pauvre diable qui cherche à gagner sa vie en créant un journal avec de petites ressources, comme un individu destiné à servir de plastron à d'autres.

En Suisse, du reste, cette mesure est, comme la censure, tombée en désuétude et dans l'oubli.

Mais le cautionnement ? Les auteurs (*Blumer*, *Rüttimann*) s'en réfèrent à la discussion de l'article 45 par la Diète et au rapport de la commission du Conseil des Etats sur une pétition d'un citoyen vaudois qui protestait auprès de l'Assemblée fédérale contre le maintien de cette mesure dans la législation vaudoise. Il en résulte de là qu'un cautionnement modéré n'est pas considéré par les autorités fédérales comme de nature à empêcher l'approbation d'une loi qui prescrirait une pareille mesure. La question n'a, du reste, plus qu'un intérêt théorique, vu que, dans aucun canton, le cautionnement n'est exigé de nos jours et ne le sera, croyons-nous, désormais, ce moyen de prévention étant tout à fait démodé. En tout cas, nous estimons que l'autorité fédérale, en présence des idées actuelles, ne devrait pas approuver une loi cantonale sanctionnant une mesure semblable qui, certainement, limite la liberté de la presse et, outre cela, met le plaignant qui s'attaque à la presse dans une situation privilégiée par rapport à tout autre plaignant.

Quant aux dépôt d'exemplaires ou à la déclaration du journal à l'office, il va sans dire que ces mesures ne sauraient servir de motif à un refus d'approbation par le Conseil fédéral.

La saisie préalable par la police est « un mal nécessaire auquel il faut parfois se résigner » disait M. Lasker au Parlement allemand. Les autorités fédérales autorisent la saisie préventive sous réserve que le tribunal compétent soit nanti immédiatement de la question et décide de la validité de la saisie administrative.

En ce qui concerne le timbre, les autorités fédérales se sont également prononcées dans le sens de la validité des dispositions qui le prescrivent pour autant qu'il n'empêche pas l'xercice de la presse. Cet impôt a totalement disparu des législations cantonales.

II. — Le nouvel Acte fédéral n'a pas complètement dépouillé les cantons, qui restent compétents pour édicter des mesures répressives contre les abus de de la presse. Est-ce à dire que la législation cantonale peut imaginer tel délit qui lui plaira, incriminer telle action selon son bon plaisir ? En second lieu, est-ce à dire que cette législation a le droit de réprimer comme elle l'entend les délits de presse, jusqu'à rendre l'exercice de la presse impossible parce qu'il serait trop dangereux ?

Nous ne le pensons pas. La liberté de la presse est garantie par la Confédération, cette garantie est supérieure à celle des constitutions cantonales. La Confédération s'est réservé l'appréciation des conditions de la liberté de la presse ; elle s'est attribué le droit de déterminer l'étendue de la garantie qu'elle proclame. Par conséquent, l'approbation de l'autorité fédérale ne sera pas obligatoire par le fait que telle loi cantonale ne renfermerait aucune mesure préventive; l'examen de la loi devra porter également sur la nature des délits qu'elle prévoit et sur les peines qu'elle ordonne. L'approbation du Conseil fédéral doit porter autant sur la répression, telle que l'impose la loi, que sur les mesures préventives permises, comme le dépôt, la déclaration. On nous dira ici que nous oublions que le droit pénal est resté du domaine cantonal et qu'autoriser la Confédération à refuser son approbation à telle loi sur la presse qui incriminerait un acte admis sans hésitation comme innocent et incapable de fonder une poursuite judiciaire, serait empiéter sur les compétences des cantons en matière de droit pénal.

Quant à nous, nous ne regardons pas le droit pénal cantonal comme une arche sacro-sainte à laquelle il est interdit de toucher. Le droit pénal doit suivre l'évolution que subit toute idée, toute création de la conscience et de la raison, comme toute chose. Il n'est pas admissible qu'un membre du corps fédératif puisse se refuser à consacrer les progrès réalisés dans le reste de l'Etat confédéral et se faire, par son apathie ou son opiniâtreté, le sabot du char tout entier.

La notion de la liberté de la presse n'est aucunement développée dans la Constitution fédérale. En 1848, cette notion se concevait de telle manière; en 1860, elle s'augmentait de nouvelles conquêtes; en 1887, la liberté de la presse formule des exigences plus grandes.

Autrefois la presse, au point de vue de la criminalité de ses actes, était à la remorque du code pénal, quand elle n'était pas soumise à des règles de droit plus sévères que celles du code.

Nous pensons qu'aujourd'hui la notion de la liberté de la presse doit être semblable dans toute la Confédération, qu'il est choquant de voir, précisément dans le domaine de l'expression de la pensée et des opinions, tel canton donner une large carrière à ces manifestations de l'activité intellectuelle, alors que tel autre en sera encore au régime de la compression et du silence obligatoire, surtout en matière de discussion philosophique, religieuse, politique et sociale.

La liberté de la presse telle que la garantit la Constitution fédérale constitue un principe supérieur aux règles des constitutions et législations cantonales, dans toutes ses conséquences et à tous les points de vue ; sous quelque rapport que ce soit, il ne doit être subordonné aux lois cantonales. La Confédération doit avoir sa conception propre de la liberté de la presse ; c'est à elle de déterminer, pour toute l'étendue de son territoire, les conditions qui rendent la presse indemne ou la condamnent. La manifestation des pensées et des opinions doit avoir une même limite dans toute la Confédération.

III. — A teneur de la Constitution de 1848, le Conseil fédéral invita les autorités cantonales à lui soumettre la loi sur la presse de leur canton et éventuellement les dispositions du code pénal sur la matière. Le dépouillement et l'examen des documents envoyés par les gouvernements cantonaux au Conseil fédéral donna lieu, en 1852, à un intéressant travail du département de Justice et Police, alors dirigé par H. Druey. Ce travail, très compliqué, groupe tous les cantons qui possèdent une même règle en matière de presse et mentionne chaque règle de droit pénal ou de procédure pénale en vigueur dans tel ou tel canton suisse.

Toutes les constitutions cantonales, à cette époque, soit en 1852, garantissaient la liberté de la presse, sauf celle d'Appenzell Rh. Int., pour la raison qu'aucune imprimerie n'existait dans le canton, et celle des Grisons, qui datait de 1814.

Les cantons d'Uri, Unterwald, Appenzell Rh. Int., Schwytz

et Zoug n'avaient aucune loi spéciale, ni dispositions pénales, ces deux derniers cantons appliquant les règles du code pénal de Lucerne.

Un deuxième groupe comprenait les cantons qui ne possédaient aucune loi spéciale, mais suivaient les règles de police et du code pénal, savoir: Zurich, (une loi du 26 mars 1846 contre les menées communistes, en vigueur jusqu'à l'adoption du code pénal de 1870); Glaris, (c. p. p.); Soleure, (c. civ.); Bâle-Ville, (c. corr.); Bâle-Campagne, (c. corr. et p.); Appenzell Rh. Ext., (loi sur la police des mœurs); St-Gall, (c. p.); Argovie, (c. corr. et loi judiciaire bernoise); Thurgovie, (c. p.); Genève, (c. p. français).

Enfin, une loi spéciale existait à Berne, Lucerne, Fribourg, Schaffhouse, Grisons, Tessin, Vaud et Neuchâtel. Presque toutes ces lois dataient de 1830 à 1840.

Druey examina ces lois spéciales et les dispositions du code pénal à plusieurs points de vue. Il entendait qu'il ne fût question ni de la censure, ni de mesures répressives; les lois cantonales ne devaient rien contenir de contraire à la Constitution fédérale, ni aux lois fédérales, ni aux concordats internationaux, ni aux constitutions cantonales; enfin il demandait que les mesures prises contre les abus fussent suffisantes. M. Simon Kaiser, dans son *Droit public suisse* estime que cette dernière exigence n'était pas légitime et nous pensons qu'il a raison. L'autorité fédérale peut et doit empêcher toute restriction aux libertés constitutionnelles, elle ne saurait en interdire l'extension au profit du peuple; elle a sa législation spéciale contre les attaques visant sa personnalité ou ses propres intérêts; mais tant que le droit pénal n'est pas centralisé entre ses mains, la Confédération ne peut s'opposer à une extension des libertés qu'elle proclame dans sa Constitution.

II. — La loi bernoise du 7 décembre 1852, approuvée par

le Conseil fédéral l'année suivante, fit l'objet d'une pétition demandant à l'Assemblée fédérale de retirer cette sanction vu l'incompatibilité qui existait entre certaines dispositions de la loi et de la constitution bernoise. Ainsi, en cas de concours de délits de presse, chacun était jugé et puni comme tel, séparément. Un autre article autorisait l'interdiction d'un journal publié dans un autre canton ou contenant des attaques contre le canton de Berne, ses autorités ou ses citoyens, aussi longtemps que l'éditeur n'aurait pas satisfait aux condamnations prononcées contre lui par un tribunal bernois. Cette disposition ne pouvait être tolérée en présence de la garantie fédérale accordée à la presse sur toute l'étendue de la Confédération.

L'article 41 reconnaissait au plaignant le droit de choisir entre tous les tribunaux dans la juridiction desquels l'écrit a été édité ou répandu.

En opposition à cette manière de voir, les autorités fédérales ont admis que le for est constitué par l'impression de l'écrit ou par le domicile du lésé.

L'Assemblée fédérale chargea le Conseil fédéral, par arrêté du 1er février 1854, de veiller à la suppression de ces articles de la loi bernoise et retira la sanction que cette dernière autorité avait accordée, par décret du 11 mars 1853, à cette loi, à l'exception de l'article 27 qui disait: « Il sera loisible à toute » personne offensée ou calomniée par la voie de la presse, de » renoncer à faire punir le coupable et de se contenter de la » réparation dont il est parlé à l'article 26. Cette réparation se » poursuit par la voie civile. » Quelle était cette réparation ? L'article 26 accordait à l'offensé le droit de renoncer à une satisfaction publique et d'attaquer l'offensant devant le juge civil en dommages-intérêts et en rétractation. C'était permettre la soustraction des délits de presse au jury qui, à teneur de la constitution bernoise, connaissait de tous ces délits. Il y avait donc incompatibilité avec la Constitution cantonale, disait le gouvernement bernois.

La loi du Tessin de 1834 donna lieu à de nombreuses observations du Conseil fédéral. Dans les questions religieuses ou philosophiques, les tribunaux étaient liés par le préavis de l'évêque; la loi autorisait la suppression d'un journal dont l'éditeur refusait une rectification après deux sommations; elle interdisait aux citoyens d'autres cantons le droit de publier un journal au Tessin.

Toutes ces dispositions furent signalées au gouvernement du canton pour être revues et modifiées.

III. — Il va sans dire qu'il peut être appelé des décisions du Conseil fédéral à l'Assemblée fédérale soit par les cantons, soit par les particuliers. Le Conseil fédéral peut de lui-même revenir de sa décision, s'il juge qu'elle n'est pas fondée, et retirer son approbation.

Il ressort du second alinéa de l'article 55 de la constitution de 1874 que c'est au Conseil fédéral ou, en dernière analyse, à l'Assemblée fédérale à préciser ce que la loi entend par le mot « abus. » Le droit des cantons est limité par l'obligation de soumettre leurs lois ou dispositions pénales sur la presse au Conseil fédéral. Il faut remarquer que chaque canton doit demander l'approbation du Conseil fédéral non seulement pour telle loi spéciale sur la presse, mais encore, et au même titre, pour les dispositions du code pénal qui sont applicables à la presse. Le Conseil fédéral, sur recours d'Edouard Glardon, de Fribourg, accusé d'un délit de presse commis dans le *Confédéré* et traduit devant le tribunal correctionnel, a reconnu, par arrêté du 3 juillet 1874, que la loi sur la presse de ce canton, du 3 mai 1854, défère ces délits aux assises, tandis que la loi du 29 mai 1869 sur les attributions des autorités judiciaires en matière pénale, qui abroge en partie celle du 3 mai 1854, ne défère plus ces délits exclusivement aux assises; il a constaté que ni la loi de 1869, ni le nouveau code pénal de 1874 n'avaient été soumis à l'approbation du Conseil fédéral à l'époque du recours, que « par conséquent, la législation antérieure du canton de Fribourg en matière de presse était encore en vigueur les 20 mars et 24 avril (jour du prononcé du tribunal correctionnel) 1874 et seule applicable au fait imputé à Glardon. » Le Conseil fédéral, dans cet arrêté, déclare expressément qu' « aucune loi ni disposition législative en matière de presse ne peut être appliquée en Suisse si cette approbation n'a pas été au préalable obtenue. »

On voit, par le contenu de cet arrêté, que l'abrogation formelle d'une loi ou d'une disposition pénale cantonales sur la presse est nulle et non avenue aux yeux de l'autorité fédérale, si les règles destinées à les remplacer n'ont pas été sanctionnées par le Conseil fédéral.

IV. — Le troisième alinéa de l'article 55 de la Constitution fédérale « autorise la Confédération à statuer des peines pour réprimer les abus dirigés contre elle. » Il est naturel de mettre la Confédération à même de poursuivre devant son propre tribunal les attaques malveillantes dont ses autorités peuvent être l'objet ou lorsque son intérêt est en jeu ; ce droit découle d'ailleurs de sa propre souveraineté, elle le possède indépendamment de toute disposition constitutionnelle spéciale.

SECTION II. — LE CODE PÉNAL FÉDÉRAL.

§ 1. — *La responsabilité pénale.*

I. — Le code pénal fédéral a été promulgué le 6 avril 1853 et est entré en vigueur le 1er mai de la même année. Il ne contient de règles spéciales à la presse qu'en ce qui concerne l'imputation des crimes et délits commis par ce moyen et la responsabilité pour les frais du procès et les dommages-intérêts. Ces règles se trouvent au titre VII, articles 69-72.

En cas de crime ou délit commis par le moyen de la presse, la responsabilité pénale tombe en première ligne sur l'auteur (art. 69). Il ne peut s'en décharger qu'en prouvant que la publication et la distribution ont eu lieu à son insu ou qu'il s'y est opposé. Si l'auteur ne peut être facilement découvert ou s'il n'est pas à portée de la justice fédérale, c'est l'éditeur qui supporte la responsabilité. La loi laisse toute latitude à l'office de ne pas se donner trop de tracas, si l'auteur se cache ; l'éditeur est là qui fournira volontiers le nom de l'auteur et l'indication de sa retraite, sans cela il doit assumer une responsabilité qu'il dépend de lui seul d'écarter. A défaut de l'éditeur, c'est le libraire qui est considéré comme coupable et en l'absence du libraire, c'est l'imprimeur.

II. — Le code pénal fédéral suit donc le système belge dit de la responsabilité par cascades. Il faut remarquer que ce régime n'est pas formulé avec la même précision que dans les lois belge ou italienne. On ne voit pas que la responsabilité soit exclusive ; on ne voit pas non plus que, par la poursuite d'un participant, comme auteur principal, les autres soient libérés non-seulement de la responsabilité de l'auteur mais encore de celle du complice que le code définit à son article 21, « celui qui facilite sciemment la perpétration d'un crime ou délit soit par des conseils, soit par des actes.... » Il faut cependant admettre la libération des participants par la poursuite d'un seul d'entre eux, *ipso facto*. La commission du Conseil des Etats qui rapporta, en 1853, sur la pétition demandant le retrait de la sanction acccordée à la loi bernoise sur la presse, disait : « Les crimes et délits commis par le moyen de la presse sont poursuivis d'après les principes du droit commun, qui ne souffrent qu'une modification, à savoir que lorsque plusieurs personnes ont participé à un délit de presse, *il suffit qu'une seule soit déclarée responsable....* »

L'éditeur ou le libraire répond subsidiairement des frais de procès et des dommages-intérêts en cas d'insolvabilité de l'auteur. « Il peut exercer un recours contre ce dernier, » la loi lui accorde formellement ce droit. Mais le libraire est-il au bénéfice de ce privilège contre l'éditeur? Le texte ne le dit pas, mais l'affirmative ne fait pas de doute; il n'y a pas de raison de faire bénéficier l'éditeur du fait qu'il est insolvable à tel moment plutôt qu'à tel autre.

L'article 71 autorise le juge à ordonner la publication du jugement aux frais du condamné. L'article 72 étend la portée des articles précédents aux délits commis par le moyen de la gravure, de la lithographie, etc.

§ 2. — *Diffamation et injure.*

Le code pénal fédéral ne contient pas de définition de l'injure ni de la diffamation. Il se borne à statuer une peine de 2000 fr. d'amende au maximum qui, dans les cas graves, peut être cumulée avec un emprisonnement de six mois au plus, contre celui qui diffame l'Assemblée fédérale ou l'une de ses sections, le Conseil fédéral, le Tribunal fédéral ou un de leurs membres, un représentant ou un commissaire fédéral, dans l'exercice de leurs fonctions ou à l'occasion de ces fonctions.

Les tribunaux ne sont nantis que sur la demande de l'autorité ou de la personne offensée.

§ 3. — *Compétence.*

I. — Les *assises fédérales* ont une compétence exclusive pour connaitre des crimes de presse d'une gravité exceptionnelle, tels que haute trahison envers la Confédération (articles 36-38 et 45), révolte et actes de violences envers les autorités fédérales (art. 46-50), crimes et délits contre le droit des gens (art. 39, 41-43) et crimes et délits politiques constituant la cause ou la conséquence de troubles qui ont amené une intervention armée de la Confédération (art. 52).

A teneur de l'article 48, la provocation publique par paroles, écrits ou images est, dans deux cas, punie comme le serait la tentative, lors même que la provocation est demeurée sans effet, savoir: 1º « en cas de participation à une entreprise ayant pour but, soit de renverser de vive force la Constitution fédérale, soit de chasser ou de dissoudre avec violence les autorités fédérales ou une partie d'entre elles » (article 45); 2º « en cas de participation à un attroupement et de manifestation, par des voies de fait, de l'intention de résister à une autorité fédérale, de l'obliger à prendre ou de l'empêcher de prendre une décision, ou de se venger d'un fonctionnaire fédéral ou d'un membre d'une autorité fédérale comme tel... » et « d'attroupement dans le but d'entraver l'exécution des lois fédérales ou les élections, les votations ou d'autres opérations qui doivent avoir lieu à teneur des lois fédérales. »

La poursuite et le jugement des autres crimes et délits prévus par le code pénal fédéral sont renvoyés, dans la règle, aux tribunaux cantonaux. Toutefois, le Conseil fédéral reste libre de les poursuivre devant les assises fédérales, d'après la procédure fédérale. Dans tous ces cas, le code pénal fédéral est toujours applicable.

L'article 4 de la loi sur la procédure pénale fédérale de 1851 dit qu'en cas de délits politiques, la poursuite ne peut être commencée que sur une décision du Conseil fédéral; ainsi, en cas d'acte contraire au droit des gens (article 41), d'outrage public envers une autre nation ou son souverain et envers le représentant d'une puissance étrangère (articles 42 et 43)..

SECTION III. — LA JURISPRUDENCE DU CONSEIL FÉDÉRAL.

I. — Nous croyons qu'il n'existe qu'un seul cas, jusqu'ici, où le Conseil fédéral ait déféré aux assises fédérales l'auteur d'un article de journal, c'est l'affaire Brousse, jugée le 15 avril 1879. Paul Brousse fut renvoyé devant les assises fédérales, siégeant à Neuchâtel sous la présidence de M. Roguin, juge fédéral, comme coupable « d'avoir commis avec dol un acte contraire au droit des gens en provoquant ou excitant publiquement à commettre l'assassinat de rois et magistrats d'Etats étrangers à la Suisse, » donc en vertu de l'article 41 du code pénal fédéral. L'accusé fut reconnu coupable et condamné à 2 mois de prison, au bannissement et aux frais.

Le Conseil fédéral aurait pu agir de la même façon à l'égard de H.-J. Gehlsen, en 1879. Ce réfugié allemand avait publié dans la *Tagwacht* de Zurich, organe du parti socialiste suisse, un article où il tournait en dérision la politique de « tranquille agitation » préconisée par la rédaction de ce journal et se réjouissait du moment où le peuple, aigri par la fin de non-recevoir opposée à ses vœux par les hommes d'Etat allemands, « échangera, dans sa légitime colère, la plume sup- » pliante contre les armes et — frappera ferme. » Il ajoutait : « c'est seulement ainsi que le nœud pourra être dénoué et » plus tôt cela aura lieu, mieux cela sera... »

Le Conseil fédéral préféra faire usage des articles 70 et 102, chiffres 8, 9, 10 de la Constitution fédérale consacrant pour la Confédération le droit de renvoyer de son territoire les étrangers qui compromettent la sûreté intérieure et extérieure de la Suisse. L'Assemblée fédérale, sur recours de Gehlsen, se prononça dans le même sens que le Conseil fédéral.

II. — Il est à remarquer que le principe de la liberté de la presse se subordonnera quelquefois à celui de la liberté de conscience. C'est encore un des inconvénients de l'absence d'un régime général et précis pour la presse, applicable à toute la Confédération ; c'est une conséquence fâcheuse du fait que la notion de la liberté de la presse au point de vue de ce qui est permis et de ce qui ne l'est pas ou, si l'on veut, de l'incrimination des actes de la presse n'existe pas dans la conception de l'article 55 de la Constitution fédérale.

En matière de croyances. certains cantons appliquent les règles de leur code pénal sur les attaques et outrages à la religion, aux dogmes, etc. d'une manière très sévère, si rude qu'ils en viendraient à supprimer la discussion de ces questions. Qu'arrive-t-il ? Le condamné recourt au Conseil fédéral ou encore, le cas échéant, à l'Assemblée fédérale, qui estiment que l'article du code pénal cantonal sur lequel s'est appuyé le tribunal a été interprété suivant une opinion incompatible avec la liberté de conscience telle que la garantit la Constitution fédérale et par suite admettent le recours. La tendance des autorités fédérales étant beaucoup plus large que celle de tel canton, en raison même de leur situation plus élevée, l'application des règles d'un code pénal aboutira presque certainement à ce résultat, surtout dans les cas peu graves.

Une affaire de ce genre est celle de la communauté catholique romaine de Bâle contre le Dr Wackernagel, rédacteur des *Basler-Nachrichten*. Elle est encore présente à tous les esprits. Le Dr Wittstock, professeur en Saxe, avait mis ses vacances à profit pour faire un voyage de plaisir en Autriche. Les *Basler-Nachrichten* publièrent les lettres où le Dr W. racontait ses impressions de touriste. La communauté catholique romaine de Bâle vit, dans quelques passages de ces lettres, des attaques et des outrages à certains usages de l'Eglise catholique, tel que le culte des reliques de Sainte-Eulalie, etc. et demanda la condamnation des *Basler-Nachrichten*, soit de leurs rédacteurs, en se basant sur l'article du code pénal bâlois qui punit de tels délits. Le Dr Wackernagel fut déclaré responsable de la publication de ces joyeuses lettres; il se défendit dans un savant plaidoyer, mais n'en fut pas moins condamné à trois jours de prison. Appel et confirmation de la condamnation. C'est alors qu'il se décida à porter deux recours aux autorités fédérales, l'un au Conseil fédéral pour violation de la garantie de la liberté de conscience, et l'autre au Tribunal fédéral pour violation de la garantie accordée à la liberté de la presse. Le Conseil fédéral estima que les plaisanteries contenues dans ces lettres avaient trop peu d'importance pour qu'on pût y voir un danger pour la paix entre les communautés religieuses, danger qui seul peut fonder une poursuite, à teneur de l'article 50. Il admit donc le recours en déclarant que, pour ce faire, il se basait essentiellement sur les décisions de l'Assemblée fédérale dans l'affaire Dupré[1] et dans l'affaire Python[2]. Le Conseil fédéral ne se mettait pas en frais de discussion juridique, ni de considérants et, malgré l'avis contraire du Département directement intéressé, préférait baser son prononcé sur les antécédents créés par l'Assemblée fédérale, ce qui est incontestablement plus commode.

SECTION IV. — LA JURISPRUDENCE DU TRIBUNAL FÉDÉRAL.

Les recours de droit public pour violation de droits constitutionnels des citoyens doivent être adressés, suivant l'article 113, alinéa 3, de la Constitution fédérale, au Tribunal fédéral. Le *Recueil officiel des arrêts* contient une douzaine de jugements rendus depuis 1875 sur des questions de presse.

[1] Recours en vertu de l'article 49, contre une sentence pénale fribourgeoise, que le Conseil fédéral déclarait non fondé et que l'Assemblée fédérale admit, bien à tort, selon nous.

[2] Même recours, à l'occasion d'un article quelque peu gai paru dans le *Confédéré* de Fribourg, sur l'efficacité d'une médaille religieuse, admis par le Conseil fédéral.

1. — Le Tribunal fédéral a toujours plutôt restreint sa compétence qu'il n'a cherché à l'étendre au préjudice des cantons. En matière de presse, particulièrement, il évite avec soin l'interprétation des dispositions des lois cantonales et se borne à corriger la fausse application que les tribunaux font de ces dispositions. Tout ce qui est interprétation, analyse et explication d'un texte ambigu et obscur, est laissé de côté par le Tribunal fédéral qui s'en remet au jugement des autorités cantonales. Il tend à n'intervenir qu'en cas d'application évidemment fausse et contraire à la liberté de la presse, de textes clairs, ni vagues, ni équivoques et ne pouvant être interprétés juridiquement de deux façons différentes. La nuance qui sépare ces deux idées d'application et d'interprétation variera d'intensité dans chaque cas particulier, suivant le côté sous lequel il se présente ; ce ne sont pas des idées précises, absolues, elles dépendent essentiellement des faits. — Telle est la manière dont le Tribunal fédéral envisage sa compétence, en matière d'attaques personnelles au moins, car nous verrons plus loin qu'en d'autres matières il n'est pas si résolu et ne semble pas avoir une ligne de conduite bien claire et précise.

Dans la cause Bertrand, du 22 octobre 1880, le Tribunal pose un premier considérant en ces termes : « Ainsi que » l'ont décidé plusieurs arrêts antérieurs (Voir arrêts du Tri- » bunal fédéral en les causes *Stucky*, 3 juin 1876, Rec. off. II, » 196 ; *Soldini* et *Veladini*, 19 décembre 1879 ; *Simen* et *Ma-* » *riotta* 18 juin 1880, Rec. VI, page 163 et suiv.), il est du droit » et en même temps du devoir du Tribunal fédéral d'exami- » ner si les jugements cantonaux dont est recours ont été » rendus en conformité des lois cantonales destinées à répri- » mer les abus commis par la voie de la presse, et d'annuler, » le cas échéant, les dits jugements, si, par une fausse appli

» cation de la loi, il a été porté atteinte à la garantie inscrite
» dans la Constitution. »

Un développement encore plus complet de cette manière
de voir est donné dans un considérant de l'arrêt contre les
frères Triner, du 8 juillet 1882. (Rec. off. VIII, n° 58) : « Le Tri-
» bunal fédéral a déjà maintes fois admis qu'il est de son droit
» et de son devoir d'examiner si, dans chaque cas particulier
» et par une fausse application de la loi cantonale, un juge-
» ment d'un tribunal cantonal porte atteinte au principe de
» la liberté de la presse. Il est cependant bien entendu que le
» Tribunal fédéral n'est pas autorisé à rechercher si les tribu-
» naux cantonaux ont interprété et appliqué bien ou mal, en
» soi, les règles du droit cantonal, spécialement si, dans cha-
» que cas, ils ont admis à bon droit ou non, à l'occasion d'un
» produit déterminé de la presse, un état de fait du délit d'ou-
» trage au point de vue objectif ou subjectif, mais qu'il est
» fondé à s'occuper de la question de savoir s'ils ont porté
» atteinte au principe de la liberté de la presse, c'est-à-dire
» s'ils ont déclaré punissable la manifestation d'une pensée
» évidemment justifiée, qui ne renferme aucune violation
» d'un principe juridique (*Rechtsgut*). »

Ainsi en cas d'injures, par exemple, le Tribunal fédéral estime qu'il n'est pas de sa compétence d'examiner la question
de savoir si le juge cantonal a bien ou mal interprété les articles du code pénal et s'il les a bien appliqués à l'état de fait
qu'il considère comme constituant le délit d'injure. La sentence du juge cantonal prononçant que le délit d'injure apparaît dans la publication d'un article de journal est définitive
aux yeux du Tribunal fédéral, qui, prenant la question au
point de vue supérieur de la garantie des droits constitutionnels, se borne à rechercher si le jugement cantonal lèse le
principe de la liberté de la presse.

II. — On est fondé à se demander comment le Tribunal

fédéral peut être le défenseur du principe de la liberté de la presse tout en s'estimant lié par l'application que le juge a faite de la loi cantonale à un certain état de fait? De quelle manière cette autorité arrive-t-elle à concilier une de ces idées avec l'autre? Il semble que cela ne peut avoir lieu qu'au détriment soit du code pénal, soit de la liberté de la presse telle que notre époque doit la comprendre, c'est-à-dire non seulement du droit d'écrire tout ce que l'on dit impunément, mais encore du droit de discuter les grands principes des sciences politiques, philosophiques et sociales, et l'application qui en est faite ou à laquelle chaque individu désire que l'on arrive? Voilà pour le fond. Quant à la forme, nous réclamons le droit de la choisir telle que cela convient à notre esprit, à notre caractère, à notre plume, pourvu que notre langage ne vienne pas à blesser les sentiments de pudeur qui distinguent l'homme de la bête. Aimons-nous l'apostrophe virulente, aux expressions énergiques même dans leur forme? laissez-nous employer notre plume selon notre tempérament. Préférons-nous la fine lame de l'ironie élégante et sceptique ou le tranchant de la raillerie amère dans sa sincérité? laissez-nous nous servir des armes que nous connaissons le mieux et qui nous paraissent les plus propres à faire pénétrer nos idées dans l'esprit de ceux qui nous lisent. [1]

En Suisse, par exemple, quel spectacle nous donnent les règles juridiques en usage dans les divers cantons, surtout — et c'est à ce seul point de vue que nous en parlons ici — dans le domaine de l'expression de la pensée, domaine cosmopolite, s'il en est un, où l'intelligence règne en souveraine et semble susceptible partout du même traitement Il n'en est cependant pas ainsi et suivant le pays, suivant le tribunal,

---

[1] Voir recours Niggeler, aff. Wackernagel, p. 179 in fine et 180.

telle opinion sera punissable ou pas, telle expression donnera lieu à des poursuites ou sera considérée comme inoffensive. Cela nous semble choquant. Voilà pourquoi nous aimerions à voir le principe de l'article 55 de la Constitution fédérale être l'objet d'une *appréciation personnelle* de la Confédération, si l'on nous permet cette expression, indépendante des limites qu'il pourrait plaire aux cantons de lui poser au moyen de dispositions pénales appliquant telle qualification à tel fait. Il s'agit de savoir qui des deux est le plus fort, du code pénal cantonal ou du principe de la liberté de la presse inscrit à l'article 55 de la Constitution fédérale et entendu comme nous venons de l'exprimer. Nous sommes pour la supériorité du principe constitutionnel que nous voudrions voir appliquer dans toutes ses conséquences.

III. — Nous disions tout à l'heure qu'il est difficile de comprendre comment le Tribunal fédéral peut être un efficace protecteur de la liberté de la presse s'il se considère comme lié par l'interprétation de la loi cantonale, telle qu'elle ressort du jugement. Or ceci n'est guère possible; le Tribunal fédéral est nécessairement forcé de prendre en considération l'état de fait tel qu'il résulte de la publication. Mais il invoque une notion à laquelle il attribue une importance capitale, celle de la *culpabilité objective* de l'acte. En cas d'injures, le tribunal examine si le terme employé est coupable en soi, renferme une offense ou un outrage en soi, c'est-à-dire indépendamment de l'intention de celui qui en a fait usage ou des circonstances au milieu desquelles il a été prononcé. Supposons un journal appelant un individu « voleur » ou « coquin: » le tribunal de première instance admet qu'il y a injure et le Tribunal fédéral partagera cette opinion parce que l'expression est blessante en soi. Supposons, d'autre part, le cas où l'expression employée possède un sens équivoque: le Tribunal fédéral se considérera également comme lié par l'interprétation du tribunal de première instance. Si, par exemple, le procès roule sur la portée offensante ou non du mot « hérétique, » et que le tribunal de Schwytz reconnaisse une injure dans l'emploi de ce mot, le Tribunal fédéral écartera le recours de celui qui, pour toute défense, soutiendrait que ce terme n'a rien d'offensant en soi. Et pendant ce temps, à Génève, à Neuchâtel, ce mot « hérétique » ne sera nullement considéré comme constituant par lui-même une injure.

IV. — Un arrêt intéressant pour l'étude de la compétence que se reconnaît le Tribunal fédéral est celui qui fut rendu le 8 juillet 1882 dans la cause des frères Triner (Rec. off. VIII, p. 403). En 1880 parut dans un numéro de la *Schwyzer Zeitung* un article signé *Allerseelentag*, où l'auteur, après s'être demandé qui console la douleur de ceux que l'homme laisse en mourant sur la terre, répondait : « La foi dans le sentiment qu'ils se reverront au delà de la tombe. Se revoir ? Sera-ce momentanément ou bien pour l'éternité ? Ce sera, pour un moment, devant un juge impartial. » Un autre journal, le *Boten der Urschweiz* répondit à cette profession de foi, dans un article qui parut sous le titre « Mauvaise presse » et dans lequel l'auteur protestait « contre la phrase hérétique et anti-catholique de la *Schwyzer Zeitung* et la « négation impudente » (*freche Ableugnung*) du dogme catholique d'un revoir éternel ; l'article se terminait ainsi : « Est-ce imbécillité, est-ce manque d'instruction ou impiété déguisée sous le manteau de l'hypocrisie ? qu'il en soit comme on voudra, nous n'apprécions pas » et plus loin : « Mais à toi, père de famille catholique, nous adressons cette exhortation à la vigilance : loin de toi et de ta famille une feuille semblable ! »

Le chanoine Dr Reichlin, de Schwytz, se reçonnut l'auteur de l'article de la *Schwyzer Zeitung*. Portant plainte contre les frères Triner, imprimeur et éditeur du *Boten der Urschweiz*, il les fit condamner pour injure par le tribunal de première

instance et cette sentence fut confirmée par le tribunal d'ap-
Recours des frères Triner au Tribunal fédéral qui, après
avoir constaté que les recourants se fondaient non pas sur
le fait que le tribunal « a appliqué une règle spéciale de
» droit, limitant l'expression de la pensée par la presse et
» incompatible avec le principe que la communication des
» idées par la presse doit être libre à l'égal de celle par la pa-
» role, » mais bien sur le fait que, par son jugement, le tribunal « a appliqué d'une manière incorrecte et contraire au
» principe constitutionnel les règles du droit commun parfai-
» tement compatibles avec la garantie constitutionnelle de la
» liberté de la presse » indique sa manière d'envisager la
question de sa compétence dans un considérant que nous
avons déjà reproduit plus haut, et ajoute :

« Ceci admis, on ne peut constater une violation de la Con-
» stitution dans le jugement incriminé, quand bien même, en
» se plaçant au point de vue de l'application correcte des rè-
» gles du droit pénal cantonal, on pourrait concevoir des dou-
» tes sérieux contre le bien fondé de ce jugement et de ses
» considérants. Il est en fait hors de doute que, si les recou-
» rants avaient été condamnés uniquement parce qu'ils au-
» raient prétendu, dans l'article incriminé, que l'article *Aller-*
» *seelentag* de la *Schwyzer Zeitung* contient une phrase op-
» posée au dogme catholique, il y aurait là, en tout cas, une
» violation capitale du droit de libre communication des
» idées par la presse. Car il est clair qu'on doit laisser pleine
» liberté à la discussion de faits et à l'examen des doctrines
» religieuses exprimées par autrui, qu'elles soient en harmo-
» nie avec les dogmes de telle église ou qu'elles envisagent
» les bases scientifiques de cette Eglise, et il est évident qu'il
» ne peut être question de violation de droits par la publica-
» tion d'écrits qui renferment de telles discussions de fait. »
Le juge n'a pas à apprécier les conclusions de semblables

discussions, et doit uniquement s'attacher à maintenir le droit de s'y livrer à tel ou tel point de vue. « Or dans le cas
» particulier, les recourants n'ont pas été condamnés seule-
» ment parce qu'ils ont prétendu, en employant les expres-
» sions incriminées, que la *Schwyzer Zeitung* contient une
» phrase anti-catholique, mais on doit bien plutôt admettre
» qu'ils l'ont été, en première ligne, à cause de la forme bles-
» sante de ces expressions. A ce point de vue, on ne peut
» parler ici d'une violation de la Constitution. Car il va de soi
» que dans une attaque contre l'opinion d'autrui, la forme de
» cette attaque peut constituer un outrage moral injustifié à
» l'égard de la personne visée et par conséquent une atteinte
» à l'honneur, et que s'il est admis par les tribunaux canto-
» naux qu'effectivement tel est le cas dans la cause, cette
» manière de voir ne peut pas être combattue comme non
» fondée. Si, en effet, l'on envisage les expressions incrimi-
» nées, en les rapprochant du reste de l'article du *Boten der*
» *Urschweiz*, ce à quoi on est autorisé sans nul doute, il est
» assurément possible, par exemple dans le reproche de *fre-*
» *cher Ableugnung* du dogme catholique, de distinguer un
» reproche visant la personnalité morale, et cette manière de
» juger, des tribunaux cantonaux, n'est pas en contradiction
» avec le principe de la liberté de la presse, puisqu'il ne
» viendra à personne l'idée de dire que par l'admission de
» cette opinion, il a été porté atteinte, en violation de la garan-
» tie constitutionnelle, à la faculté d'exprimer une pensée jus-
» tifiée et licite à laquelle on ne peut faire le reproche de
» léser le droit d'autrui.

» L'opinion exprimée dans le jugement dont est recours,
» que les expressions incriminées sont offensantes en soi
« (*objektiv*), n'est ainsi nullement contraire à la Constitution. »

On voit clairement par la lecture de cet arrêt, dont nous citons les passages principaux, que le Tribunal fédéral n'entend nullement s'arroger le droit de déterminer le caractère d'un certain état de fait, alors même qu'il prêterait à des opinions diamétralement opposées. Si le Tribunal cantonal admet l'objectivité offensante d'une expression et punit celui qui l'a proférée, le Tribunal fédéral déclare qu'il considère ce prononcé comme correct devant la loi pénale, pour autant que lui-même, Tribunal fédéral, reconnaît que le terme employé est offensant en soi. Mais si je traite de « brave homme » un individu qui, s'estimant insulté par cette expression, porte plainte? L'insulte n'est pas contenue dans le mot en lui-même; elle existera ou non suivant le ton général de l'article, qui lui donnera ainsi son caractère. Que fera le tribunal? Si le Tribunal cantonal me condamne pour injure, quand même il ressort du ton général de l'article que je n'ai pas employé cette expression dans un sens injurieux, il sera difficile au Tribunal fédéral de venir me dire que mon expression est objectivement offensante; l'autorité fédérale sera bien forcée d'entrer dans l'examen de l'état de fait, sous peine de consacrer une violation formelle de la liberté de la presse.

V. — Voyons du reste un peu si le Tribunal fédéral conserve toujours ce point de vue.

En 1875, un nommé Stucky distribuait dans le canton de Berne une brochure intitulée « Une parole de défense ou de réponse aux questions relatives à l'enseignement de l'Eglise de Jésus-Christ chez les saints du dernier jour, par Thomas Eyring. » Cette brochure s'attachait à démontrer la légitimité de la polygamie aux yeux de l'Evangile, prétendant que non seulement Dieu permet la polygamie, mais même l'ordonne, sous certaines conditions; elle combattait de ce chef le reproche fait aux mormons de propager l'immoralité, puisque la Bible montre les patriarches et les rois cultivant la polygamie sur une assez grande échelle, et enfin faisait remarquer qu'il est sévèrement interdit aux mormons, de par leurs lois ecclésiastiques, d'avoir plus d'une femme en dehors de l'Utah, sous peine, pour celui qui contrevient à cette défense, d'être exclu de la communauté.

Un gendarme dresse procès-verbal contre Stucky qui se voit condamner par le juge de Signau, en vertu de l'article 101 du code pénal bernois, à 50 fr. d'amende et à la confiscation des brochures qui lui restaient. Stucky recourt au tribunal de police qui confirme la première sentence en se basant, entre autres, sur le fait que l'écrit en question doit être considéré comme licencieux dans le sens de l'article 161 du code pénal, vu que:

a) cet écrit cherche à prouver que la polygamie est non seulement admise par Dieu, mais encore pour ainsi dire commandée par lui sous certaines conditions,

b) la polygamie est considérée par tous les états chrétiens et civilisés comme immorale et perturbatrice de l'ordre public et de la famille.

Stucky recourt au Tribunal fédéral pour violation de l'article 55 de la Constitution fédérale et de l'article 49 qui garantit la liberté de conscience. Sur ce dernier point le recours n'était pas à son adresse, puisque le Conseil fédéral est seul compétent dans ces questions de liberté de conscience et de croyance.

Le Tribunal fédéral, après avoir reconnu sa compétence quant au recours pour violation de l'article 55, remarque que les cantons sont libres d'abandonner la répression des délits de presse au droit commun et de les juger d'après les règles qu'il proclame.

« 3. Mais du fait que les dispositions concernant les abus
» de la presse sont du domaine de la législation cantonale et
» que les cantons sont sans contredit, souverains en matière
» pénale, il ne s'en suit nullement que l'appréciation de la
» question de savoir si une action commise par le moyen de

» la presse doit être tenue pour punissable d'après le droit
» pénal du canton, repose tout entière dans les mains des
» tribunaux cantonaux. Bien au contraire il est évident que
» puisque la liberté de la presse est un droit garanti par la
» Constitution, *les autorités fédérales ont le droit de sou-*
» *mettre à leur examen, dans chaque cas, l'application et*
» *l'interprétation des règles pénales cantonales et d'inter-*
» *venir à l'occasion d'un jugement pénal qui viole réellement*
» *la liberté de la presse ensuite d'une fausse application de*
» *ces dispositions.* [1]

Il est intéressant ici de rappeler le passage de l'arrêt contre
les frères Triner, du 8 juillet 1882, où le Tribunal fédéral déclare dans son 3me considérant : *Mais il reste toujours bien*
entendu que le Tribunal fédéral n'est pas autorisé à recher-
cher si les tribunaux cantonaux ont interprété ou appliqué
correctement ou pas les dispositions du droit cantonal en
soi » et plus loin, *in fine*, « c'est ce qui ressort nécessairement de la position du Tribunal fédéral qui doit veiller, *comme*
cour de droit public seulement, à la défense des principes
constitutionnels, tandis qu'au contraire *il n'est en aucune ma-*
nière appelé à examiner, comme cour d'appel et de cassation,
la justesse de l'application du droit cantonal. » [2]

[1] Allein daraus, dass die Bestimmungen über den Missbrauch der
Presse der Kantonalgesetzgebung anheimfallen und die Kantone be-
kanntermassen in Strafsachen souverain sind, folgt keineswegs, dass
auch die Beurtheilung der Frage, ob eine Handlung, welche durch das
Mittel der Presse begangen worden ist, nach der Strafgesetzgebung
eines Kantons als strafbar zu bezahlen sei, ganz in den Händen der
kantonalen Gerichte liege. Vielmehr ist klar, dass, da die Pressfreiheit
ein durch die Bundesverfassung gewährleistetes Recht ist, *den Bundes-*
behörden das Recht zusteht, die Anwendung und Auslegung der kantonalen
Strafbestimmungen im einzelnen Falle einer Prüfung zu unterziehen und
gegen Straferkenntnisse einzuschreiten, welche in Folge unrichtiger Anwen-
dung jener Bestimmungen die Pressfreiheit wirklich verletzen.

[2] Nun hat das Bundesgericht allerdings schon mehrfach ausgespro-
chen, dass es berechtigt und verpflichtet sei, zu prüfen, ob durch ein
kantonales Urtheil infolge unrichtiger Anwendung des kantonalen allge-
meinen Rechtes der Grundsatz der Pressfreiheit im Einzelfalle verletzt

Ainsi, dans un cas d'injure, le Tribunal fédéral se refuse à examiner l'interprétation ou l'application des dispositions du droit cantonal par les tribunaux, et, dans un cas de publication d'écrits licencieux, il maintient énergiquement son droit de « soumettre à son examen l'application et l'interprétation » des règles pénales cantonales » et d'intervenir en cas de fausse application de ces dispositions.

Au surplus, voyons comment il use de son droit de rectifier la fausse application de la loi par les tribunaux cantonaux. Nous traduisons les considérants 4 et 5 de l'arrêt Stucky.

« L'article 161 du code pénal bernois sur lequel se fonde le
» jugement dont est recours, punit d'amende et de prison ce-
» lui qui compose ou publie des écrits, chansons ou images
» licencieux. On ne peut évidemment comprendre sous la
» désignation d'écrits licencieux dans le sens de l'article de
» la loi..... que les productions de la presse, immorales ou
» blessant la pudeur, qui ont pour but de répandre l'immora-
» lité dans le peuple. En revanche, la justification et la dé-
» fense d'une action punie par le droit positif ne suffit nulle-
» ment pour taxer l'écrit de licencieux dans le sens de la loi,
» comme au reste cela ressort encore de l'article 100 du
» code pénal bernois qui, en conformité des législations pé-
» nales d'autres pays, ne considère comme crime que la pro-
» vocation formelle à la commission d'un acte punissable.

» 5. En présence de ces principes, seuls compatibles soit

werde. Allein es muss doch, auch von diesem Standpunkte aus, immerhin festgehalten werden, dass *das Bundesgericht nicht befügt ist, zu untersuchen, ob die kantonalen Gerichte die Bestimmungen des kantonalen Rechtes an sich richtig oder unrichtig ausgelegt und angewendet haben.....* sondern vom Bundesgerichte nur zu prüfen ist, ob grundsätzlich gegen die Freiheit der Meinungsäusserung durch die Presse verstossen bezw. eine offenbar berechtigte, kein Rechtsgut verletzende Meinungsäusserung als unerlaubt reprobirt worden sei. Dies folgt mit Nothwendigkeit aus der Stellung des Bundesgerichtes, welches lediglich *als Staatsgerichtshof* über die Wahrung des verfassungsmässigen Grundsatzes zu wachen hat, dagegen in keiner Weise berufen ist, *als Appellations- oder Kassationsgericht* die Richtigkeit der Anwendung des kantonalen Rechtes durch die kantonalen Gerichte zu prüfen.

» avec la liberté de la presse telle qu'elle est garantie, soit
» avec la législation d'autres pays qui protègent cette liberté,
» le jugement du tribunal de police bernois ne peut être
» maintenu. Car la brochure de Stucky ne contient ni une
» provocation ni même une excitation à la commission d'un
» acte punissable (polygamie), mais elle déclare expressément
» qu'il est sévèrement interdit aux membres de la secte des
» Mormons d'avoir plus d'une femme en dehors du territoire
» de l'Utah et que ceux-ci n'ont que le désir à tous les points
» de vue de se conformer aux lois des pays où ils demeu-
» rent ; — cette brochure ne peut être considérée comme
» licencieuse, c'est-à-dire immorale et blessant la pudeur.
» Quand elle entreprend de justifier et de défendre la poly-
» gamie comme article de foi des Mormons, elle est sans
» doute en opposition avec le principe moral et national de
» la monogamie ; mais interdire comme licencieux et punir
» la publication de cet écrit par cela seul et sans que la sécu-
» rité de l'Etat ou de la moralité publique soit lésée, serait
» rendre, sans nul doute, la liberté de la presse illusoire. Ce
» n'est pas dans un châtiment que l'on trouvera le remède
» efficace et convenable contre des produits de presse de ce
» genre, mais seulement en éclairant le peuple, remède à
» l'application duquel la presse pourra de nouveau servir. »

Confiant dans le résultat de cette cure, le Tribunal fédéral
a admis le recours de Stucky.

Nous partageons absolument sa manière d'envisager, dans
ce cas particulier, les droits accordés à la presse par la garantie de sa liberté. Si nous avons cité tout au long cet
arrêt, souvent invoqué en matière de contestations de presse,
c'est afin de montrer que le Tribunal fédéral ne s'est pas
fait faute d'interpréter un texte de loi cantonale et de substi-
tuer à l'interprétation du tribunal bernois la sienne propre.
Le Tribunal a refusé, au nom de la liberté de la presse, de

souscrire à l'opinion que le juge bernois s'était faite du caractère de l'écrit qualifié licencieux par le code pénal bernois;
pourquoi n'en ferait-il pas autant quand il s'agit de savoir
si telle parole, telle phrase est une injure et pourquoi re-
fuse-t-il d'examiner lui-même les circonstances de fait qui
donnent à l'acte incriminé son caractère délictueux ?

VI. — C'est ainsi encore qu'il a écarté le recours d'un
journaliste qui, pour avoir eu le malheur de commettre un
mot pittoresque en parlant non point d'une personne, d'un
individu, mais d'une institution politique, s'est vu condamné
pour outrage envers l'autorité suprême du canton, parce que
ce canton a le bonheur de posséder un code pénal qui permet
de punir même un hochement de tête à l'adresse de telle ou
telle manifestation du gouvernement ou de l'Etat!

En février 1885, le journal le *Volksfreund* d'Uri a publié une
correspondance relative à un projet de loi sur la landsgemeinde.

L'auteur de l'article cherchait à démontrer que cette institution fausse la volonté populaire en privilégiant les ha-
bitants de la partie du canton où la landsgemeinde s'assemble.
Il parlait en outre de cette institution en termes fort peu res-
pectueux, disant qu'il en souhaitait la mort et la comparant à
une « vieille dame hystérique » qu'on voudrait affubler d'un
costume à la mode.

Emu de cet article, le gouvernement du canton d'Uri a
porté plainte contre l'éditeur du *Volksfreund* d'Uri, Edouard
Stadlin, lequel a été condamné le 6 juillet 1885 par le tribunal du district d'Altorf à une amende de 87 fr. 91 (50 florins)
pour outrages et injures envers l'autorité suprême du canton.

Stadlin a recouru au Tribunal fédéral contre ce jugement
qu'il estime violer la liberté de la presse, garantie par l'article 55 de la Constitution fédérale. Le Tribunal fédéral a écarté
le recours.

Motifs :

« 1º — Le premier grief du recours consiste à dire que la coutume d'Uri (Landbuch) dont il a été fait application en l'espèce, n'a pas reçu l'approbation du Conseil fédéral. Mais ce moyen ne saurait être admis, ainsi que le Tribunal fédéral l'a développé dans son arrêt Stadlin contre Arnold, du 7 novembre 1885. Quant au second grief du recourant par lequel il conteste au gouvernement du canton d'Uri la vocation pour porter une plainte en diffamation au nom de la landsgemeinde soit pour faire porter plainte par le ministère public, ce moyen échappe à la connaissance du Tribunal fédéral puisqu'il s'agit exclusivement à cet égard de l'application de la procédure cantonale et qu'il ne saurait évidemment pas être question à ce point de vue d'une violation de la constitution.

» 2º — Quant à la question de savoir si le jugement dont est recours viole le principe de la liberté de la presse, garanti par la Constitution fédérale, il faut considérer ce qui suit : Le jugement incriminé n'a pas fait application d'une disposition légale visant spécialement les délits de presse, mais il a appliqué le droit pénal commun du canton d'Uri. Or la législation en matière pénale appartient aux cantons ; pour autant que des garanties fédérales ne s'opposent pas à ce qu'un fait soit réprimé pénalement, les cantons sont donc compétents pour étendre ou pour restreindre le cercle des actes envisagés comme délictueux ; notamment le droit fédéral ne saurait les empêcher de réprimer non pas seulement, ce qui va de soi, l'outrage envers un fonctionnaire relativement à l'exercice de ses fonctions ou l'outrage envers une autorité constituée, mais encore d'une manière générale les outrages et injures envers l'Etat, ses institutions et ses décisions. Une disposition pénale de ce genre destinée à réprimer d'une manière égale tous les outrages de cette nature qu'ils aient lieu verbalement, par écrit ou par le moyen de la presse, ne peut.

être envisagée comme contraire au principe de la liberté de la presse. En effet, cette liberté ne constitue pas un privilège de la presse dans ce sens qu'elle assurerait l'impunité, à titre exceptionnel et parce qu'ils seraient commis par la voie de la presse, à des actes réprimés par le droit commun.

» Il résulte de ces principes que le recours doit être écarté. Il est vrai que l'article du journal pour la publication duquel le recourant a été condamné, ne peut guère être considéré comme constituant un outrage envers une autorité. En effet, il ne critique point l'activité de la landsgemeinde pendant certaines années déterminées, mais il est dirigé contre l'institution même de la landsgemeinde, contre son utilité et sa justice au point de vue du droit public. Mais le juge uranien est précisément parti de l'idée que le droit pénal du canton d'Uri, punit de telles critiques contre les institutions publiques, pour autant qu'elles sont conçues en termes injurieux. Or c'est là une interprétation dont la justesse ne peut, d'après les principes connus, être contrôlée par le Tribunal fédéral et qui ne saurait d'ailleurs être considérée comme arbitraire en présence des termes généraux de l'article 204 du Landbuch uranien. A la vérité, la plupart des lois cantonales ne renferment pas de dispositions réprimant les outrages dirigés contre la forme républicaine ou démocratique du gouvernement, contre le référendum ou contre d'autres institutions organiques de l'Etat. La nécessité ou l'opportunité législative de pareilles dispositions peuvent d'ailleurs être révoquées en doute, mais on ne saurait dire que celles-ci soient contraire au droit fédéral. Sans doute, ainsi que le Tribunal fédéral l'a déjà prononcé à plusieurs reprises, le recours de droit public pour violation de l'article 55 de la Constitution fédérale serait fondé si un tribunal, faisant application de dispositions légales telles que celles dont il vient d'être question, venait à prononcer une condamnation contre une publication restant manifestement dans les limites d'une critique permise. Mais tel n'est pas le cas en l'espèce, car ce n'est évidemment pas sans fondement et sans de justes raisons que le juge uranien a admis que l'article du journal incriminé dépasse les bornes d'une critique permise et objective et constitue envers l'institution de la landsgemeinde un outrage punissable, destiné à rendre cette institution méprisable et de nature à la faire mépriser. »

. Le Tribunal fédéral écarte par conséquent le recours, en raison du fait que ce malheureux journaliste n'est pas resté « dans les limites d'une critique permise et objective. » Encore une fois, nous nous demandons ce que deviendra la liberté d'exprimer sa pensée, si le Tribunal fédéral abdique ainsi devant les appréciations d'un tribunal cantonal, et le fait même lorsque ce dernier s'appuie sur les « termes généraux » d'une disposition qui, comme l'article 204 du Landbuch uranien, date de 1675[1] Le Tribunal fédéral, après avoir contesté au tribunal bernois son interprétation des mots « écrits licencieux », emboîte le pas derrière le tribunal uranais, qui déclare coupable le journaliste accusé d'avoir outragé la landsgemeinde en lui attribuant les caprices d'une vieille hystérique; il se dérobe derrière la culpabilité objective (dans ce cas si douteuse) de l'expression employée et se déclare impuissant devant l'appréciation des faits par le tribunal uranais.

Nous ne pouvons voir dans cette manière d'envisager la liberté de la presse, une sérieuse garantie du principe de cette liberté, qui ne consiste plus seulement, avec les idées actuelles, dans la suppression de mesures vexatoires déjà

---

[1] ART. 204. — Aller Art Schmähschriften, Pasquilles, Libelles und Lieder, auch Anspielungen in Bildern, so wie ärgerliche Bilder sind im Lande, so wie auch, wenn einer der unsrigen ausser Lands gegen hiesige Behörden, Stände oder Personen sich so etwas erlaubte, bei Gl. 50, wovon dem Angeber ½ zukömmt verboten, und so einer hierin allzu ungebührend und frech handelte, soll er nach Massgab noch weiter, selbst auch an Ehr und Gut bestraft werden.

(Landsgem. Erkennt. 1675.)

tombées dans l'oubli, mais qui doit être aussi grande que possible et s'impose de façon à ce que dans la critique « des » questions politiques ou religieuses, même en termes un peu » vifs, l'Etat se garde d'intervenir trop hâtivement [1]. »

VII. — Nous regrettons que le Tribunal fédéral n'ait pas eu l'occasion de se prononcer sur le recours Wackernagel, dont nous voulons parler en deux mots, à titre purement platonique, puisque la question fut tranchée par le Conseil fédéral au nom de la liberté de conscience, comme nous l'avons déjà dit.

Nous citons quelques fragments des lettres du Dr Wittstock aux *Basler Nachrichten*, qui furent la cause des poursuites intentées par la communauté catholique romaine de Bâle.

« ..... Imagine-toi, mon cher Otto : j'étais sur le point d'être adoré comme un saint. Que dis-tu d'un tel culte ? On n'a aucune idée d'un pareil non-sens.... »

« ..... Les saints ont une armée de prêtres à leur service. Mais les frais sont couverts, car les saints n'ont jamais été autre chose que des mendiants privilégiés. Il est juste, d'ailleurs, que chacun paie sa bêtise..... »

« ..... Ne voulez-vous pas faire une fois l'essai de l'immaculée vierge bienfaisante ? » me dit le prêtre. « Mais il faut vous en tenir à la bonne ;... il y a mère de Dieu et mère de Dieu ;... l'une guérit les maux de tête, l'autre les maux de gorge et la troisième les maux de dents. Nous en avons aussi pour les maladies des yeux, la goutte, etc..... Si vous dites là cinq rosaires, vous serez délivré de vos maux. Il faudrait qu'il y eût bien du mal pour que la chose ne vous réussît pas...... »

« ..... Combien coûtent ces rosaires, la douzaine par exemple, si j'ose m'informer du prix ?

« C'est suivant comme ils sont bénis, me répondit-on.

---

[1] Recours Nieggeler cité.

« La bonne marchandise, bien entendu, répliquai-je, première qualité : je n'achète pas de mauvais butin..... »

« ..... Au dessert, mon religieux hôte me parla d'une relique extrêmement rare, que l'on pourrait se procurer à son couvent ; c'était la jarretière de sainte Eulalie. Celui qui possède cette relique, me dit-il, obtient la rémission de ses péchés pendant 40 jours..... »

« La jarretière d'une sainte et la rémission de ses péchés par-dessus le marché, m'écriai-je, que ne donnerais-je pas pour une pièce aussi alléchante ? »

« Vous en retirez aussi l'avantage de pouvoir commettre plus de péchés dans notre religion que dans la vôtre. Au reste, monsieur, n'allez pas croire que je veuille vous imposer cette relique inappréciable. Ces choses-là on se les arrache. »

« Je n'ai pas de peine à croire qu'une telle marchandise trouve toujours son homme, répondis-je. Quels droits sainte Eulalie s'est-elle donc acquis à la reconnaissance de l'église ? »

« Elle faisait entendre des sons vraiment angéliques, me déclara-t-il. Vous vous faites peut-être une idée de l'ardent amour chrétien que les nonnes ont pour les moines qui président aux exercices de la pénitence.... »

« ..... Eh bien ! sainte Eulalie fit une fois entendre dans un ravissement de l'âme des sons vraiment divins. Le confesseur en parla à l'évêque, qui en fit ensuite aussi l'expérience et confirma le miracle. Là-dessus, elle fut canonisée parce qu'il n'y avait pas encore assez de saints. »

Tels sont quelques fragments de ces lettres de voyage qui servirent de prétexte à la plainte des catholiques-romains. Notons ici que la personne qui s'estime lésée est l'Eglise et non plus l'Etat comme dans l'affaire Stadlin ; que l'institution directement attaquée est le culte des saints, des reliques, etc., et non plus la landsgemeinde et que rien dans les termes de ces attaques n'est objectivement offensant, tandis que le Tribunal fédéral a trouvé le contraire dans l'expression du rédacteur Stadlin.

L'article du code pénal bâlois auquel la communauté romaine faisait appel dit :

« Art. 84. Quiconque aura causé du scandale en blasphémant Dieu publiquement par des propos outrageants, ou aura publiquement outragé une société religieuse établie dans l'Etat ou ses institutions ou usages.... sera puni, etc. »

Il est parlé ici d'outrages et l'outrage n'est pas constitué seulement par l'emploi d'un terme offensant en soi ; l'outrage résulte tout aussi bien d'un certain assemblage de mots, d'un tour de phrase particulier, du ton dont une phrase, en soi inoffensive, est prononcée et qui sont de nature à vous exposer à la haine ou au mépris public. Il n'y a pas de doute que, dans le cas Wackernagel, les usages ou les institutions de l'Eglise catholique romaine n'aient été tournés en ridicules et représentés d'une manière qui les exposait au mépris public. Si le Tribunal fédéral avait été appelé à juger de la question, nous ne pensons pas qu'il eût pu se refuser à cette constatation ; toutes les interprétations du monde eussent été incapables d'amener une autre conclusion. Mais ici se présentait la question de la garantie accordée à la liberté de la presse et le Tribunal fédéral, — n'ayant plus la ressource de l'interprétation d'un terme assez vague, comme dans l'affaire Stucky, ou l'occasion de s'en remettre à l'objectivité offensante d'une expression, comme dans l'affaire Stadlin, — eut été forcé : ou bien d'admettre le recours et ainsi de limiter la portée d'une disposition pénale cantonale au nom du principe de la Constitution fédérale et du principe de l'article 55, — que deviennent alors la majesté et la toute-puissance cantonales en matière de droit pénal ? — ou bien de déclarer le recours non fondé — et dans ce cas de consacrer une opinion qui ne se soutient pas devant la notion même de la liberté de la presse. Ç'eût été le cas de trancher la question de savoir si le principe général de la Constitution cède le pas aux dispositions cantonales en matière d'appréciation des délits de presse ou bien si ce principe, avec toutes les conséquences qu'il entraîne aujourd'hui, doit être maintenu en face du droit pénal et plus haut que lui.

Nous concluons de cette étude que le principe de la liberté de la presse garanti par la Constitution fédérale est en fait à la merci des législations cantonales, qu'il n'est pas du tout égal à lui-même dans les différents cantons, au point de vue de son étendue, et que la jurisprudence du Tribunal fédéral n'est pas de nature à lui attribuer cette valeur fixe, égale, qu'il doit posséder dans tout le territoire de la Confédération.

CHAPITRE II

La presse comme source de délits civils, en présence du Code fédéral des obligations.

SECTION I. — LES ARTICLES 50 A 55, NATURE DE L'INDEMNITÉ ACCORDÉE EN RÉPARATION DU TORT MORAL.

I. — On pourra trouver singulier que dans une étude sur le régime de la presse, spécialement destinée à donner une idée des règles de droit public ou de droit pénal que les législations suisses ou étrangères ont adoptées en cette matière, nous nous occupions des délits de presse non plus comme tels, mais comme délits civils.

Nous ne croyons pas pouvoir nous soustraire à l'obligation de parler en quelques mots des conséquences que la mise en vigueur du Code fédéral des obligations a entraînées relativement aux délits de publication, c'est-à-dire des conséquences civiles de ces derniers, telles que la théorie et la pratique les font dériver des articles 50 et 55 du Code des obligations.

Nous ne nous occupons donc plus des conséquences d'une publication au point de vue du droit public. Nous envisageons cette publication comme constituant un acte illicite et dommageable pour une autre personne. Nous sommes sur le terrain du droit civil.

II. — L'article 50 du Code des obligations dit : « Quiconque cause sans droit un dommage à autrui, soit à dessein, soit par négligence ou par imprudence, est tenu de le réparer. » L'article 55 ajoute : « Si quelqu'un a été lésé par d'autres actes illicites qui portent une grave atteinte à sa situation personnelle, le juge peut allouer une indemnité équitable alors même qu'aucun dommage matériel ne serait établi. »

L'article 50 pose le principe de la réparation du dommage causé à autrui sans droit et constaté matériellement. L'article 54 autorise le juge à accorder, en cas de mort d'homme ou de lésion corporelle, l'allocation d'une somme équitable en sus de la réparation du dommage matériel constaté. Cet article, à la suite de l'ancien droit germanique, ajoute la notion de la réparation des douleurs morales à celle de la réparation du dommage constaté ; il introduit le principe du « *Schmerzengeld* » d'une manière générale, pour toute la Suisse, alors que nombre de législations cantonales ne le possédaient pas.

L'article 55 va encore plus loin, il attribue au juge le droit d'allouer une indemnité équitable à celui qui, s'estimant lésé sans droit, serait néanmoins dans l'impossibilité de prouver d'une manière certaine cette lésion, ce dommage causé à sa situation personnelle. C'est l'autorisation accordée au juge de prononcer la réparation d'un dommage *qu'on ne peut constater d'une manière certaine.*

Cette disposition a mis en rumeur les journalistes surtout, qui, en raison de leur profession, sont plus exposés à subir fréquemment les conséquences qu'entraîne l'application de l'article 55. C'est à leur point de vue principalement que nous nous plaçons pour étudier la question.

L'article 50 comme les articles 52 et 53 s'occupent du dommage causé à la fortune, aux intérêts matériels du lésé. L'article 55 ne vise que le dommage causé à ce que le Code appelle la *situation personnelle*, « *persönliche Verhältnisse* » dans le texte allemand. Le terme « situation personnelle » est très vague et c'est avec intention que le Code fédéral l'a employé. Le dommage causé à la situation personnelle d'un individu est celui qui résulte d'une atteinte portée à l'honneur, à la bonne réputation ou à la liberté d'autrui. D'un mot, la jurisprudence appelle cette lésion d'intérêts immaté riels le *tort moral.*

III. — Les juristes débattent la question de savoir si la réparation de ce tort moral doit être considérée comme une réparation d'un dommage causé ou comme une peine. L'immatérialité de la lésion incite certaines personnes à adopter cette dernière opinion. Elle estiment que celui qui intente une action civile, dans de pareils cas, cherche une satisfaction personnelle et manœuvre dans le but d'aboutir à un jugement qui sera pour lui « comme un châtiment en quelque sorte prononcé en son nom et pour lui seul. C'est l'idée de la vengeance personnelle, idée barbare qui reprend le dessus, » ainsi que le disait le Dr Brüstlein, rédacteur de la *Grenzpost*, dans d'intéressants articles qu'il intitulait « *Ehre und Geld* » et dans lesquels il s'élevait vivement contre les conséquences de l'application de l'article 55, conséquences qui, selon lui, n'étaient autres que la résurrection des peines civiles du droit romain et de l'ancien droit germanique.

Nous sommes obligés de convenir qu'il a parfaitement raison. Quels que soient les raisonnements juridiques qu'on puisse forger en faveur de l'idée que l'indemnité, en raison du tort moral souffert, rentre dans le domaine des dommages-intérêts, il nous semble impossible d'empêcher l'opinion publique de considérer l'allocation d'une semblable indemnité autrement que comme une peine. On a beau nous répéter que le tribunal civil n'a pas à se prononcer sur la moralité de telle action soumise à son appréciation, que l'immoralité d'un acte prévu par le code pénal peut seule entraîner le *châtiment* de l'auteur; nous savons fort bien que le tribunal civil se borne à l'appréciation du *fait* et que l'intention en matières de dommages-intérêts ne constitue qu'une circonstance aggravante ou atténuante, mais non une condition essentielle pour l'attribution de dommages-intérêts; nous n'oublions pas que le tribunal pénal examine deux questions principales, celle de savoir si tel acte peut être classé dans le nombre des actes punis par le code pénal et la question de l'intention de nuire, sauf dans certains délits, tandis que le tribunal civil ne s'occupe que des conséquences dommageables d'une action commise sans droit: du moment qu'un dommage actuel est causé sans droit, le tribunal civil doit ordonner sa réparation. Tout cela nous le savons, mais rien n'ébranle notre conviction que la réparation du tort moral n'est pas autre chose qu'une *peine* civile; le tribunal civil se substitue au tribunal pénal, l'individu à la société. La foule qui entend M. X*** publier que M. Y l'a diffamé, l'a insulté dans le dernier numéro de son journal et qu'il le poursuit devant les tribunaux, n'envisagera-t-elle pas la condamnation de M. Y comme la preuve que ce dernier est un menteur, un diffamateur, etc? Supposons maintenant que M. X***, le plaignant, soit généralement connu dans la population comme le dépeint l'article du journal ; le tribunal civil, qui ne peut pas se créer un idéal de tort moral en soi, et qui est souverain appréciateur des circonstances constitutives de ce dommage moral, acquittera le journaliste poursuivi par M. Y. Est-ce que, là encore, le public ne verra pas dans la libération de ce dernier la preuve que le tribunal l'a acquitté non pas parce qu'il n'y avait pas dommage, mais parce que le journaliste n'avait fait que dire une chose notoire ?

On nous répondra que l'opinion publique ne crée pas les doctrines juridiques et que celles-ci n'ont rien à faire avec celle-là. Nous ne partons pas du même point de vue, surtout en fait de délits de presse, de délits de publication. Si un individu, par ses attaques, jette du discrédit sur ma personne, sur mon commerce, il nuit à ma considération. Or, cette considération dont je jouis, c'est le sentiment d'estime et de respect que le monde a pour moi. L'opinion publique, égarée par les diffamations de mon adversaire, réclame contre ces manœuvres dont elle est victime tout comme moi-même et les condamne. De telle sorte qu'elle n'aura aucune hésitation à considérer tout jugement rendu contre celui qui l'a trompée, comme la punition de la faute ou du dol de ce dernier.

Mais alors, il ne faudrait admettre que la répression pénale en matière de délits de presse ? Certainement, répondons-nous, et sous ce rapport l'article 55 a des conséquences fâcheuses. Nous admettons que les tribunaux civils sauront se prémunir contre elles en se refusant d'accorder trop à la légère le bénéfice du tort moral. Mais enfin, à une protection semblable c'est-à-dire douteuse et, exposée à bien des chutes, nous préférons un texte formel, une interdiction absolue d'accorder la réparation du tort moral, des douleurs morales par un jugement civil, qui sera considéré comme la peine, comme le châtiment soit d'une intention mauvaise, soit d'une imprudence.

Ce tort moral, qui le fixe? C'est la victime qui réclame l'indemnité, mais c'est le juge qui en détermine la quotité, après avoir comparé cette réclamation à sa cause et aux conséquences de l'acte dommageable. C'est donc le juge qui détermine l'étendue du tort moral, d'après sa manière de voir personnelle, c'est-à-dire en se basant sur les exigences d'une conscience plus ou moins délicate, d'une susceptibilité variable, d'une délicatesse d'impression très inégale. Le juge se fait l'appréciateur souverain de l'intensité des blessures de telle ou telle personne à laquelle il se substitue! Oui, mais « l'arbitraire est ici dans la nature des choses » nous répond-on avec Laurent (t. XX, nº 395,) et il peut tourner à bien, parce qu'il permet au juge de prononcer des *peines civiles* sans limite aucune, donc en les proportionnant à la gravité du tort moral. C'est bien, mais Laurent reconnaît alors qu'on arrive à prononcer des *peines* civiles. Tout cela était sans doute très naturel du temps où le bon roi Louis rendait la justice à l'ombre du chêne de Vincennes, mais de nos jours la confiance dans l'infaillibilité de la justice ne se retrouve plus guère, au même degré du moins. A quelles critiques le Code fédéral des obligations n'a-t-il pas été en butte à ce point de vue depuis le jour, et même avant, où un de nos hommes d'Etat éminents caractérisait sa tendance en ces mots : « Il » nous paraît que la manière la plus simple et la plus concise de rédiger le code est celle-ci :

» Art. 1. Le contrat fait règle entre les parties.

» Art. 2. Le juge apprécie les différends selon l'équité.

» Art. 3. Le Conseil fédéral est chargé de la promulgation » du présent code. »

IV. On nous permettra ici de citer encore deux preuves à l'appui de l'opinion que la réparation d'un tort moral évoque nécessairement une idée, plus ou moins nette suivant les individus, de peine infligée à son auteur et que cette opinion se fait jour même dans l'esprit de jurisconsultes experts.

Nous voulons parler d'abord de l'affaire de la *Vespa*, à Genève. Ayant eu l'honneur de communiquer le jugement de première instance à M. B. van Muyden et de le discuter avec lui, nous nous permettrons d'emprunter quelques réflexions au travail que M. van Muyden a soumis à la Société des juristes, réunie à Schaffhouse l'an passé.

« Il s'agissait, dit l'honorable avocat de Lausanne, d'un article du journal *La Vespa* intitulé « Corruption et piraterie » dans lequel plusieurs honorables conseillers d'Etat du canton du Tessin étaient accusés de s'être laissé soudoyer par la compagnie du Gothard pour recommander l'adoption d'un projet de loi sur la canalisation du Tessin, contrairement à l'intérêt général du canton. »

Voici quelques uns des considérants sur lesquels s'est appuyé le juge *civil* genevois pour condamner Mazzuconi, auteur de l'article incriminé.

« Attendu que son écrit *constitue la diffamation prévue et punie par les articles 303 et 304 du code pénal genevois ;*

« Attendu qu'en diffamant les conseillers d'Etat tessinois G. P. C. C. et R., Mazzuconi a commis un acte illicite, portant une grave atteinte à leur situation personnelle, c'est-à-dire à leur réputation de patriotes et d'hommes intègres qu'exigent avant tout leurs fonctions ;

« Que les diffamés ont droit à une réparation morale ;

« Que ce n'est pas *une condamnation du diffamateur au paiement de dommages-intérêts plus ou moins gros qui la leur fournira,* mais surtout et exclusivement *les considérations* ci-dessus *qui consacrent le caractère calomnieux* de l'article « Corruption et piraterie » paru dans le journal la *Vespa,* et leur publication par la voie des journaux ;

« Attendu que l'espèce de dommage-intérêt appréciable consiste uniquement dans les honoraires que les demandeurs auront à payer à leur avocat et dans les frais de l'instance ;

« Vu l'article 55 du Code fédéral des Obligations ;

« Le tribunal prononce que le présent jugement sera publié aux frais de Mazzuconi, à la diligence des demandeurs, dans un journal paraissant à Genève, et dans un journal paraissant dans le canton du Tessin à leur choix, ainsi que dans le journal la *Vespa* ; condamne Mazzuconi à payer solidairement aux demandeurs la somme de 200 fr., à titre de dommages-intérêts ; le condamne, en outre, aux frais du procès dans lesquels sera compris le coût de la publication du jugement. »

A la lecture de cet arrêt du tribunal civil, il est une chose qui saute aux yeux, c'est le pot-pourri que forme l'ensemble des règles civiles et pénales invoquées par ce tribunal pour appuyer sa décision. Il avait à juger d'un acte, en vertu de l'article 55 du Code des obligations, au point de vue purement civil, et nous le voyons invoquer, très courageusement c'est vrai, le code pénal en ses articles 303 et 304. Le juge civil a, de cette façon, complètement outrepassé sa compétence; il a rendu un véritable jugement pénal, d'où il ressort clair comme le jour que le défendeur est un diffamateur. Le tribunal civil s'est purement et simplement substitué au tribunal de l'ordre pénal, alors qu'il devait « se borner à constater qu'une grave atteinte avait été portée à la situation personnelle des demandeurs, rechercher les conséquences qu'elle avait eues pour les lésés, et leur allouer l'indemnité équitable dont parle l'article 55 du Code fédéral des obligations. » Le tribunal a eu l'idée instinctive que l'attaque à la situation personnelle, le tort moral devait être réparé en partie par un châtiment, par une *peine* et, ne trouvant pas ce caractère dans la condamnation à de simples dommages-intérêts, il a fait appel au code pénal afin de pouvoir répondre aux exigences de sa conscience. C'est pour cela qu'il s'est empressé de consacrer le *caractère calomnieux* de l'article de la *Vespa* dans son jugement et c'est dans cette constatation seulement qu'il trouve la raison de la publication du dit jugement.

La partie demanderesse appela de ce jugement devant la Cour de justice civile et conclut à ce que la veuve Schira, qui avait été mise hors de cause par le jugement de première instance, fût condamnée à payer la somme de 3500 fr. à titre de dommages-intérêts et à l'insertion du jugement dans trois journaux du Tessin et trois de Genève.

La Cour de justice civile réforma le jugement du tribunal civil et condamna la veuve Schira et Mazzuconi solidairement au paiement de 500 fr. de dommages-intérêts et à la publication du jugement dans la *Vespa*, dans un journal de Genève et ceux du Tessin, aux frais des intimés.

Cet arrêt cite d'abord les articles 50, 55 et 60 du Code fédéral, puis :

« Attendu qu'il est incontestable que la dame veuve Schira a causé, personnellement et par son fait, un dommage aux appelants ;

» Que, sans la publicité que dame Schira lui a donnée dans le journal qu'elle édite, l'article dont le sieur Mazzuconi prétend être l'auteur aurait été sans aucune portée ;

» Attendu qu'il est sans importance qu'elle ait eu ou non connaissance de cet article, car l'auteur du dommage doit le réparer, même lorsque le dommage n'a pas été causé à dessein, mais par simple négligence (art. 50 C. O.) ;

» Attendu qu'en posant en principe que ce n'est que dans le cas où l'auteur de l'article coupable serait resté ignoré ou n'aurait pas été domicilié dans le canton, que veuve Schira aurait pu être recherchée, les premiers juges ont fait application à l'espèce de l'article 26 de la loi genevoise du 2 mai 1887 sur la presse;

» Attendu que cette loi ne consacre l'immunité de l'imprimeur que dans le cas où sa personnalité est distincte de celle de l'éditeur, ce qui n'est pas le cas dans l'espèce; »

(La Cour rappelle ici que le Tribunal fédéral considère comme abrogées les dispositions cantonales contraires au Code fédéral des obligations : arrêt Morard contre Morard.)

« II. Attendu que ni Mazzuconi ni veuve Schira-Blanchard n'ont offert d'établir la vérité des faits articulés dans l'article de la *Vespa* du 31 octobre 1885;

» Que Mazzuconi, qui s'en déclare l'auteur, n'a pas même osé déclarer dans le procès qu'ils fussent exacts, mais qu'il s'est borné à prétendre qu'il n'a pas nommé les appelants, et que ces derniers ne justifient d'aucun préjudice;

» Attendu, ainsi qu'il a été dit ci-dessus, que l'article est assez clairement rédigé pour qu'il ne puisse rester aucun doute dans l'esprit de l'auteur sur les personnes qui y sont accusées de s'être laissé corrompre, et qui sont évidemment les appelants;

» Qu'il n'est pas nécessaire qu'il soit justifié d'un préjudice matériel pour qu'une indemnité soit allouée, lorsque l'acte illicite porte une atteinte à la situation personnelle du lésé (art. 55 C. O.);

» Attendu que la réparation, à laquelle les appelants ont droit, consistera, avant tout, dans la publicité donnée au présent jugement;

» Qu'il convient, pour qu'elle soit efficace, qu'elle ait lieu, non seulement dans la *Vespa*, mais dans un journal du canton de Genève et dans deux journaux de celui du Tessin;

» Qu'il est nécessaire qu'en outre de la réparation morale que les appelants obtiendront par la publication du jugement, ils sortent absolument indemnes d'un procès que les agissements des intimés ont seuls rendu nécessaire;

» Qu'il y a lieu de condamner veuve Schira et Mazzuconi solidairement à payer aux appelants la somme de 500 francs à titre de dommages-intérêts et, en outre, à la publication du jugement dans la mesure indiquée ci-dessus;

» Par ces motifs, la Cour..... réforme..... »

La Cour de justice civile a rendu un arrêt logique et parfaitement juridique. Elle a abandonné entièrement l'appui que le tribunal civil avait été chercher, par une étrange confusion de compétence, dans le code pénal, et s'en est tenue au Code des obligations.

Il est une chose cependant que nous ne comprenons pas très bien, c'est le rôle que doit jouer le quatrième attendu, où la Cour fait observer que l'immunité de l'imprimeur n'existe, aux termes de la loi sur la presse de 1827, que si sa personnalité est distincte de celle de l'éditeur. Quelle importance cette observation a-t-elle dans le cas dont nous nous occupons? Est-ce que, par hasard, la Cour de justice civile, après avoir si bien replacé la question sur son véritable terrain, celui du Code des obligations, aurait elle-même perdu de vue son point de départ? Est-ce qu'elle voudrait montrer par ce considérant que si la veuve Schira n'eût pas été éditeur en même temps qu'imprimeur, la Cour aurait pu la mettre hors de cause? Mais alors, dans ce cas, nous retombons dans l'erreur du tribunal civil qui n'a pas su faire la différence complète entre le code pénal et le Code des obligations; seulement, ici, c'est la dérogation apportée par le Code fédéral aux règles des lois cantonales, soit, dans le cas particulier, aux règles de la loi sur la presse, que la Cour oublie. Du moment que le Code fédéral est applicable en opposition aux lois et règles de droit civil cantonales, comme le constate l'arrêt de la Cour civile lui-même, que veut dire cette distinction entre imprimeur et éditeur à laquelle la Cour de justice civile genevoise fait allusion? Mais cette distinction est lettre morte aux yeux du Code fédéral des obligations, elle n'a aucune valeur, elle ne signifie rien. En dépit de toute la force obligatoire des dispositions de la loi sur la presse genevoise, je n'en suis pas moins libre de m'adresser pour le paiement de dommages-intérêts à l'imprimeur comme à l'éditeur ou à l'auteur, que sa personnalité soit distincte ou pas de celle d'un autre participant à l'acte dommageable. Ce n'est ni à un imprimeur, ni à un éditeur, ni à un rédacteur que j'ai affaire, c'est à un auteur ou à des complices et rien d'autre.

Il suffisait que l'arrêt de la Cour civile, après avoir fait allusion à l'application de la loi sur la presse par le tribunal civil, rappelât le considérant de l'arrêt du Tribunal fédéral qui constate formellement l'abrogation des règles civiles cantonales par la mise en vigueur du Code fédéral des obligations.

Remarquons encore que la Cour de justice civile envisage la publication du jugement comme formant à elle seule une réparation du tort moral telle que l'article 55 du Code fédéral des obligations en autorise la demande par les appellants. Cette cour dit que la réparation à laquelle ceux-ci ont droit consiste, avant tout, dans la publicité donnée au jugement, puis ajoute qu'il est nécessaire que les appellants sortent absolument indemnes d'un procès que les agissements des intimés ont seuls rendu nécessaire. La Cour ne considère pas l'allocation des dommages-intérêts comme une réparation du dommage causé; elle ne les accorde qu'à titre de compensation, de remboursement des frais que les appellants ont faits dans le but d'obtenir la réparation morale qu'ils réclament; la source directe de ces dommages-intérêts se trouve dans les débours des conseillers d'Etat tessinois en vue d'obtenir cette réparation morale, soit l'indemnité que l'article 55 du Code des obligations permet au juge d'accorder. En un mot, ce ne sont que les dépens. Le fait que le dispositif condamne d'abord les intimés à 500 fr. de dommages-intérêts et en second lieu à la publication du jugement ne signifie rien quant au caractère sous lequel se présentent ces dommages-intérêts, ces dépens, sinon qu'il est assez singulier de voir une Cour de justice statuer en premier lieu sur les dépens, sur les frais des parties. Personne ne s'y trompera, et la seule réparation morale qu'a prononcée cette Cour n'en consiste pas moins uniquement dans la publication du jugement.

M. van Muyden estime qu'ordonner la publication du jugement et de ses considérants, en guise de réparation, serait étendre singulièrement la portée de l'article 51, qui laisse au juge la faculté de déterminer la *nature* de l'indemnité, et dénaturer le sens du mot *indemnité*, qui, dit-il, suppose toujours un équivalent matériel à une lésion du droit. Il est vrai qu'en général le mot indemnité s'entend d'une réparation pécuniaire ou du moins matérielle. Cependant, rien n'oblige à restreindre ainsi le sens de ce terme. Si le dommage est moral, pourquoi la réparation ne serait-elle pas morale? Pourquoi ne consisterait-elle pas dans la publication du jugement, publication destinée à opérer sur l'esprit de ceux à la connaissance desquels les bruits défavorables au lésé sont parvenus et à produire un résultat contraire aux impressions primitives qu'ont fait naître les attaques du défendeur, par le même moyen dont il s'est servi lui-même? Cela, surtout quand le défendeur n'a pas seulement osé faire la preuve des faits ou n'y a pas réussi, ce que le tribunal constatera toujours dans son prononcé, comme c'est le cas dans l'affaire qui nous occupe.

La publication du jugement, pour tenir lieu de toute réparation, présente un avantage. En général, un homme politique, un rentier sera mal venu à réclamer le bénéfice de l'article 55 en cas d'atteintes à sa situation personnelle. Ces atteintes n'auront pas pour lui des conséquences matérielles. Il ne convient donc pas qu'il obtienne une réparation matérielle. Or c'est pourtant ce qui arrivera si l'on entend le mot indemnité dans le sens strict que lui attribue M. van Muyden. — Au contraire, si la simple publication du jugement est envisagée comme réparation, ces personnes pourront se servir beaucoup plus convenablement du droit que leur accorde l'article 55.

Voici ce que dit Larombière à ce sujet :

« En principe, la réparation de tout dommage se résout en indemnité pécuniaire. » Mais les articles 1382 et 1383 prévoient aussi tout dommage qui est causé à un tiers « dans son existence, dans sa personne, et enfin, toute espèce de tort moral qu'il peut éprouver dans sa liberté, sa sûreté, son honneur, sa considération et ses affections légitimes. Dans ces divers cas, la réparation se traduit encore en une indemnité pécuniaire. Ainsi le veut la nécessité des choses ; et cependant quel rapport y a-t-il entre ce mode de satisfaction et la nature du dommage causé ?

« Mais les juges ne sont pas forcés de restreindre, dans tous les cas, la condamnation à l'obligation de payer une somme d'argent à la partie lésée. Cette indemnité pécuniaire qui représente les dommages et intérêts proprement dits, se cumule souvent, en raison de l'espèce du délit ou du quasi-délit, avec d'autres chefs particuliers de condamnation. Ainsi... ». quelques exemples, puis : « La partie lésée peut enfin, outre une indemnité en argent, ou *pour tenir lieu de toute réparation*, être autorisée elle-même à faire ou à faire faire certaines choses, aux dépens de celui qui a commis à son égard le délit ou le quasi-délit...

» S'agit-il d'un de ces torts moraux commis par quelque voie de publication, dont l'argent n'est jamais qu'un dédommagement incomplet ; les tribunaux peuvent, outre une indemnité pécuniaire, *soit pour toute* réparation, ordonner la suppression et la destruction de tout ou partie des objets qui ont servi à causer le dommage et, suivant qu'il y a lieu pour l'effet de la condamnation, l'impression et l'affiche de l'arrêt, aux frais du condamné. »

V. — A l'appui de l'opinion que la réparation du tort moral est une *peine*, nous citerons encore l'arrêt du Tribunal fédéral rendu, dans l'affaire de la Banque cantonale de Zurich contre le Dr G. Weisflog, le 8 mai 1885.

Le Dr Weisflog avait publié dans le journal le *Weinländer* une série d'articles de nature à compromettre le crédit de la Banque cantonale de Zurich, notamment l'un sous le titre *Die Kantonalbank kracht!* où il était dit qu'un déficit de 64,000 fr. existait dans les caisses de cet établissement. La Banque cantonale déposa une plainte non pas fondée sur l'article 50 du Code des obligations, aucun dommage matériel n'ayant été reconnu, mais sur l'article 55, en raison du tort moral que ces articles lui avaient causé. Le tribunal de Zurich repoussa les conclusions de la Banque par le motif que les personnes morales ne peuvent éprouver une atteinte à des biens immatériels. En appel, Weisflog se vit condamné à 500 fr. d'indemnité. Il s'adressa alors au Tribunal, qui rejeta son recours et confirma la sentence de la cour d'appel. Dans le quatrième considérant *in fine*, le Tribunal dit que bien que « l'indemnité équitable dont il est question à l'ar» ticle 55 du code représente en principe la réparation d'un » préjudice, des dommages-intérêts *dans le sens large de ce* » *terme*, cependant elle est aussi destinée dans une certaine » mesure et accessoirement à *infliger une pénalité* à l'auteur » de l'acte illicite. »

Le Tribunal fédéral hésite à reconnaître dans l'attribution d'une somme d'argent pour réparation du tort moral, de véritables dommages-intérêts au sens juridique du mot. Il représente cette allocation comme un dommage-intérêt au sens large du terme. C'est donc qu'il a le sentiment de l'absence d'un dommage certain, absolu, en soi, tel que le comprend la doctrine. Ce dommage est tout ce qu'il y a de plus relatif. Il sera plus ou moins certain suivant l'honorabilité des deux parties en cause, suivant la susceptibilité de l'offensé, etc., et ne pourra jamais être parfaitement hors de doute. Qui peut assurer que telle attaque aura tel résultat fâcheux pour le lésé? Personne. Qui peut certifier la douleur morale qu'a subie le lésé, si l'attaque n'est pas de nature à agir sur l'esprit des autres? Personne.

D'un autre côté, le Tribunal fédéral envisage très clairement l'indemnité comme une peine infligée à l'auteur de l'acte illicite : il lui reconnaît formellement le caractère d'une *pénalité*, non pas comme caractère principal, c'est vrai, mais au moins comme caractère accessoire. Mais alors quel est le premier élément, vraiment juridique, qui nous donnera la notion de l'indemnité? Nous ne pouvons le distinguer en nous plaçant au point de vue du Tribunal fédéral. Dommage-intérêt? Non, puisque le tribunal s'écarte du sens strict et juridique du mot. Peine? Non plus, puisqu'elle n'apparaît qu'au second plan. Il faut donc penser que dans l'opinion du Tribunal, le paiement de l'indemnité est une prestation d'une nature mixte, formée de deux éléments : réparation d'un dommage immatériel et punition de celui qui l'a causé.

Quant à nous, en présence d'une constatation aussi peu précise, aussi hésitante des éléments juridiques de l'indemnité de l'article 55, nous maintenons notre opinion que le dommage moral ne se réparera, au civil, que par une peine civile.

SECTION II. — LE CODE FÉDÉRAL EN FACE DE LA LÉGISLATION CANTONALE SUR LA PRESSE.

Examinons maintenant les conséquences de l'entrée en vigueur du Code des obligations en face des prescriptions des.

législations cantonales. Le Code fédéral étant devenu la loi en vigueur dans toute la Confédération, en ce qui concerne les conséquences civiles d'un acte quelconque, a abrogé, par cela même, toutes les dispositions des lois cantonales en ces matières ; spécialement, les dispositions de lois cantonales sur la presse sont abolies par la mise en vigueur des prescriptions du code fédéral. C'est, du reste, ce que décide, en tout autant de termes, l'arrêt Morard entre autres : « La Confé » dération ayant, conformément au droit que lui confère » l'article 64 de la Constitution fédérale, légiféré sur les » obligations résultant d'actes illicites, et les dispositions » du chapitre II du Code fédéral, consacrées à cette ma- » tière, ayant été édictées pour toute la Suisse — sans » autre réserve en faveur du droit cantonal que celle concer- » nant la responsabilité encourue par des employés ou fonc- » tionnaires publics en raison du dommage qu'ils causent dans » l'exercice de leurs fonctions (art. 64 C. O.), — il en résulte » qu'en matière de dommages-intérêts, ensuite d'actes illi- » cites commis par la voie de la presse, ce sont les disposi- » tions du dit Code qui doivent être appliquées, en dérogation » aux lois que les cantons peuvent avoir publiées, en vertu » de l'article 55 de la Constitution fédérale, en vue de la ré- » pression des abus de la presse pour autant que ces lois se » trouvent en contradiction avec le Code des obligations. » (Vol. X, p. 542.)

C'est ainsi que les règles qui établissent la responsabilité par cascades pour le paiement des amendes, frais de procès, indemnités, telles que nous les avons vues énoncées dans certaines lois cantonales sont remplacées par les règles du Code des obligations. Le lésé peut réclamer une indemnité à chaque personne reconnue comme auteur ou complice de l'acte dommageable et cela solidairement entre elles.

Mais il est un autre point à enregistrer : c'est la faculté

donnée au prévenu de pouvoir fournir la preuve de la vérité des faits allégués. L'article 55 dit que le juge détermine d'après les circonstances et d'après la gravité de la faute la nature et l'importance de l'indemnité. S'il y a une faute imputable au lésé, le juge peut réduire proportionnellement l'indemnité ou même n'en pas allouer du tout. Le défendeur a donc la faculté de fournir toutes les preuves qui peuvent tendre à amoindrir les effets de son acte intentionnel ou seulement imprudent. Nous avons vu que la plupart des législations des cantons autorisent la preuve de la vérité des faits ; certaines d'entre elles l'interdisent en cas d'outrage rappelant une condamnation à celui qui en a été l'objet ; Vaud seul fait exception et ne permet cette preuve, sous aucun prétexte, en cas d'outrage à un simple particulier. Il est facile de voir que, dans ce dernier cas, si l'offensé estime la voie civile plus avantageuse pour lui, il s'expose, par cela même, à subir la preuve de la vérité des imputations dont il se plaint. A la vérité, il ne peut s'en prendre qu'à lui-même, puisqu'il lui était loisible d'éviter ce désagrément en s'en remettant au tribunal pénal. Mais, il n'en est pas moins vrai que la loi civile permet de contourner la loi pénale qui interdit la preuve de la vérité des faits, comme c'est le cas de la loi vaudoise.

Nous avons vu que la loi bernoise du 7 décembre 1852 contenait un article qui disait textuellement : « Toute personne offensée ou calomniée par la voie de la presse conserve la faculté de renoncer à faire exercer contre le coupable des poursuites pénales et de se contenter de la réparation privée que l'on poursuit par la voie civile. »

D'un autre côté, la Constitution bernoise de 1846, à son article 63, statue que les délits de presse seront déférés au jury. On remarque tout de suite la contradiction qui existe entre ces deux dispositions. Il saute aux yeux que la possibilité de poursuivre l'outrage comme acte illicite et dommageable devant le tribunal civil, soustrait cet outrage à l'appréciation du jury. En fait, on arrive à éviter le jury. Or, si l'on se reporte au temps où la Constitution bernoise fut proclamée, nul doute que dans l'idée du législateur et des esprits cultivés de cette époque, le jury devait être réuni pour apprécier les délits de publication, qu'ils se présentent comme délits ou comme actes illicites et dommageables. A cette époque, tout parti avancé considérait comme un dogme que la presse ne relevât que du jury. Le parti libéral regardait comme une des plus précieuses libertés celle de la presse et, en soumettant la presse au jury il partait de l'idée que la nation elle-même devait présider au jugement des écarts des feuilles périodiques surtout. La liberté de la presse sans le jury apparaissait comme un principe tronqué; elle ne trouvait sa garantie que dans le jury et cet article de foi datait de la grande école libérale de la Restauration. Tout cela est démodé si l'on veut, mais, encore une fois, nous pouvons être certains que la Constitution bernoise ne s'écartait en aucune manière de ce point de vue. Notre idée était sans doute partagée par le Conseil fédéral lors de l'examen qu'il fit des lois cantonales sur la presse, en 1852, car il refusa de sanctionner l'article 27 sus-indiqué, en se basant sur le fait que cet article permettait de soustraire les délits de presse à la compétence du jury, ce qui constituait une violation de la Constitution bernoise.

Les années passent, nous arrivons à 1862. Un procès civil est intenté à cette époque, aux héritiers de l'imprimeur Wyss, de Langnau, éditeur d'un journal de l'endroit. Les héritiers se réclament de l'article 63 de la Constitution bernoise en ajoutant que pour qu'une réparation civile puisse être prononcée, le délit de presse doit avoir été constaté et cela par le jury; ils obtiennent gain de cause. Recours de la partie adverse à la Cour d'appel et de cassation qui l'admet. Les héritiers Wyss s'adressent alors au Conseil fédéral qui déclare leur recours non fondé. Cette décision est ainsi motivée : l'article 27 donnait le choix entre la voie civile et la voie pénale ; or, à teneur de l'article 63 de la constitution, ce choix est interdit : tout délit de presse doit être soumis au jury. Toutefois, si les circonstances deviennent telles que le jury ne puisse pas être nanti, sans qu'il y ait faute du demandeur, en cas de mort du coupable, par exemple, rien n'empêche de poursuivre la réparation non pas d'un délit, mais d'un acte illicite et dommageable, par la voie civile.

Ainsi le Conseil fédéral confirme sa manière de voir précédente, en y ajoutant un tempérament, parfaitement fondé selon la justice, savoir que l'article 63 n'empêche pas la réparation d'un dommage réel lorsqu'il n'est pas possible au lésé d'obtenir un jugement pénal préalable constatant le délit de presse, source du dommage.

En 1883, le Code des obligations entre en vigueur et abroge toutes les règles des lois cantonales contraires aux siennes.

En 1885, l'article 63 de la constitution bernoise est de nouveau l'occasion d'une interprétation non plus du Conseil fédéral, mais cette fois du Tribunal fédéral.

Le procureur-général Jahn, à Berne, s'estimant lésé par la publication d'un article écrit par le journaliste Joneli, actionna celui-ci en vertu de l'article 55 du Code fédéral. Joneli déclina la compétence du tribunal civil en se fondant sur l'article 63 de la Constitution bernoise. Cette exception fut repoussée. Joneli recourut au Tribunal fédéral pour violation de la Constitution ; il s'appuyait sur deux arrêts de la cour d'appel de Berne qui décidaient que le tribunal civil n'est pas apte à accueillir une demande en dommages-intérêts, ensuite d'un délit de presse, avant que le délit n'ait été constaté par le jury.

Le Tribunal fédéral rejeta ce recours, sans, pour cela, déclarer l'article 63 de la Constitution bernoise contraire au

Code des obligations. En ce qui concerne la presse et les conséquences juridiques de ses publications, le Tribunal met complètement de côté la souveraineté absolue du jury dont fort heureusement nous n'avons plus un besoin aussi grand que la presse libérale du second quart de siècle. Le Tribunal fédéral distingue deux choses dans un fait de publication : 1º ou bien un délit, un acte puni par le code pénal ; 2º ou bien un acte illicite et dommageable accompli sans droit, selon l'article 50 du Code des obligations. Ceci posé, il dit que la Constitution bernoise, à son article 63, n'envisage un fait de publication qu'à titre de délit; elle ne renvoie l'appréciation de ce fait au jury que si son auteur est l'objet d'une action pénale, comme coupable d'un délit ; au contraire, la poursuite d'un fait de publication comme acte illicite, dommageable et sans droit à sa base, comme délit *civil* ou quasi délit n'a rien à voir avec l'article 63 de la Constitution. La qualification du fait est essentielle pour l'application ou non de la disposition constitutionnelle : délit de presse ? l'article 63 répond ; délit civil ou quasi délit ? l'article 63 n'est pas applicable.

Pour étayer cette opinion — très juridique quoique contraire, croyons-nous, aux principes d'ordre public qui ont dicté l'article 63 de la Constitution bernoise, contraire à l'intention du législateur de 1846, — le Tribunal fédéral invoque le texte de cet article qui institue le jury « pour les procès criminels, politiques et les procès de presse, » ainsi que pour les affaires pénales. De plus, l'alinéa 2 de cet article réserve le renvoi au jury d'autres parties encore du droit pénal « noch andere Theile der Strafrechtspflege. »

Grâce à cette distinction entre le double aspect juridique sous lequel se présente un même acte, le tribunal a pu éviter de prononcer l'inconstitutionnalité de l'article 63 de la Constitution bernoise. Cette nouvelle jurisprudence est donc en op-

position avec l'opinion du Conseil fédéral de 1852 et de 1862.
Il est admis que l'action civile peut être intentée indépendamment de toute action pénale, en matière de presse, si le fait à réprimer est présenté comme un acte constituant seulement un délit civil ou un quasi-délit soit comme un acte dommageable, illicite et sans droit. La jurisprudence française, ainsi que le dit M. van Muyden, dans son travail, s'est prononcé dans le même sens :

« L'action civile en réparation d'un dommage causé par un délit peut être exercée indépendamment de l'action publique. »

Ce point a toujours fait difficulté en matière de diffamation, mais l'affirmative est consacrée aujourd'hui par la jurisprudence.

Cependant « lorsque l'action civile précède l'action criminelle, on ne peut pas dire qu'elle ait pour objet la réparation d'un dommage causé par un délit, ce serait déplacer la compétence ; tant que les tribunaux criminels n'ont pas statué, on peut dire seulement qu'un dommage a été causé sans droit. »

SECTION III. — L'ARTICLE 55 AU TRIBUNAL FÉDÉRAL EN MATIÈRE DE PUBLICATIONS PAR LA PRESSE.

I. — Nous pensons devoir examiner un ou deux arrêts rendus par le Tribunal fédéral sur des recours portés devant lui et relatifs à des jugements fondés sur l'article 55. Les décisions de l'autorité judiciaire fédérale ne peuvent être qu'intéressantes à étudier dans des matières où l'arbitraire du juge est autorisé d'une façon qui peut paraître extraordinaire, même en présence d'un code qui s'y réfère autant que le Code fédéral.

Nous avons déjà mentionné le recours du Dr Weisflog contre le prononcé de la Cour d'appel de Zurich, qui le condamnait au paiement d'une indemnité de 500 fr. à la Banque cantonale de Zurich pour avoir insinué, dans différents articles du *Weinländer*, que cet établissement avait dissimulé de grandes pertes et accordé des crédits non couverts, de telle sorte qu'on pouvait prévoir une catastrophe dont résulterait « un désastre bien plus grand que la misère du chemin de fer National. »

Le tribunal de district avait débouté la Banque cantonale de ses conclusions tendant, en vertu de l'article 55 du Code des obligations, à ce qu'il plaise au tribunal prononcer le paiement par Weisflog d'une indemnité de 5000 fr. Il se fondait sur l'incapacité d'une personne morale à se prévaloir de l'article 55 du Code des obligations attendu que les personnes morales ne peuvent éprouver d'atteinte à des biens immatériels, comme, par exemple, la situation personnelle d'un être humain.

Le Tribunal fédéral, après avoir constaté que les attaques dirigées contre l'administration de l'établissement ont été reconnues par les deux instances antérieures comme dénuées de tout fondement et « lancées d'une manière téméraire et frivole si ce n'est dolosive, » pose en fait que les personnes morales sont parfaitement susceptibles de se prévaloir de l'article 55 du Code des obligations pour les dommages matériels qui leur sont causés. Le Tribunal reconnaît également le droit de critique des actes d'établissements publics, surtout dépendant de l'Etat, mais s'il admet la critique sincère et la bonne foi même basée sur des faits faux, il considère comme rentrant dans la sphère de l'article 50, la critique qui « abou-
» tit, en dénaturant les faits d'une manière intentionnelle ou
» du moins téméraire, à des conclusions tendancielles, dont
» la fausseté était effectivement connue de l'écrivain, ou du
» moins ne pouvait lui échapper sans qu'il se rendît coupable

» de légèreté et d'une inconscience frivole quant à l'état réel
» des faits. »

Ceci posé, le Tribunal fédéral constate qu'une personne morale, surtout représentée par une association de capitaux, ne saurait se plaindre d'atteinte à son honneur. Mais l'article 55 du Code des obligations en employant les termes « situation personnelle » n'a pas eu en vue que les attaques contre l'honneur; cette expression comprend également toute atteinte au crédit, à la considération financière, si l'on nous permet l'emploi de ce mot, d'une personne morale.

Les mots « tort moral, » ne doivent pas s'entendre seulement de la souffrance morale endurée par l'individu atteint dans son honneur, dans son crédit. La douleur morale éprouvée par la personne attaquée, ne représente pas à elle seule le contenu de l'expression « situation personnelle, » car, à ce compte-là, il est évident que l'article 55 ne pourrait s'appliquer aux personnes morales qui n'éprouvent pas ces souffrances. Non, l'article 55 donne au juge le moyen de relever la considé- tion d'une personne dans l'esprit des autres; l'indemnité qu'il est loisible au juge d'accorder n'est pas seulement un remède appliqué sur les blessures de la victime de l'attaque, c'est aussi un contre-poison destiné à prévenir ou à combattre les suites fâcheuses que cette attaque peut entraîner dans l'es- prit d'autrui.

C'est basé sur ces considérations que le Tribunal fédéral a reconnu le droit des personnes morales de se prévaloir, sui- vant les cas, de l'article 55 du Code des obligations et, de plus, a émis l'avis que l'indemnité représente la réparation d'un préjudice causé et accessoirement une peine.

Quant à nous, nous sommes parfaitement d'accord avec cette manière d'envisager les droits de la critique, ceux d'une personne morale ou encore la portée du terme « situation personnelle. »

II. — Par un autre arrêt du 16 octobre 1885, rendu dans la cause Elmer contre Tschudy, le Tribunal fédéral a proclamé les droits de la critique d'une manière toute semblable.

L'auteur d'un guide à l'usage des touristes, en Suisse, Iwan de Tschudy, libraire à Saint-Gall, avait mentionné le café Calanda tenu par M. Elmer, comme « très médiocre » *sehr gering*. Le détenteur de cet établissement actionna Tschudy, en vertu des articles 50 et 55, pour le paiement d'une indemnité de 5000 fr. Débouté par le Tribunal cantonal, Elmer recourut au Tribunal fédéral qui écarta le recours comme non fondé. La question de dol ne fut pas soulevée. Le Tribunal fédéral constate qu'il ne reste à trancher que la question d'imprudence. Cette imprudence existerait si l'intimé Tschudy avait inséré la mention défavorable au demandeur « sans avoir des » éléments de fait pouvant motiver cette appréciation et sans » avoir pris des renseignements » et les avoir rigoureusement contrôlés. « La responsabilité n'est encourue que lorsque l'af- » firmation erronée a été émise à la légère, d'une manière fri- » vole et sans faits à l'appui. » Or, l'appréciation du défendeur repose sur les résultats de son expérience personnelle et sur des déclarations d'autres personnes. — A un autre point de vue, la qualification de « très médiocre » est l'expression d'une opinion subjective et personnelle et se renferme dans les bornes d'une critique permise, soit au point de vue objectif, soit au point de vue subjectif.

III. — En résumé, la jurisprudence du Tribunal fédéral n'hésite pas à proclamer la liberté pleine et entière de l'expression d'une opinion personnelle et appuyée sur des faits dont la vraisemblance ne peut faire facilement l'objet d'un doute de la part de celui qui s'en prévaut, en tant que l'expression de cette opinion respecte les limites d'une critique permise objectivement et subjectivement.

IV. — Avant de quitter ce sujet, nous voulons parler en deux mots d'une affaire qui a fait un certain bruit à cause des circonstances qui l'ont entourée et des personnes qui en ont été les héros. Il s'agit de l'affaire Grivet-Chollet.

L'avocat Grivet, à Fribourg, assistait en justice une femme accusée d'avoir publié le bruit qu'une autre femme avait provoqué un avortement. Les réponses de cette femme paraissant équivoques au juge Chollet, celui-ci s'écria: « Il y a quelque chose là-dessous ! » L'avocat Grivet lui fait observer que, par ce propos, il s'est prononcé d'avance dans la cause. Le juge s'emporte et lance à l'avocat les épithètes de « Savoyard, » de « fou, » de « voyou. » Là-dessus, l'avocat intente une action civile, basée sur l'article 50 du Code des obliga- et tendant au paiement de 10,000 fr. de dommages-intérêts en sa faveur.

Après bien des péripéties, la Cour d'appel de Fribourg condamne le juge Chollet au paiement de 20 fr. d'indemnité à Grivet et met à sa charge $^1/_8$ des frais, Grivet supportant le reste.

Recours de ce dernier au Tribunal fédéral soit au point de vue de l'indemnité, soit sous le rapport de l'attribution des frais.

Le Tribunal fédéral écarta le recours en déclarant, entre autres : « Les épithètes grossières lancées par V. Chollet à l'adresse de l'avocat Grivet bien que hautement blâmables et déplacées dans la bouche d'un magistrat, sont de simples injures verbales.

» Prononcées dans un moment d'irritation, provoquées dans une certaine mesure par les agissements antérieurs du demandeur, ainsi que par son attitude aux débats, elles ne peuvent avoir porté une grave atteinte à sa situation personnelle et à son honneur professionnel.

» L'article 55 du Code des obligations n'est donc point applicable en l'espèce.

» En revanche, il est incontestable que le fait d'avoir été en butte aux injures proférées par le juge Chollet, a entraîné pour l'avocat Grivet un certain dommage matériel, dont l'auteur lui doit réparation à teneur de l'article 50 du même code. »

Or, ce dommage, en quoi consistait-il ? Un plaideur allait confier sa cause à l'avocat Grivet et, à l'ouïe de cette fâcheuse affaire, crut prudent de s'adresser à un autre avocat. Voilà donc une sortie d'un juge, qui a pour effet immédiat d'enlever la perspective d'un travail rémunérateur à quelqu'un, parce qu'un tiers en a tiré des inférences fâcheuses, et l'on nous dit que cette sortie n'est pas de nature à porter atteinte à la considération de cette personne ainsi frustrée et traitée de « voyou, » de « fou ! » La conséquence de pareilles attaques se produit presque en même temps que l'insulte, prouvant ainsi la portée de celle-ci, et néanmoins on admet que les injures prononcées ne sauraient avoir pour effet de léser la situation personnelle de la victime, c'est-à-dire la confiance d'autrui dans son habileté, dans ses mérites, dans sa correction en affaires, que sais-je, même la certitude de l'estime que tel tribunal a pour elle ? Il nous semble difficile de trouver un exemple d'atteinte à la situation personnelle, qui justifie mieux que celui-ci l'application de l'article 55, en prouvant aussi nettement les suites fâcheuses que de telles attaques peuvent entraîner.

Deuxième point. Si le demandeur Grivet s'est conduit de manière à irriter le tribunal, ce dont, vu l'arrêt, on ne peut douter, il est certain qu'il a lui-même commis une faute et que cette faute doit être prise en considération par le juge. Seulement ce que nous ne comprenons plus c'est que le Tribunal fédéral vienne parler ici des « agissements antérieurs » de Grivet et remonte le cours des années pour trouver dans la conduite antérieure du demandeur et en faveur du bouillant juge, des motifs d'excuse sans connexité aucune avec l'affaire que plaidait Grivet.

Nous croyons que la conduite antérieure de Grivet ne peut pas servir à justifier le juge Chollet. Qu'est-ce qu'on lui reproche à cet avocat ? C'est qu'il a mauvais caractère. Et parce que son tempérament, chicaneur peut-être, trouble la quiétude d'un juge, il sera permis à celui-ci de prendre les devants, de sonner la charge le premier, quitte à se voir reprocher ses expressions comme « déplacées » et « blâmables ! »

CHAPITRE III

Le régime de la presse dans les cantons suisses.

SECTION I. — GÉNÉRALITÉS.

A l'heure qu'il est, en Suisse, toutes les constitutions cantonales renferment la garantie de la liberté de la presse. Il faut pourtant en excepter celle du canton des Grisons, du 23 mai 1880, qui est muette à cet égard, soit parce que l'Assemblée constituante a jugé inutile d'indiquer la garantie d'un droit qui s'entend de lui-même à notre époque, comme on l'a soutenu au sein de l'Assemblée constituante vaudoise en 1862 et en 1884 à l'égard d'autres droits fondamentaux, soit pour d'autres raisons.

Chaque constitution garantit la liberté de la presse ou bien la liberté d'expression de la pensée, *freie Meinungsäusserung*, puis prévoit la répression des abus.

Les constitutions de Soleure (12 décembre 1847), Fribourg (7 mai 1857), Glaris (1er juin 1874) et Bâle-Ville (10 mai 1875) s'en réfèrent au texte de l'article 55 de la Constitution fédérale.

Celles du demi-canton de Nidwald (1877) et des cantons du

Tessin (1880) et d'Uri (1850) garantissent expressément la liberté de la presse *dans les limites de la vérité, des bonnes mœurs et de la religion.*

Quant à la répression des abus, Neuchâtel (1858), Zurich (1859), Appenzell Rh. Int. (1872) et Argovie (1885) ordonnent l'application du *droit commun;* ce dernier canton attend cependant la promulgation d'une loi spéciale.

Les cantons de Thurgovie (1869), Valais (1875) et Zoug (1881) renvoient les délits de presse au jugement du *code pénal* ou de la *loi pénale.*

La plus grande partie des cantons suisses disent que la répression des abus tombe sous le coup de *la loi,* simplement, et ainsi se réservent d'édicter une loi spéciale, ou d'appliquer les règles du code pénal, soit le droit commun. Tels sont Tessin (1830), Berne (1846), Genève (1847), Saint-Gall (1861), Schaffhouse (1876), Appenzell Rh. Ext. (1876), Schwytz (1877), Vaud (1885) et Bâle-Campagne (1863).

La vague indication de la répression par le *juge* se trouve dans les constitutions de Lucerne (1875) et de Nidwald (1877). Lucerne punit les abus d'après les dispositions légales.

L'interdiction de la *censure,* du *cautionnement* ou des autres *mesures préventives* n'est formellement prononcée que dans les constitutions de Berne (1846), de Genève (1847) et Vaud (1885).

On peut diviser les cantons en deux groupes, au point de vue de la réglementation de la liberté de la presse.

1o Ceux qui possèdent une loi spéciale sur la presse, ou qui possèdent une loi et renvoient d'autre part au code pénal;

2o Ceux qui n'ont pas de loi spéciale, mais dont le code pénal renferme des dispositions spéciales à la presse.

SECTION II. — CANTONS QUI POSSÈDENT D'UNE PART UNE LOI
SPÉCIALE ET RENVOIENT D'AUTRE PART AU CODE PÉNAL.

Les cantons du premier groupe sont les huit cantons suivants : Genève, Tessin, Schaffhouse, Grisons, Obwald, Lucerne, Vaud, Fribourg et Valais. De ces neuf cantons, le dernier a laissé tomber sa loi en complète désuétude, nous écriton ; les autres ont conservé certaines dispositions de leur loi et en ont remlpacé d'autres par les règles de leur code pénal.

§ 1. — *Genève.*

I. — Ce canton possède une loi de 1827 contenant quelques dispositions pénales et de police relatives à la presse. Divisée en trois sections, cette loi eut la première d'entre elle, articles 1-11, abrogée par le code pénal de 1874 ; la deuxième section contient les règles de procédure et la troisième a été rééditée presque textuellement dans un *règlement de police sur les éditeurs et imprimeurs,* du 10 avril 1877.

Nous n'avons à nous occuper que de ce dernier et des articles du code pénal relatifs aux atteintes à l'honneur.

Le règlement de 1877 exige l'indication juste du nom de l'imprimeur sur tous les écrits imprimés dans le canton et le dépôt de deux exemplaires de chaque imprimé, au profit de la Bibliothèque. Cette dernière formalité n'est donc pas prescrite en faveur de la police.

La déclaration préalable des éditeurs à la Chancellerie est obligatoire, chaque éditeur doit avoir son domicile dans le canton.

La responsabilité pénale est celle du droit commun. L'article 5 déclare formellement que la responsabilité des éditeurs peut s'étendre à tous les écrits d'un périodique, solidairement avec celle de l'auteur ou rédacteur. Nous voici donc en présence de trois personnes que le tribunal peut condamner comme auteurs; une quatrième personne, l'imprimeur, peut partager le même sort s'il est prouvé qu'il a agi avec intention de nuire lui aussi. Mais pour le seul fait de l'impression il ne peut être recherché. Nous avons déjà dit ce que nous pensons de la poursuite de l'imprimeur inconscient ou non de ce qu'il faisait. Cette faculté accordée par la loi au ministère public n'aboutit généralement à aucun résultat, parce que la preuve de l'intention de nuire ne peut facilement être apportée. Si l'on veut poursuivre l'imprimeur qu'on le fasse, mais sans égard à l'intention et seulement lorsque l'on ne peut mettre la main sur un autre participant, sous réserve, cela va sans dire, du cas où l'imprimeur a été le provocateur, l'instigateur, l'auteur moral, c'est-à-dire où la complicité apparaît par d'autres actes que ceux du métier même.

L'imprimeur sera puni comme auteur — la loi dit « pourra être condamné » — si l'auteur ou l'éditeur sont inconnus ou ne peuvent être atteints par la justice du canton.

II. — Le code pénal genevois entend par diffamation toute imputation d'un fait précis qui peut exposer un particulier ou un corps constitué soit à des poursuites criminelles, soit à la haine ou au mépris public. La diffamation doit avoir pour base un *fait précis*, c'est-à-dire dont la vérité ou la fausseté puisse être prouvée. Il faut un fait et non une simple affirmation dénuée de fondement matériel, une simple appréciation. Le code exige que l'imputation ait été publique, proférée de vive voix dans un lieu ou une réunion publics ou insérée dans un écrit mis en vente, distribué ou affiché dans des lieux semblables.

L'injure est définie par le code genevois « une expression outrageante, terme de mépris ou invective qui ne renferme l'im-

putation d'aucun fait précis. » L'injure doit être publique, sans
cela elle n'est passible que des peines de simple police.

La preuve des faits est autorisée contre les fonctionnaires.
La preuve de la vérité d'un fait rentrant dans la vie privée
n'est admise que si elle résulte d'un jugement ou d'un acte
authentique. Cette preuve libère de toute peine, sauf si l'injure
ou la diffamation consiste dans un reproche fait à un condamné qui a expié sa faute ou bien à ses parents de sang et
d'alliance ; il en est encore ainsi quand l'injure ou la diffamation a été commise dans l'intention de nuire et sans but
d'intérêt public.

La publication du jugement et son affichage peuvent être
ordonnés. Il en est de même de la publication dans le journal
qui a attaqué. Les exemplaires de livres, brochures et journaux peuvent être confisqués.

La loi genevoise ne connait pas le *droit de réponse*.

§ 2. *Tessin.*

La constitution tessinoise date de 1830 et la loi sur la
presse du 13 juin 1834. Cette loi a donné lieu à diverses modifications dont nous avons parlé à propos du droit d'approbation qui appartient au Conseil fédéral à l'égard des lois
cantonales. Elle n'est plus que partiellement en vigueur, plusieurs de ses dispositions étant tombées en désuétude.

Elle exige de l'imprimeur l'indication de son nom et la date
de la publication, et de l'éditeur d'une feuille, périodique ou
non, pourvu qu'elle ait moins de 50 feuilles, une déclaration au gouvernement. Le dépôt de deux exemplaires est
prescrit.

La responsabilité pénale tombe sur l'auteur, à son défaut
sur l'éditeur, à son défaut sur l'imprimeur. C'est donc la responsabilité successive et exclusive. Les frais du procès,

amendes et indemnités, sont payés dans le même ordre, par l'un subsidiairement à l'autre.

Le droit de réponse est admis.

Le code pénal de 1873 contient, en matière de diffamation et d'injure, des règles qu'on ne retrouve nulle part en Suisse. La qualification d'une parole ou d'un acte dépend de l'absence ou de la présence de la personne attaquée. Est coupable de diffamation celui qui, en présence de plusieurs personnes, attribue de vive voix à un *absent* un crime, délit ou fait déterminé quelconque pouvant « l'exposer à la haine, au mépris public, ou le dégrader d'une autre manière dans l'opinion publique. »

« La diffamation, dit l'article 345, se convertit en libelle fa-
» meux si elle est commise dans un acte public ou par le
» moyen d'écrits ou de dessins répandus ou exposés au
» public sous quelque forme que ce soit. »

Quant à l'injure, elle consiste dans le reproche fait en un lieu public et en présence de plusieurs personnes, de vive voix, par écrit, images ou gestes, d'un crime, d'un délit ou d'un autre fait déterminé qui pourrait exposer l'offensé à la haine ou au mépris public. Il y a aussi injure en cas d'offense par des voies de fait légères exprimant le mépris, le dégoût.

Enfin la *contumelia*, l'injure simple, consiste dans une qualification malsonnante ou méprisante, ou contenant le reproche d'un vice ou d'une difformité physique.

Le code tessinois donne donc pour ainsi dire une prime au courage moral de l'offensant. La gravité de l'offense au point de vue subjectif est atténuée si l'outrage a lieu en présence de la personne visée. Diffamation, si je vous attribue, en votre absence, un fait déterminé ; injure, si je vous impute ce même fait en votre présence, et la peine variera également. Les législations de l'Allemagne et de l'Autriche

16

voient la perversité qui distingue la diffamation de l'*üble Nachrede* dans la conscience de la fausseté du fait publié ; la loi tessinoise distingue l'injure de la diffamation en se fondant sur un sentiment plutôt chevaleresque, celui du courage devant l'ennemi, et peut-être sur le fait qu'en accusant quelqu'un en sa présence, on lui fournit l'occasion, par cela même, de répondre *illico* et de couper les ailes à l'accusation avant qu'elle ait fait du chemin.

Il résulte de ceci que l'imputation d'un fait précis, dans un journal, sera toujours considérée comme libelle fameux et punie de la plus haute peine. Il y a inégalité entre le traitement du journal et celui d'un particulier qui lance de vive voix une accusation. Mais le grand mal est que cette législation fait dépendre l'appréciation du délit d'une pure question de fait matériel, en laissant complètement dans l'ombre l'élément subjectif du délit, l'élément le plus important, *l'intention*. Le code tessinois punit de la même peine le diffamateur qui connaît la fausseté de ses imputations et manifeste ainsi la ferme intention de nuire, et le diffamateur qui, sans intention calculée et d'une manière irréfléchie, répand un bruit dont il ignore la fausseté. C'est pourtant l'intention consciente seule et non pas la présence ou l'absence de la personne visée qu'il faut considérer. La distinction entre la culpabilité doit se fonder sur l'élément subjectif du délit et non pas sur une simple circonstance de lieu et de temps.

La preuve de la vérité peut se faire par tous les moyens de la procédure pénale et a pour conséquence de libérer l'inculpé, à moins que l'intention injurieuse ne résulte de la forme de l'imputation ou des circonstances ; le code ajoute que dans ce cas, le délit est puni des peines de la diffamation et du libelle, « se sara avvenuto *fuori della presenza* dell'offeso, » et de l'injure, « se sara avvenuto *in presenza* dello stesso. » S'il s'agit d'un fait qui ne puisse faire l'objet d'une poursuite, la preuve de la vérité ne peut avoir lieu, sans que plainte ait été portée par un tiers.

La confiscation des images ou écrits ou imprimés suit toujours la condamnation. Le jugement est publié dans la Feuille officielle et son insertion dans un journal du canton peut être ordonnée par le tribunal, sur réquisition de l'offensé.

La diffamation et l'injure contre un mort sont punies sur plainte des héritiers, du conjoint, des ascendants, des descendants, des frères et sœurs. La plainte n'est pas admise lorsqu'il s'agit de faits historiques ou contemporains auxquels le défunt a pris part, à moins que les faits n'aient été sciemment altérés.

§ 3. *Schaffhouse.*

La loi sur la presse est du 15 décembre 1837. Elle est partiellement tombée en désuétude.

Cette loi exige l'indication du nom de l'imprimeur, du lieu et de la date de l'impression.

L'article 2 attribue un droit de réponse à l'autorité, à la corporation ou à la personne privée simplement désignée, pour rectifier les faits. Il s'agit donc d'une rectification, qui doit paraître sans altérations et gratuitement dans l'un des deux plus prochains numéros à dater de sa réception.

La responsabilité pénale est successive, exclusive et à la charge de l'auteur de l'écrit, de l'éditeur (*Herausgeber*), du libraire-éditeur (*Verleger*), de l'imprimeur. Le rédacteur est considéré comme un éditeur (*Herausgeber*).

La loi punit l'outrage à l'autorité ou à l'une des personnes citées à l'article 2 ; elle ne s'explique pas d'une manière plus développée sur le mot outrage.

Le jugement peut allouer des dommages-intérêts et doit déclarer que les expressions blessantes sont sans fondement

(*Aufhebung der Ehrverletzung*). De plus, le coupable peut être tenu à une réparation d'honneur. Enfin, le juge peut décider que le jugement sera publié.

§ 4. *Grisons.*

La loi des Grisons relative à l'exercice de la presse est du 13 juillet 1839.

Cette loi proclame la liberté d'exprimer sa pensée et de la publier par l'impression ou tout autre moyen. Chacun peut « exprimer par la presse son opinion sur ce qui se passe, pour autant qu'une obligation spéciale ne l'oblige pas à garder le silence. » Mais chacun est responsable de ses atteintes au droit.

Le nom de l'auteur ou de l'imprimeur et la date de l'édition doivent être indiqués sur l'imprimé, sous peine d'amende, et l'omission de cette formalité constitue une circonstance aggravante si le contenu de l'écrit est délictueux.

La responsabilité pénale atteint l'auteur, l'éditeur (*Herausgeber*), le libraire-éditeur (*Verleger*) et l'imprimeur *solidairement* entre eux. Le plaignant qui a déposé sa plainte contre une ou plusieurs de ces personnes ne peut la retirer pour en attaquer une autre. La responsabilité des amendes, etc., est aussi *solidaire* entre ces divers participants. Le colporteur d'un écrit déclaré coupable, qui le répand intentionnellement, est considéré comme complice.

La loi punit l'outrage contre les personnes privées. Il peut être accordé une indemnité au plaignant et une déclaration d'honorabilité par le tribunal. Remarquons que le code pénal grison ne parle pas des atteintes à l'honneur.

Le droit de rectification de faits faux est accordé à « quiconque est lésé directement ou indirectement. » L'usage de ce droit nous semble beaucoup trop étendu au point de vue des personnes auxquelles il est attribué, puisque même les personnes lésées « indirectement » ont le droit de répondre aux allégations du journal. Ce terme est trop vague.

Le Grand Conseil élabora, en 1884, un projet de loi sur la presse qui fut rejeté par le peuple.

Ce projet est intéressant à titre de renseignements sur la façon dont le Grand Conseil envisagea le principe de la liberté de la presse.

La liberté de la presse, dit ce projet, est garantie dans les limites de la Constitution fédérale et de la loi actuelle.

Le projet énumère les moyens de propagation de la pensée aux productions desquels cette loi est applicable. Il donne le sens du mot publication. Les indications réclamées d'un imprimé sont l'année de l'édition, le nom et le domicile de l'imprimeur, ceux du libraire-éditeur (*Verleger*) ou de l'auteur ou de l'éditeur (*Herausgeber*), sauf ce qui concerne les ouvrages de ville ou bilboquets. Quant aux journaux ou publications périodiques, ils doivent porter le nom et l'indication du domicile de l'éditeur responsable.

Les délits de presse sont régis par le droit commun. La responsabilité pénale tombe sur le rédacteur ou l'éditeur d'abord et ensuite sur le libraire-éditeur, puis sur l'imprimeur, mais seulement à défaut l'un de l'autre pour ces deux derniers. Chacune de ces personnes peut se décharger de toute responsabilité en nommant l'auteur de l'écrit, pourvu qu'il soit domicilié dans le canton « et jouissant de ses droits civiques. » La responsabilité pour les amendes, frais de procès et indemnités atteint solidairement tous ceux qui ont pris part à la publication. Si la publication a eu lieu ensuite d'une entente, on applique les dispositions pénales relatives à l'exécution en commun d'un crime ou délit.

Le fait qu'un délit prévu au code pénal a été commis par la presse est une circonstance aggravante.

La saisie préalable est autorisée dans tous les cas de délits
ou de contraventions de presse Voilà une singulière disposition dans un projet de loi de 1884!

Le jugement peut attribuer une indemnité au lésé et être
publié dans la feuille coupable avec la déclaration d'honneur
faite au plaignant.

Le projet admettait la simple rectification, par la personne intéressée, des faits allégués.

La diffamation d'un mort pouvait donner lieu à une action
de la part des héritiers.

Mais nous le répétons, tout cela a été rejeté par le scrutin
populaire.

§ 5. *Lucerne, Unterwald, Schwytz, Uri.*

La loi sur la liberté de la presse date du 31 décembre 1848.
Elle est encore en vigueur presqu'entièrement.

Elle renvoie au code pénal pour tout ce qui concerne les
délits de presse, sous réserve des règles qui forment le contenu de la loi.

La responsabilité pénale est exclusive et successive, à la
charge de l'auteur, de l'éditeur (*Herausgeber*), du libraire-éditeur (*Verleger*), de l'imprimeur.

La responsabilité civile est aussi subsidiaire en ce sens que
les amendes, frais du procès et indemnités sont réclamés successivement à chacun des intéressés jusqu'à ce qu'ils soient
payés.

Le nom de l'imprimeur et, pour les feuilles périodiques, le
nom du rédacteur doivent être indiqués sur l'imprimé.

La saisie préalable est admise contre tout écrit « tenu pour
coupable » et le tribunal la confirme ou la lève.

Le code de police du 6 juin 1861 contient les règles sur la
diffamation et l'injure. Ce code a servi de modèle à celui

d'*Obwald* du 20 avril 1870, qui reproduit presque textuellement ses articles sur la diffamation.

La diffamation est l'imputation fausse d'un fait capable de porter atteinte au bon renom ou à l'honneur d'un citoyen. Elle se nomme *Verleumdung* si l'imputation est lancée avec connaissance de la fausseté du fait; si l'imputation ne se produit que d'une manière irréfléchie, sans que la fausseté du fait soit connue, il y a *üble Nachrede*. La peine n'est pas la même pour ces deux genres de diffamation.

La preuve de la réalité des faits allégués est autorisée et libère l'inculpé, à moins qu'il n'y ait une intention injurieuse.

L'injure consiste dans le fait de porter atteinte à l'honneur d'autrui par mots, écrits (*Verbalinjurie*), ou par coups (*Realinjurie*), pourvu que ces coups ne puissent être considérés comme constituant le délit de voie de fait.

La diffamation et l'injure envers les morts sont punies sur plainte du conjoint, des père et mère, des enfants et des frères et sœurs. Publication du jugement et déclaration d'honorabilité par le tribunal.

Les codes de Lucerne et d'Obwald renferment une disposition assez curieuse, c'est celle qui autorise la personne qui douterait de l'existence réelle de la diffamation dont elle est l'objet, soit par suite de la forme, soit par suite de la difficulté de saisir l'intention, à réclamer de l'offensant une déclaration d'honneur. Si ce dernier la donne, tout est pour le mieux; sinon il est présumé avoir diffamé avec intention bien arrêtée.

Notons ici que le canton de *Schwytz* applique aussi les règles du code pénal lucernois, son code pénal de 1881 ne renfermant aucune disposition en matière de *Ehrverletzung*, d'outrages. *Nidwald* et *Uri* ne possèdent aucun code pénal et s'en réfèrent, soit à leur *Landbuch*, comme nous l'avons vu précédemment, soit au code pénal de Lucerne également.

§ 6. *Fribourg*.

Les codes de Fribourg et Valais ne parlent pas de la presse. En revanche, une loi fribourgeoise de 1854 établit la responsabilité exclusive et successive à la charge des différentes personnes qui participent à une publication, auteur, éditeur, imprimeur.

Le code de Fribourg, de 1868, entré en vigueur en 1874, punit l'injure, l'atteinte à l'honneur ou à la considération par l'emploi de termes de mépris, d'invectives, d'expressions outrageantes qui ne renferment pas l'imputation d'un fait précis, ou encore d'actes insultants, mais seulement lorsqu'elle est publique; l'injure non publique n'est punie que des peines de simple police.

La *calomnie* est définie comme la diffamation dans les législations française et vaudoise. La publicité donnée à la calomnie est une cause d'aggravation de la peine.

La preuve de la vérité des faits est admise et libère le prévenu à moins que l'intention injurieuse ne résulte de la forme de l'imputation ou des circonstances. Toutefois, si l'acte imputé est punissable, la preuve de la vérité n'est admise que si elle se base sur le contenu d'un jugement. Il y a une seconde restriction, c'est que la preuve testimoniale ne peut être faite que dans le cas où, le prévenu ayant précisé les faits allégués, le juge aura reconnu, par sentence préalable, que cette preuve fournie est de nature à exclure ou diminuer la culpabilité. Le code prussien contenait une semblable disposition, que le code de l'Empire n'a pas reproduite.

En matière d'injures, aucune preuve de vérité n'est autorisée.

L'article 409 réserve la liberté de la critique des œuvres de l'intelligence, la liberté des tribunaux et celle de l'administration à l'égard de ses employés. Ces critiques, appréciations et réprimandes ne sont punies que si l'intention d'offenser ressort de leur forme ou des circonstances.

La diffamation d'une personne morte depuis que le délit a été commis est punie sur plainte des ascendants et descendants, du conjoint et des frères et sœurs, ainsi que de l'héritier, « à moins qu'il ne soit prouvé que le défunt y avait renoncé. » La question n'est pas tranchée pour le cas d'attaque à une personne déjà morte au moment de l'offense.

La publication du jugement peut être ordonnée à la requête du lésé, si l'offense a été publique.

§ 7. *Valais*.

Une lettre nous a appris que les lois sur la presse de ce canton sont complètement tombées en désuétude.

Le code pénal de 1858 appelle *calomnie* l'imputation d'un fait qu'on sait être faux. L'imputation de faits déterminés est une *diffamation*. Enfin est *injure* toute expression qui ne renferme l'imputation d'aucun fait déterminé.

La calomnie du code valaisan est donc la *Verleumdung* de la plupart des codes allemands; la diffamation correspond à l'*üble Nachrede*, soit à la publication de faits dont on ignore la fausseté, et l'injure à la *Beschimpfung*.

La preuve du fait, en cas de diffamation, doit être administrée par la production d'un jugement. Les tribunaux peuvent ordonner la publication du jugement ou la rétractation des termes injurieux.

Le code ne dit rien de la diffamation envers les morts.

SECTION II. — CANTONS DONT LE CODE PÉNAL RENFERME DES DISPOSITIONS SPÉCIALES A LA PRESSE.

Les cantons qui s'en réfèrent aux dispositions de leur code pénal tout en possédant quelques règles spéciales sur la presse, généralement ajoutées à la fin du code, sont les cantons de Saint-Gall, Zurich, Soleure, Zoug, Appenzell Rh.-Ext., Berne, Bâle-Ville, Argovie, Thurgovie, Glaris et Neuchâtel.

§ 1. *Saint-Gall.*

Le code pénal saint-gallois du 25 novembre 1885 contient un supplément dont le titre I est consacré aux délits de presse.

L'article 193 ordonne que chaque imprimé, sauf les ouvrages de ville, porte l'indication du nom de l'éditeur, ou du libraire-éditeur ou de l'imprimeur, et celle de leur domicile. La loi laisse donc le choix, pourvu que la désignation de l'un des participants, outre l'auteur, soit donnée.

La responsabilité pénale est exclusive et successive. Dans la règle, on s'en prend tout d'abord au rédacteur responsable ou, s'il n'est pas connu, à l'éditeur ou enfin à l'imprimeur. En fait de périodiques, on considérera le propriétaire du journal comme *Herausgeber*, ainsi que l'admet la loi allemande. Cette responsabilité s'attache à l'auteur seul, si les personnes ci-dessus désignées peuvent le nommer ou le faire découvrir.

La responsabilité pour les amendes, frais et indemnités civiles frappe subsidiairement chacun des participants.

Le rédacteur ou l'éditeur qui ne pourraient être poursuivis — comme auteurs principaux, peuvent l'être comme instigateurs (assimilé à l'auteur principal, article 32) ou comme complices si leur participation intentionnelle est manifeste. Nous nous trouvons en présence d'une exception aux principes de la responsabilité exclusive et successive, en ce sens que le rédacteur ou l'éditeur peuvent être punis à côté de l'auteur principal, comme complices, mais seulement s'ils ont eu l'intention avouée de commettre un délit.

La destruction des exemplaires peut être ordonnée par le tribunal, indépendamment de la confiscation préalable, par la police, du périodique ou de l'imprimé.

Quant à la diffamation, le code pénal, article 106, distingue entre la diffamation consciente de la fausseté du fait et celle qui est publiée sans que la personne connaisse cette fausseté.

La *Verleumdung* est l'imputation par parole, écrits, etc., d'un fait faux propre à ruiner l'offensé dans l'estime publique, à le livrer au mépris, à lui enlever son crédit ou à en faire un objet de haine, sachant que le fait imputé est faux.

La fausseté de l'allégation est présumée, ainsi que la connaissance de cette fausseté, jusqu'à preuve du contraire. La preuve de la vérité du fait est donc admise, comme la preuve de l'ignorance de la fausseté du fait imputé.

Si l'on n'a pas su qu'il s'agissait d'une allégation dénuée de tout fondement, si l'on s'est exprimé sur la foi d'un on-dit, nous ne sommes plus en présence que d'une *Beschimpfung*. Le code appelle ainsi toute imputation d'un fait faux et déshonorant, proférée sans qu'on eût connaissance de sa fausseté, d'une manière imprudente ou irréfléchie, puis toute imputation d'un fait faux et en connaissance de cause adressée à l'offensé sans qu'il y ait publicité, c'est-à-dire dans une lettre, en tête à tête, etc., et toute expression ou voie de fait insultantes de nature à compromettre sans droit la bonne réputation ou l'honneur d'autrui aux yeux du public. Le fait qu'on aurait perdu un procès ou qu'on a été gravement lésé dans ses intérêts ne vous autorise pas à injurier celui qui est la cause de ces pertes; il faut ici un droit légal comme celui qui découle de la puissance paternelle, etc.

Le fait de reprocher un crime ou délit expié ou un défaut physique dans le but de nuire est une injure.

L'intention de nuire est présumée jusqu'à preuve de motifs avouables et d'un but honorable.

La publication par la presse d'une diffamation ou d'une injure est une circonstance aggravante et permet d'élever la peine.

Le jugement peut être publié aux frais du coupable ; la diffamation et l'injure doivent être déclarées sans fondement (*Aufhebung der Ehrberletzung*) par le tribunal.

Le code de Saint-Gall ne connaît pas la diffamation envers les morts ; mais il autorise les héritiers à continuer les poursuites si l'offensé est décédé après le dépôt de la plainte.

L'article 112 décide que le droit d'action s'éteint à l'expiration d'un délai de 6 mois à dater du jour de la découverte de l'auteur. Ce délai est prolongé de deux mois dans le cas où l'offensé aurait invité l'Etat, en temps opportun, à se charger de la poursuite et que celui-ci refuse.

Le demandeur a donc le droit de poursuivre lui-même ou de demander à l'Etat de se charger des poursuites pour son propre compte et à ses risques et périls. Cette disposition est empruntée au droit allemand.

§ 2. *Zurich et Soleure.*

Le code pénal de Zurich du 24 octobre 1870 et celui de Soleure du 25 octobre 1885 renferment les mêmes dispositions à peu près mot à mot, le code soleurois n'étant que la reproduction, en matière de diffamation et de délits de presse, du code de Zurich. C'est pourquoi nous les réunissons ici.

Le titre XII des codes zurichois et soleurois s'occupe des délits commis par la presse. Les dispositions du code sont la règle.

L'indication du nom de l'imprimeur est la seule qui soit exigée.

La responsabilité pénale exclusive et successive s'attache d'abord à l'auteur ; si l'édition a eu lieu à son insu, s'il n'est pas connu ou s'il ne peut être atteint par les tribunaux, c'est l'éditeur qui assume la responsabilité, puis le libraire-éditeur et enfin l'imprimeur.

Le Tribunal fédéral (arrêt du 15 janvier 1876, *Stempowski*) a reconnu que, dans le système de la responsabilité par cascades, les principes généraux sur la complicité restent applicables et que *plusieurs* auteurs (*Verfasser*) peuvent être condamnés comme tels en même temps. Le fait que l'un d'eux signe seul ou se déclare seul auteur n'est pas un motif qui puisse empêcher la poursuite des autres auteurs.

Cet arrêt doit être compris dans ce sens que le système belge de la responsabilité par cascades ne s'oppose pas à ce que plusieurs coauteurs ne soient punis ensemble et que des complices ne puissent être punis à condition qu'ils soient poursuivis seulement en raison d'actes étrangers à la publication en soi : ainsi un imprimeur sera poursuivi s'il a eu personnellement une intention malveillante très arrêtée à l'égard de l'offensé et il ne pourra se soustraire à cette poursuite en alléguant que l'auteur est connu et que par conséquent sa responsabilité est à couvert.

La responsabilité pour les amendes, etc., est subsidiaire. Chaque personne a son recours contre la personne dont la responsabilité prime la sienne.

La saisie préalable soit en cas de délit, soit en cas de contravention aux mesures de police peut être ordonnée ; la confiscation des exemplaires peut être prononcée par le tribunal. Le code soleurois ajoute que les formes et planches peuvent aussi être confisquées et anéanties.

Les dispositions finales du code de Zurich déclarent abrogée la loi sur les menées communistes du 26 mars 1846 (*Gesetz gegen kommunistischen Umtriebe*).

La diffamation (article 149 c. zur. et 129 c. sol.) est l'imputation d'un fait qu'on sait être faux... les autres conditions sont connues et nous nous dispenserons désormais de répéter que le fait doit être de nature à ruiner le lésé dans l'opinion publique ou à le mettre en butte à la haine et au mépris public ou encore à l'exposer à des poursuites criminelles, etc.

La divulgation d'un fait vrai, s'il est prouvé, n'est pas punie, pourvu que l'intention injurieuse ne résulte pas de la forme du propos ou des circonstances, car alors cette imputation est punie comme injure.

L'injure résulte de l'imputation d'un fait faux qu'on croit être vrai, ou encore d'expressions ou de voies de fait qui portent atteinte à l'honneur d'autrui. Ces voies de fait ne doivent pas être assez graves pour constituer le délit de ce nom.

La publication par la presse est une circonstance aggravante.

La diffamation contre les morts est punie sur plainte des héritiers, pourvu qu'il ne soit pas certain que le défunt, attaqué de son vivant, y avait renoncé.

En ce qui concerne la preuve de la vérité, le code de Soleure la déclare inadmissible lorsque l'action reprochée est punissable et qu'il y a déjà eu acquittement par un jugement définitif. Le code de Zurich n'a rien de semblable, tandis que Saint-Gall et Genève entre autres prévoient le cas en interdisant la preuve du crime contre un condamné.

§ 3. *Zoug.*

En trois articles de son annexe, le code pénal du 20 décembre 1876 nous dit que les délits de presse sont régis par le droit commun, que tout imprimé doit porter l'indication du nom de l'imprimeur et enfin que la responsabilité pénale est exclusive et successive contre l'auteur, à son défaut, contre l'éditeur (*Herausgeber*), puis contre le libraire-éditeur (*Verleger*) et enfin contre l'imprimeur. La responsabilité pour les

amendes, etc., est subsidiaire; chaque personne a son recours contre son antécesseur.

La diffamation, (*Verleumdung*) et l'injure (*Beschimpfung*)
sont définies comme dans le code de Zurich. La preuve des
faits est admise et libère l'inculpé à moins que l'intention injurieuse n'apparaisse.

La publication par la presse est une cause d'aggravation de
la peine. Le jugement peut être publié. La diffamation contre les morts est punie sur plainte des héritiers.

§ 4. *Appenzell Rh.-Ext.*

Le code de ce demi-canton, qui date du 28 avril 1878, se
range en ce qui concerne la presse, au système de la responsabilité par cascades (articles 33 et 34), et s'en prend d'abord
à l'auteur, puis à l'éditeur (*Herausgeber*), puis à l'imprimeur
et enfin au libraire-éditeur (*Verleger*). Il intervertit le rôle généralement admis dans les cantons allemands. Il ajoute que
cette responsabilité dure 2 ans, ce qui nous semble légère-
ment exagéré. La responsabilité pour les frais, etc., est subsidiaire, suivant la même échelle. Chacun a son recours.

La diffamation est l'imputation d'un fait qu'on sait être
faux.

L'injure est la divulgation irréfléchie de bruits non fondés
ou bien se trouve dans une expression ou un geste ou de légères voies de fait de nature à exposer au mépris celui qui
en est l'objet.

La preuve des faits est admise. Elle ne libère le défendeur
que s'il n'a pas eu intention injurieuse, sans cela la loi le punit pour injure.

§ 5. *Berne.*

Les articles **240** à **247** du code pénal du 30 janvier 1866 ont. trait à la police· de l'imprimerie et à la responsabilité relative aux publications de la presse.

Les indications dont un imprimé et plus spécialement un journal doivent être revêtus sont assez nombreuses.

Une feuille périodique doit indiquer les noms et domicile du rédacteur responsable, du libraire-éditeur (*Verleger*) ou de l'éditeur (*Herausgeber*) et de l'imprimeur. Tout autre imprimé — ouvrage ou brochure — doit porter le nom du libraire (*Verleger*) et de l'imprimeur.

Le droit de réponse est admis en tant que rectification de faits allégués dans le journal. L'auteur de la réponse est seul responsable de son contenu. La réponse doit être insérée, sans addition ni omission, dans l'un des deux plus prochains numéros et peut être double de l'article qui en est la cause.

Dans les cas de calomnie et de diffamation, la publication du jugement doit être ordonnée par le juge à la requête du lésé. Cette publication doit avoir lieu dans les huit jours dès la réception par l'éditeur.

A l'inverse du code de Zurich, qui autorise la saisie préalable de l'imprimé qui ne renferme pas les indications exigées par la loi, le code bernois n'admet cette saisie que dans le cas où le contenu de l'imprimé constitue une infraction dont la poursuite se fait d'office. La suppression et la destruction d'un écrit sont autorisées, mais le fait que les imprimés ne sont pas revêtus des indications voulues n'est pas un motif suffisant pour cela.

La responsabilité pénale est celle du système belge avec un ordre différent : 1º rédacteur, 2º libraire (*Verleger*) ou éditeur (*Herausgeber*) et enfin 3º imprimeur. Si l'une de ces personnes nomme l'auteur, celui-ci est seul poursuivi, à condition qu'il ait connu la publication et qu'il puisse être atteint par la justice.

La responsabilité pour des frais, amendes, etc., est solidaire entre les divers participants, si l'auteur ne peut y suffire. Le demandeur peut s'adresser à l'une ou l'autre de ces personnes. Le droit de recours est formellement réservé à chacun des participants qui aura payé.

Le code pénal bernois distingue entre la calomnie et l'injure.

La calomnie (*Verleumdung*) est l'imputation « soit dans les lieux publics ou en présence de plusieurs personnes, soit dans un acte authentique et public, soit dans un écrit imprimé et non affiché, vendu ou distribué, soit dans une lettre, de faits qui, s'ils étaient vrais, exposeraient celui contre lequel ils sont articulés à des poursuites pénales, ou même seulement au mépris ou à la haine de ses concitoyens. »

Cet article ne parle que de l'imputation de « faits... » sans autre qualification et il faut lire l'article suivant (178) pour trouver ce que doivent être ces faits. L'article 178 dit : « Quant aux injures ou expressions outrageantes (*einfache Verletzung*) qui ne renfermeraient l'imputation d'aucun fait précis, mais celle d'un vice déterminé ou d'actes impliquant une atteinte à l'honneur, si elles ont été proférées dans des lieux publics, ou en présence de plusieurs personnes, ou insérées dans des écrits imprimés ou non qui auraient été répandus ou distribués... »

La calomnie est l'imputation d'un fait précis et l'injure une expression outrageante renfermant l'imputation d'un vice déterminé ou d'actes déshonorants pour celui qui les a commis.

Le code bernois se distingue des codes que nous venons de citer en ce qu'il ne s'inquiète nullement de la connaissance de la fausseté du fait par l'inculpé ou de sa bonne foi à ce sujet. De ce côté là, le code bernois comprend la calomnie de la même façon que les législations française et vaudoise, tandis que la plupart des cantons allemands font la distinction entre la divulgation d'un fait qu'on sait être faux (*Verleumdung*) et celle d'un fait qu'on croit être juste (*Uble Nachrede*).

La preuve du fait libère l'inculpé. Ici encore le code ne s'inquiète nullement de la forme de l'imputation, ni de l'intention de nuire, la seule preuve de la vérité du fait entraîne la libération. Un condamné auquel on reproche son crime ne pourra jamais faire punir son diffamateur, du moment que celui-ci produit un jugement. Le code dit, en effet, que si l'action reprochée est punissable, le juge n'admettra d'autre preuve que celle qui résulte d'un jugement ou de tout autre acte authentique et public.

La diffamation contre les morts n'est pas prévue par le code.

§ 6. *Bâle-Ville.*

Le code de police de 1882 ordonne l'indication sur tout imprimé, sauf les ouvrages de ville, du nom de l'imprimeur et, s'il s'agit d'une feuille périodique, du nom de l'éditeur responsable (article 25).

Le code de procédure pénale de 1862 établit la responsabilité exclusive et successive contre 1° l'auteur ou le dessinateur, 2° l'éditeur (*Herausgeber*), 3° le libraire-éditeur (*Verleger*) et l'imprimeur. Chacune de ces personnes peut être punie comme auteur principal, à défaut de ses antécesseurs. Mais le code de procédure pénale apporte une grave infraction aux principes de la responsabilité belge, qui part du point de vue qu'une seule personne doit être punie, car il ordonne que, suivant les règles générales sur la complicité, l'éditeur, le libraire-éditeur, l'imprimeur et le colporteur soient punis

« si le caractère délictueux de l'écrit ou de l'image leur était connu ou ne pouvait raisonnablement leur échapper. » C'est le juge qui décide, dans ce cas ; sa faculté d'appréciation est donc très étendue.

Le jugement peut être publié et les exemplaires de l'écrit confisqués et détruits.

Le code pénal de 1872 appelle injure une action ou expression outrageante ; la peine est doublée si l'injure a lieu par écrit, imprimé, en public ou contre une autorité ou un fonctionnaire.

La même peine est appliquée, dans l'un ou l'autre de ces cas, à celui qui publie l'imputation d'un fait faux sans connaître cette fausseté et d'une manière inconsidérée (*üble Nachrede* dit le code).

Enfin la publication d'un fait faux alors qu'on en connaît la fausseté constitue une diffamation (*Verleumdung*). La peine est doublée en cas de diffamation par écrit, etc.

L'injure contre les morts est punie.

Le jugement peut être publié si l'outrage a eu lieu dans un lieu public ou par écrits, imprimés, etc. rendus publics.

§ 7. *Argovie*.

Une lettre nous apprend qu'en attendant l'élaboration d'une loi sur la presse, prévue par la Constitution de 1885, ce canton applique les règles de son code de police.

L'article 204 établit la responsabilité exclusive et successive : auteur, éditeur, libraire-éditeur et imprimeur.

La diffamation est l'imputation d'un fait qu'on sait être faux. L'injure consiste dans l'atteinte à l'honneur par imputation de faits qu'on croit vrais et fondés ou par expressions injurieuses.

La publication de semblables outrages par la presse est

une circonstance aggravante. Il y a aussi aggravation suivant le lieu, les relations du lésé et de l'offensant, le courage ou la lâcheté de celui-ci dans l'attaque.

La plainte contre une diffamation envers les morts est admise. Le jugement peut être publié.

La preuve des faits libère le prévenu lorsque l'intention injurieuse ne ressort pas de la forme du propos ou des circonstances.

§ 8. *Thurgovie.*

Le code pénal du 15 juin 1841 pose le principe de la responsabilité par cascades contre l'auteur, l'éditeur, le libraire-éditeur et l'imprimeur (article 231). En ce qui concerne les frais, elle est subsidiaire.

Le code punit l'outrage, ce qu'il appelle d'un terme général *Ehrverletzung*. L'outrage est toute imputation d'un fait faux puni par la loi ou de nature à attirer le mépris ou la haine et toute expression, tout geste ou toute voie de fait qui provoquent le mépris ou la haine.

La preuve de la vérité libère le prévenu si l'intention injurieuse n'est pas manifeste.

La peine est augmentée de moitié quand l'outrage a lieu par écrits ou imprimés dont l'auteur n'est pas ou est faussement désigné.

Un tel écrit est appelé « pasquille »; il était déjà puni sous ce nom par le vieux droit germanique et entre autres par la Caroline.

Le code prévoit la diffamation contre les morts et autorise la plainte des père et mère, descendants, frères et sœurs et conjoint.

Le tribunal peut ordonner la publication du jugement.

§ 9. *Glaris.*

Le code de 1867, à son article 185, autorise le lésé à s'en prendre au possesseur de l'imprimerie et à exiger que celui-ci nomme l'auteur de l'écrit. Si l'imprimeur s'y refuse, c'est lui qui supporte la responsabilité.

L'article 183 autorise l'ouverture de l'action par les héritiers ; seulement il ne dit pas si cette action leur est accordée lorsque l'offensé a reçu l'outrage de son vivant et qu'il est décédé avant d'avoir intenté une action, ou bien si elle leur est accordée même quand l'offense est faite à la mémoire du défunt. La question est du reste mal élucidée dans plusieurs codes de la Suisse allemande.

Le code de Glaris reproduit la définition de la diffamation — attribution d'un fait qu'on sait faux — et de l'injure — imputation d'un fait d'une manière irréfléchie, sans savoir qu'il n'est pas fondé ou expression de nature à exposer au ridicule ou à la haine.

La publication par la presse est une circonstance aggravante.

Le tribunal peut ordonner la publication du jugement et doit déclarer l'offense sans fondement (*Aufhebung der Ehrverletzung*).

§ 10. *Neuchâtel.*

La Constitution de 1858 dit à son article 9 :

« La presse est libre.

« L'exercice ne peut en être réglé, défendu ou entravé par aucune loi.

» La répression des abus rentre dans le droit commun. »

Le code pénal de 1855 contient, au titre IX de son livre II, un article 248 qui déclare que « les crimes et délits commis par la voie de la presse ou par tout autre mode de publication, seront punis comme les crimes et délits commis par une autre voie. »

L'article 149 institue pour les délits de presse, la responsabilité par cascades à charge de l'auteur, puis de l'éditeur, ensuite du libraire ou du distributeur et enfin de l'imprimeur. La responsabilité du colporteur prime donc celle de l'imprimeur. Quant aux frais et dommages-intérêts, la responsabilité pèse sur l'auteur ou l'éditeur ou le libraire subsidiairement. Chacun a son recours contre ses antécesseurs.

Est diffamation « toute imputation d'un fait qui porte atteinte à l'honneur ou à la considération de la personne ou du corps auquel le fait est imputé » dit l'article 192. Est injure « toute expression outrageante, terme de mépris ou invective qui ne renferme l'imputation d'aucun fait. »

Nous retombons en plein dans la manière de voir de la législation française qui ne donne aucune attention au fait qu'on a su ou qu'on a ignoré l'existence du fait allégué, s'attachant ainsi plus à la culpabilité objective qu'à l'élément subjectif du délit, au mal en soi qu'à la méchanceté de l'intention.

La preuve de la vérité du fait n'est admise que si elle s'appuie sur un jugement et cela seulement en matière de diffamation. Le code en fait découler la libération du prévenu sans la subordonner à l'absence d'une intention injurieuse.

En cas de diffamation ou injure, dans un périodique, la publication du jugement peut être ordonnée et sera faite dans la même feuille.

La confiscation des imprimés est admise par l'article 28.

Le code réserve formellement la liberté des Chambres et des tribunaux.

§ 11. *Bâle-Campagne.*

Le code du 11 mai 1873 distingue entre l'injure (*Beschimpfung*), les propos irréfléchis (*üble Nachrede*), et la diffamation (*Verleumdung*), celle-ci consciente de la fausseté du fait imputé.

La preuve de la vérité entraine l'acquittement, à moins que l'intention injurieuse ne ressorte des termes ou des circonstances.

La presse est une cause d'aggravation de la peine et n'est mentionnée qu'à ce titre.

Ce code prévoit la diffamation contre les morts et la punit sur plainte du conjoint, des père et mère, des enfants et petits-enfants, des frères et sœurs.

La publication du jugement peut être ordonnée si l'outrage a été public.

CHAPITRE IV.

Le régime de la presse dans le canton de Vaud.

SECTION I. — INTRODUCTION HISTORIQUE.

I. — La loi vaudoise sur la presse porte la date du 26 décembre 1832. C'est une des premières lois suisses qui ont été promulguées à la suite du mouvement libéral de 1830. Sur les 59 articles dont elle se compose, à part les dispositions transitoires, 14 d'entre eux ne sont plus applicables et 5 ont été en partie remplacés par les règles du Code pénal fédéral.

Les articles 2, 4, 29, 31, 32, 33 et 34 étaient contraires à la

Constitution de 1861 et par conséquent à celle de 1885 comme entravant la liberté de la presse. Les articles 11, 13, 14, 51 et les deuxièmes alinéas des articles 45 et 46 ont été remplacés par les articles 42, 43 et 59 du Code pénal fédéral concernant les outrages aux souverains ou aux gouvernements étrangers. Enfin les articles 41, 42, 43, 44, 47 et 54 ne sont plus en harmonie avec les règles de procédure actuelles.

Les rédacteurs du Projet de code pénal se sont occupés de faire rentrer les dispositions concernant la presse dans les limites de ce code. Mais les règles qu'ils ont admises attendent depuis longtemps la discussion par le Grand Conseil. La loi de 1832 est encore la loi officielle, que nous allons étudier, sans nous appesantir sur les articles de procédure qu'elle contient, comme nous l'avons fait jusqu'ici pour les lois passées en revue.

II. — Le Plaict général de Lausanne contient à propos de la presse une loi 235 que nous citons : « Il sera étroitement prohibé et défendu à toutes personnes de n'écrire, moins afficher, semer ou autrement publier en aucune sorte que ce soit aucuns libelles diffamatoires contre autrui. Car cela venant à notice et en étant fait plaintif, celui ou ceux lesquels auraient écrit ou fait écrire, semer ou publier quelques libelles ou accusations diffamatoires contre qui que ce soit ou y auront adhéré devront être puni et châtiés de la même peine et châtiment qu'aurait mérités celui contre lequel telle libelle diffamatoire aurait été dressé en cas que les faits portés par icelui fussent trouvés véritables ; réservé sur ce la grâce de nos Souverains seigneurs. »

La doctrine considérait comme circonstances aggravantes :

1º Le fait de publier un libelle sous le voile de l'anonyme ou sous un nom faux et supposé,

2º Le caractère calomnieux du libelle,

3º La qualité de l'auteur du libelle et ses relations avec celui qui en est l'objet et la dignité de celui qu'il offense,

4ᵘ Le degré de publicité donné à l'écrit (*Système de jurisprudence* de M. Seigneux).

La peine du talion était assez générale à cette époque.

Le code d'Aigle contient un certain nombre de lois assez curieuses sur les libelles, livre V, titre VI. La loi IV dispense de l'obligation de faire un avertissement amiable à l'auteur d'un libelle parce que de tels écrits « sont censés faits de guet-à-pends. » Une autre, la loi V, autorise le lésé à requérir du Conseil et du Consistoire « un certificat de sa vie, mœurs et de son innocence, » pour le faire publier en réfutation du libelle ; c'est la preuve des faits contraires laissée à la disposition du lésé. On punissait celui qui avait composé le libelle diffamatoire, celui qui l'avait écrit, qui l'avait imprimé, remis à l'imprimeur, corrigé à l'imprimerie, « lu sur la rue à un autre, divulgué, publié, » qui s'était vanté de l'avoir trouvé, qui l'avait affiché.

Le coutumier de Grandson de 1799 ordonne la réparation d'honneur.

En 1804, le Petit Conseil rendit un arrêté qui interdisait la publication d'aucune gazette sans l'autorisation préalable de cette autorité. Cet arrêté fut maintenu en vigueur jusqu'en 1822.

En 1817, le Grand Conseil accorda des pouvoirs au Conseil d'Etat sur la police des imprimeries et librairies. Ces pouvoirs furent continués jusqu'en 1821 par une série de décrets annuels.

III. — Arrivons en 1822, l'année de la première loi complète sur la presse. Cette loi soumettait à la censure toute autre personne que les Vaudois majeurs et domiciliés depuis un an dans le canton, qui voulait publier tout ce qu'elle jugerait convenable. L'imprimeur convaincu et condamné une troisième fois d'avoir imprimé un écrit provoquant au crime ou au délit, voyait ses presses brisées et était déclaré incapable d'exercer son état. L'auteur et l'éditeur étaient solidairement responsables ; l'imprimeur, seulement si l'éditeur ne pouvait être convaincu. La définition de la diffamation et de l'injure était celle des lois françaises de 1819. La preuve des faits ne peut être administrée que contre les fonctionnaires comme tels. Le cautionnement était de 10,000 fr.; pour une feuille d'avis, de 2,000 fr. seulement. L'offre d'une caution libérait de l'arrestation, sauf en cas de provocation à des crimes et délits.

Cette loi n'était pas destinée à une brillante et féconde existence. En 1823, un décret vint en suspendre l'application jusqu'en 1824 tout en accordant au Conseil d'Etat de nouveaux pouvoirs extraordinaires touchant la police des imprimeries, librairies et cabinets de lecture. Le *conclusum* de la Diète portait ses fruits : la loi de 1822 était trop libérale.

Ce décret fut renouvelé d'année en année jusqu'en 1828. En 1825, toutefois, il ne confirma que la suspension des dispositions relatives aux écrits ayant rapport à la politique extérieure et intérieure. La loi de 1822 déploya ses effets quant aux écrits relatifs aux affaires purement administratives, judiciaires ou législatives du canton. Mais en vertu de ses pleins pouvoirs, le Conseil d'Etat rendit cette même année, 1825, un arrêté sur la police de la presse, aux termes duquel tout journal ou écrit périodique est soumis à la censure; il en est de même de n'importe quel livre exposé en vente dans une librairie ou en location dans un cabinet littéraire, s'il touche à des questions politiques. Il y a des censeurs spéciaux pour les journaux. Les peines sont assez sévères : l'impression d'un écrit quelconque qui n'aurait pas été soumis à la censure est punie de 4 à 100 fr. d'amende; si la publication a lieu nonobstant l'interdiction partielle ou totale du censeur, son auteur est puni d'une amende de 10 à 200 fr. et d'une détention de deux fois 24 heures. Les libraires et loueurs de livres sont soumis aux mêmes peines en pareil cas. La responsabilité est celle de la loi de 1822, articles 15, 16 et 17.

Cet arrêté tombait naturellement avec les pouvoirs dont il était le résultat. Chaque année le Conseil d'Etat en rendit un nouveau, semblable à celui que nous venons d'analyser.

En 1828, ces pleins pouvoirs ne sont pas renouvelés et la censure prend fin. Mais en 1829, le Grand Conseil autorise le Conseil d'Etat à interdire la publication intempestive des discussions et actes politiques concernant les relations entre la Confédération, les cantons et l'étranger, de même que celle d'autres affaires importantes que la Diète ou le Vorort désireraient voir tenues secrètes. Ce décret fut renouvelé en 1830 et rapporté en même temps que la loi de 1822.

IV. — La Constitution de 1831 dit à son article 7 : « La presse est libre. La loi en réprime les abus ; ses dispositions ne peuvent être préventives. »

Tel était l'article constitutionnel en vertu duquel fut rendue la loi sur la presse qui nous régit encore, celle du 26 décembre 1832. Cette loi, entre autres mesures que nous appelons aujourd'hui préventives, ordonnait le dépôt à la chancellerie d'Etat de tout écrit imprimé dans le canton et soumettait les journaux périodiques au cautionnement et à la déclaration préalable. Comme il est impossible d'admettre que la loi ait violé d'une manière aussi caractérisée la Constitution cantonale de 1831, il faut déduire de l'existence des dites mesures en face de l'article constitutionnel, qu'alors on ne faisait pas rentrer le cautionnement, le dépôt et la déclaration au nombre des mesures de prévention. Nous constatons la persistance de cette idée en remarquant, d'un côté, que l'article de la Constitution de 1845 qui garantit la liberté de la presse, est identique à celui de la Constitution de 1831 et, d'un autre côté, que, néanmoins, toutes les dispositions de la loi de 1832 sont maintenues en vigueur. Nous avons vu que l'autorité fédérale, qui, dès 1848, eut à s'occuper des questions se rattachant à la presse, admit la légitimité des mesures indiquées ci-dessus en face du principe de la liberté de la presse.

V. — La Constitution de 1861 statua : « La presse est libre. La loi en réprime les abus. L'exercice de ce droit ne peut être entravé par aucune mesure préventive, ni par aucun cautionnement. » Le sens des termes « mesures préventives » fut étendu et l'on ne conserva plus, en fait de mesures de ce genre, que l'obligation pour l'imprimeur d'indiquer sur chaque imprimé son nom et le lieu de l'impression. Le dépôt, le cautionnement et la déclaration préalable, qu'on ne considérait pas jusqu'alors comme des mesures préventives, disparurent.

La Constitution de 1885 reproduit purement et simplement l'article 7 de la Constitution de 1861.

SECTION II. — LA LOI DE 1832.

I. — La loi de 1832 ne contient donc plus de mesures préventives, en vigueur, que l'obligation, pour tout écrit imprimé dans le canton, de porter la désignation de l'imprimeur et du lieu d'impression.

Le titre II de la loi s'occupe des délits de presse et de leurs peines. Ces délits sont : outrage à la religion chrétienne seulement et non pas à toutes les religions ; outrage contre les bonnes mœurs ; diffamation et injure envers les autorités supérieures vaudoises ou confédérées, envers un agent diplomatique accrédité par la Suisse à l'étranger, envers un corps constitué, un fonctionnaire — ou un ministre du culte ajoute l'article 16, — enfin envers les particuliers ; divulgation de faits relatifs à la vie privée; provocation à commettre un crime ou un délit.

L'injure et la diffamation sont définies, d'après la loi française de 1819, l'une, toute imputation d'un fait qui porte atteinte à l'honneur ou à la considération de la personne ou du corps à qui le fait est imputé, — l'autre, toute expression qui porte atteinte à l'honneur ou à la considération d'une personne ou d'un corps, sans renfermer l'imputation d'un fait.

En cas de récidive d'un délit de presse, la peine est au moins de la moitié du maximum fixé par la loi pour le délit et peut être élevée jusqu'au double de ce maximun.

II. *Responsabilité.* La loi vaudoise pose en principe la responsabilité simultanée de l'auteur de l'écrit et de l'éditeur. Elle définit l'éditeur celui qui met au jour un ouvrage et qui fait transformer, par son intermédiaire et par ses soins, le manuscrit en imprimé; l'auteur est celui qui a composé l'ouvrage ou qui l'a rédigé en s'appropriant des notes ou des matériaux fournis par autrui. Ce mot auteur ainsi compris renferme l'idée du *Verfasser* et de l'*Herausgeber* allemands. Le rédacteur est un auteur.

L'auteur peut se libérer de toute peine s'il prouve que la publication a eu lieu à son insu et sans son consentement. Cette règle est générale et se retrouve dans toutes les lois sur la presse. Il est nécessaire de l'indiquer pour bien montrer que l'auteur n'est par toujours et en tout cas recherchable comme l'est au contraire l'éditeur. La loi vaudoise place donc sur la même ligne, à cela près, l'auteur et l'éditeur et les poursuit tous deux concurremment l'un à l'autre. Elle s'écarte ainsi du système français, qui ne considère jamais l'auteur que comme complice, et du système belge, qui admet la responsabilité exclusive et subsidiaire de l'auteur et l'éditeur. Pour la loi vaudoise, ces deux personnes sont traitées comme

auteurs principaux et cela conjointement si elles sont découvertes l'une et l'autre.

Ce n'est qu'à défaut de l'auteur et de l'éditeur, que l'imprimeur peut être recherché; mais il n'assume aucune responsabilité pour le seul fait matériel de l'impression, quand l'auteur ou l'éditeur est connu. Le colporteur échappe à toute
peine si l'auteur ou l'éditeur ou l'imprimeur peut être atteint.
Mais il peut être poursuivi concurremment avec l'auteur ou
l'éditeur, s'il est évident qu'il a agi avec l'intention de nuire.

Ainsi l'imprimeur et le colporteur peuvent être mis en accusation en même temps que l'auteur. Il ne s'agit donc nullement dans la loi vaudoise d'une application stricte des règles de la responsabilité par cascades.

L'article 12 du code pénal de 1843 dit que les dispositions
de ce code ne s'appliquent pas aux délits réprimés par la loi
sur la presse. D'autre part, celle-ci ne contient pas d'autres
règles sur les personnes qu'il est permis à la justice d'im-
pliquer dans un procès de presse. D'où l'on conclut que l'on
ne saurait faire figurer une personne comme complice dans
un semblable procès.

III. — La loi contient quelques articles consacrés spécialement aux journaux.

L'éditeur responsable ou son fondé de pouvoirs *ad hoc* doit
signer tout numéro de journal, et tous les articles insérés
sont considérés comme publiés sous la responsabilité de l'é-
diteur. Les frais sont payés solidairement par l'éditeur et l'auteur. Cette règle n'a plus de valeur en présence du Code fédéral des obligations.

IV. — L'article 36 réglant l'exercice du droit de réponse
accordé aux particuliers est absolument insuffisant. Il a donné
lieu à toute sorte de ruses des journaux qui voulaient atténuer l'effet de la réponse ou même se soustraire à l'obligation de l'insérer. Comme nous le verrons, dans l'examen des

dispositions du Projet de code pénal destinées à remplacer la loi sur la presse actuelle, cet article ne protège ni la presse ni le public l'un contre l'autre. Il autorise l'envoi d'une réponse par toute personne désignée à propos d'un fait quelconque. L'article dit que l'éditeur du journal « dans lequel auront été publiés des faits *relatifs* à une personne, sera tenu d'y insérer gratuitement la réponse de la dite personne dans un des deux premiers numéros qui suivront la demande. » Le presse n'est donc nullement protégée contre des gens à personnalité encombrante, toujours à l'affût d'une occasion de montrer leurs qualités éminentes et de sauver la république. Non contente de cela, la jurisprudence envisage toute espèce d'élucubration comme une réponse, alors même qu'elle n'aurait aucune relation quelconque avec le fond de l'article qui lui donne lieu.

D'un autre côté, l'auteur de la réponse est à la merci des rédacteurs ou éditeurs, dont quelques-uns, pour amoindrir l'efficacité de la rectification, employent des artifices aussi ingénieux que peu compatibles avec le droit de réponse tel que la raison et l'équité l'envisagent. Enfin la loi n'empêche nullement le journaliste de jeter au panier la fin de la réponse si elle excède le nombre de lignes auquel son auteur à droit, soit le double du nombre des lignes de l'article où l'attaque s'est produite.

La poursuite d'un délit de presse a lieu d'office et à l'instance du ministère public. En cas d'outrage à la religion et aux bonnes mœurs, le Conseil d'Etat donne son autorisation. La diffamation et l'injure ne sont poursuivies que sur plainte des personnes ou des autorités qui en ont été l'objet.

Le for du délit est celui du lieu d'impression ou de distribution de l'imprimé, ou bien celui du domicile de l'une des personnes responsables qui pourront être atteintes. Lors de l'examen et de l'approbation de la loi par le Conseil fédéral, celui-ci réserva, pour les journaux suisses paraissant hors du canton, le droit de n'être poursuivis qu'au lieu de leur impression ou du domicile des personnes responsables.

La loi exige l'indication précise des passages des écrits qui renferment le délit de presse.

La saisie préventive des écrits est autorisée, après le dépôt de la plainte, moyennant que l'ordonnance de saisie soit notifiée immédiatement à la personne au préjudice de laquelle elle est rendue, avec l'indication des motifs sur lesquels elle se base. Lors du jugement du délit, le tribunal doit se prononcer sur le bien-fondé de cette saisie et peut ordonner la destruction des écrits, mais non des modèles, formes, planches, etc.

VI. — La preuve des faits n'est pas admise, ni en cas de diffamation, ni en cas d'injures contre les simples particuliers. Seulement, lorsque la gravité et la vraisemblance des faits allégués sont de nature à rendre nécessaire une poursuite d'office, le procès du délit de presse est suspendu jusqu'après le jugement des faits qu'a relevés l'enquête pénale ouverte pour arriver à leur constatation officielle.

La preuve de la vérité est néanmoins admise si elle est dirigée contre un fonctionnaire ou contre un agent diplomatique accrédité par la Confédération. Dans le cas où la diffamation vise une autorité, un corps constitué, comme tels, la preuve n'est recevable que si elle doit résulter d'un acte authentique.

Le juge peut décider que le jugement sera inséré en entier dans la Feuille officielle, aux frais du condamné.

La prescription de l'action ne part pas du moment où le délit est arrivé à la connaissance de l'offensé, mais dès la publication de l'écrit qui donne lieu à la plainte. La date du journal fait foi du moment de la publication. Cette prescription est de 6 mois.

Telles sont les règles essentielles de cette ancienne loi.

Le code de procédure pénale du 1er février 1850 renvoyait au tribunal criminel, soit à l'appréciation du jury, les délits de presse (article 21, 2e alinéa). Il restait fidèle au grand principe libéral qui proclamait la nécessité de soumettre au jury les conséquences d'une publication par la presse. Mais, en 1875, le Grand Conseil adopta un décret qui abrogeait le § 2 de l'article 21 du code de procédure pénale. La presse, en ce qui concerne la juridiction compétente, fut donc replacée sous l'empire du droit commun sans que cette mesure ait même provoqué l'attention, alors que vingt ans plus tôt on y aurait vu un attentat aux libertés de la nation.

SECTION III. — COMPÉTENCE DES TRIBUNAUX.

I. — En matière de juridiction, la presse a été soumise à trois régimes depuis 1850.

1o En vertu du code de procédure pénale de 1850, article 21, 2o, tous les délits de presse prévus par la loi de 1832 relevaient du tribunal criminel. La presse avait donc, dans tous les cas, la garantie du jury.

Les articles 578 et 579 du décret modificatif du code de procédure pénale, rendu en 1852, ne changèrent rien à cet état de choses, puisqu'ils ne s'appliquaient qu'aux délits correctionnels.

2o En 1875, cette louable disposition de l'article 21 du code de procédure pénale fut abrogée purement et simplement, comme nous venons de le voir et les délits de presse rentrèrent dans la règle commune. De cette façon, quand les circonstances de la cause ne paraissaient pas mériter le renvoi de celle-ci devant le jury, le juge de paix ou le tribunal d'accusation pouvait ordonner que le procès serait porté simplement devant le tribunal de police.

3° Ce régime dura jusqu'à l'entrée en vigueur de la nouvelle loi d'organisation judiciaire de 1886. A cette époque, quelques articles scandaleux et les procès auxquels ils avaient donné lieu, remirent sur le tapis la question du jugement des procès de presse par le jury. Mais ici, il est bon de faire un peu d'histoire législative.

II. — La Constitution de 1861, article 75, garantissait « l'institution du jury en matière criminelle et correctionnelle. »

Dans les débats de la commission constituante nommée à l'effet d'élaborer un projet de constitution, en 1884, un député proposa de remplacer l'article 75 de la Constitution de 1861 par un article ainsi conçu : « L'institution du jury est garantie en matière criminelle et correctionnelle et pour les délits de presse. » Cette idée sembla un peu absolue et ceux même qui étaient disposés à la partager, ne réclamèrent la garantie du jury pour la presse qu'en cas de délits relevant de l'opinion publique, tels que ceux dont se plaignent les fonctionnaires. Les libérations fréquentes, dûes à l'indulgence du jury, et leurs conséquences, soit la mise des frais à la charge de l'Etat, furent invoquées, entre autres arguments, par les adversaires de la proposition et en occasionnèrent le rejet au premier débat.

Au sein de l'Assemblée constituante, le même député se rendant à l'objection qu'il est des délits de presse qui ne méritent pas d'être distingués des autres délits, proposa d'accorder la garantie du jury en matière criminelle et correctionnelle *et pour les délits politiques*. Un autre député ayant fait observer que cette division en tribunaux criminels et tribunaux correctionnels préjugeait la question de l'organisation judiciaire, la rédaction suivante fut proposée et adoptée sans discussion :

« Article 74. — *En matière pénale, sauf pour le délit de*

police, et en matière de délits politiques, l'institution du jury est garantie. »

Ainsi tous les délits politiques quelconques étaient renvoyés devant le jury. »

Ici se présente la question de savoir ce qu'est un délit politique. Ni la Constitution, ni la loi d'organisation judiciaire n'en donnent une définition. Les débats de l'Assemblée constituante comme ceux du Grand Conseil ne nous fournissent aucun éclaircissement à ce sujet. Ce terme ne possède aucune portée exacte et définie ; le sens en peut être restreint ou étendu selon les idées de chacun. Le délit politique est-il constitué par une attaque contre l'Etat seul, considéré comme une personne, ou bien existe-t-il dans le fait d'outrager, par exemple, un fonctionnaire, d'attenter à sa vie, etc ? Autant de questions non résolues. On peut même aller jusqu'à dire que tout délit est un délit politique si l'on regarde l'ordre public comme la sauvegarde de l'Etat.

Quant à nous, nous sommes d'avis que tout délit contre un fonctionnaire agissant en vertu de ses fonctions ou dirigé contre lui à l'occasion de ses fonctions est un délit politique, non pas dans le sens élevé du droit international, mais dans un sens plus terre à terre et plus étendu. Le fonctionnaire n'est-il pas un membre de l'Etat considéré comme une personne ayant des droits et des devoirs qu'elle exerce au nom de la communauté ? Le fonctionnaire n'est-il pas, dans certaines occasions, le représentant non pas seulement de l'Etat, mais encore de la patrie, de la souveraineté du tout et de chacune des parties ?

Si l'on trouve exagérée l'opinion que tout délit dont un fonctionnaire est l'objet constitue un délit politique, il faut bien l'admettre en partie, à l'égard de certains fonctionnaires, les plus hauts en grade, c'est-à-dire qu'on est obligé de faire des catégories de fonctionnaires. On ne peut sortir de là.

Mais revenons aux délits de presse. Comme on l'a vu, l'Assemblée constituante avait adopté en premier débat un article qui garantissait le jury en matière pénale, sauf pour le délit de police, et en matière de délits politiques. En second débat, cet article fut adopté sans changement, tandis que l'Assemblée rejetait une proposition de renvoyer au jury les délits politiques et les délits de diffamation ou d'injure dans lesquels les fonctionnaires sont prévenus ou plaignants, et enfin les délits de presse.

Que devint l'article 74 du projet au sortir des mains de la commission de coordination et de rédaction ? La Constitution de 1885 nous répond : « Article 73. L'institution du jury est garantie pour les délits politiques et en matière pénale, sauf pour les délits de police. »

En relisant l'article du projet on s'aperçoit de la différence qui résulte de la transposition, à la fin du texte, de la phrase « sauf pour les délits de police. » On peut se demander si la restriction apportée à la compétence du jury en matière pénale par la phrase « sauf pour les délits de police » s'applique également aux délits politiques. C'est un point de vue que nous avons entendu soutenir. Les partisans de cette opinion estiment donc qu'il peut y avoir des délits politiques de simple police, tels que la diffamation et l'injure à l'adresse d'un fonctionnaire. Ainsi, selon eux, ces délits politiques de simple police sont soustraits à l'appréciation du jury par la restriction contenue dans la dernière phrase de l'article.

La rédaction équivoque de cet article permet cette interprétation. Mais un examen attentif est de nature à convaincre du contraire.

Si l'on admet que la dernière phrase de l'article s'applique aux délits politiques, que signifie la mention de ces derniers à côté des mots *en matière pénale* ? Ces deux expressions font double emploi, car enfin les délits politiques font partie du domaine pénal, de la *matière pénale* comme tout autre délit. Cette mention n'ajoute donc rien aux mots « en matière pénale. »

Or, la Constituante n'a pas introduit ces mots de délits politiques à seule fin d'allonger l'article. La Commission constituante a refusé la proposition de garantir le jury aux délits de presse, parce qu'il en est de trop peu importants et qu'ainsi cette proposition entraînait à des conséquences trop absolues. Mais disait-on, les délits de presse « qui relèvent de l'opinion publique doivent avoir la garantie du jury. Tels sont, par exemple, les délits dont se plaignent les fonctionnaires. La presse a le devoir sacré de signaler les désordres de l'administration exécutive ou judiciaire. Si, pour cela, elle est mise en jugement, elle doit trouver dans le jury la garantie d'une justice désintéressée et impartiale. »

Nous ne répéterons pas ici la rédaction primitive de l'article 73 actuel, tel qu'il sortit des deux premiers débats de la Constituante. Cette rédaction témoigne nettement quelle était l'idée de l'assemblée. Or, si elle a été modifiée en troisième débat, c'est sans exposé de motifs et sans discussion au fond, probablement donc sans intention d'en changer la signification primitive.

Nous concluons que tout délit politique quelconque doit être jugé par le jury.

III. — En exécution de la Constitution de 1885, une loi révisant l'organisation judiciaire fut élaborée et discutée par le Grand Conseil.

Cette loi, datée du 26 mars 1886, statue à son article 67 :

« Le tribunal criminel prononce, sous réserve de recours :

1º — Sur les délits qui entraînent les peines suivantes :

a) La réclusion ou l'emprisonnement de plus d'un an ;

b) L'amende de plus de 1000 francs.

2° — Sur les délits politiques et les délits de presse autres que les délits d'injures..... »

Le Grand Conseil a donc introduit dans la loi la mention des délits de presse et il met ces derniers au bénéfice du jury, à l'exception des délits d'injures.

Le mot *injures* est-il employé dans son sens large ou dans le sens restreint du code pénal? Pour nous, il n'y a aucun doute que l'*injure* est ici opposée à la *diffamation*. Le législateur se fût servi d'un autre mot non équivoque s'il eut voulu parler de toute espèce d'outrages, d'atteintes à l'honneur d'autrui. L'injure est abandonnée au tribunal de police, tandis que la diffamation relève désormais du tribunal criminel. Les débats du Grand Conseil le prouvent du reste. Un orateur disait : « Le délit d'injure est de peu d'importance, » aussi votre commission vous propose-t-elle de maintenir » pour ce délit la compétence du tribunal de police. Mais » elle pense que, pour les autres délits, nous devons mainte- » nir le jury, représentant du peuple comme étant chargé » de prononcer sur le fait. » Aucun membre de l'assemblée ne s'éleva contre cette manière d'envisager la question, que de singuliers verdicts récemment rendus par les tribunaux imposaient aux esprits logiques.

———

Le Projet de code pénal vaudois.

CHAPITRE PREMIER

Le droit commun.

SECTION I. — ADOPTION DES RÈGLES DU DROIT COMMUN,
LES DÉLITS AGGRAVÉS PAR L'EMPLOI DE LA PRESSE.

I. — En 1882, un projet de code pénal, précédé du résumé des procès-verbaux des séances de la commission législative chargée de la révision du code pénal du 18 février 1843, fut imprimé et distribué aux membres du Grand Conseil. Une commisssion fut nommée pour examiner ce projet, puis l'on en resta là et la révision du code pénal ne figura dès lors dans les *tractanda* du Grand Conseil qu'à titre purement décoratif.

Nous ne pensons pas pouvoir terminer notre étude sans dire quelques mots des modifications importantes que le Projet de code pénal propose d'apporter au régime de la presse ; cela nous fournira l'occasion d'exposer notre manière de voir à ce sujet.

II. — La commission législative s'est convaincue de l'utilité qu'il y a de faire rentrer dans le code, au lieu de les réunir en une loi spéciale, les règles concernant la presse, afin de pouvoir soumettre les délits de presse aux mêmes principes généraux que les autres délits ordinaires. Elle ne fait donc aucune distinction entre les délits commis par la presse et les délits commis par la parole ou par écrit. Seulement, partant du principe qu'un délit de presse a nécessairement une portée plus grande qu'un délit semblable commis par la parole, en raison même de la puissance du moyen, le Projet envisage comme une circonstance aggravante le fait que l'instrument employé est la presse et, dans ce cas, augmente la peine prévue contre le délit commis par la parole. Mais pour tout ce qui touche aux principes fondamentaux du droit, en matière de complicité, de tentative, d'atténuation de la culpabilité, le Projet ne fait aucune différence entre le délit commis par la presse et le délit commis par la parole.

Au point de vue de la responsabilité, le Projet ne s'est pas rattaché d'une manière absolue au droit commun, ainsi que nous allons le voir. Il contient un titre spécial qui règle cette responsabilité et quelques autres questions spéciales à la presse.

En somme donc, le Projet a choisi un moyen terme entre le régime du droit commun pur et celui d'une loi spéciale à la presse. Tout ce qui est appréciation de la criminalité des actes et de la culpabilité rentre dans le droit commun, avec cette exception que le Projet considère l'usage de la presse comme une circonstance aggravante des délits commis par écrit ou parole. D'un autre côté, le Projet réunit en un chapitre spécial quelques règles sur la responsabilité, lorsque celle-ci ne peut être établie suivant les principes généraux, sur le droit de réponse, etc. En un mot, le Projet abandonne complètement l'idée fondamentale de l'article 12 du code actuel qui soustrait les délits de presse aux règles du code.

III. — Les délits dont la peine est élevée en raison du fait qu'ils ont été commis par le moyen de la presse sont :

1º L'outrage envers un gendarme, un huissier ou tout autre agent de la force publique, dans l'exercice ou à l'occasion de ses fonctions (article 119);

2º L'outrage envers une autorité cantonale, un de ses membres ou un de ses délégués, un juré, un fonctionnaire public autre que ceux qui sont mentionnés ci-dessus, dans l'exercice de ses fonctions (article 120);

3° La diffamation envers ces mêmes autorités ou fonctionnaires (article 124);

4° La provocation à commettre un délit de nature à compromettre gravement la personne ou la propriété d'autrui, lors même que le délit n'a été ni commis, ni tenté (art. 263);

5° L'offre ou la proposition de commettre un pareil délit, (article 263);

6° L'acceptation d'une pareille offre ou proposition (article 263);

7° La diffamation envers les particuliers (article 267);

8° La diffamation envers les morts (article 268);

9° Le fait de reprocher à un parent de sang ou d'alliance d'un condamné ou au condamné lui-même la peine que celui-ci a encourue ou subie et cela sans motif suffisant dans le cas où le reproche est adressé au condamné (article 269);

10° L'injure, telle est qualifiée à l'article 13 (article 270);

Les délits spéciaux à la presse sont ceux des articles 160 et 360 :

1° Publication de l'existence d'une loterie ou d'une opération financière non autorisée par la loi, faite par un éditeur de journaux ou une entreprise d'annonces (article 160);

2° Divulgation malveillante de faits ralatifs à la vie privée et domestique d'une personne (article 370).

SECTION II. — DIFFAMATION ET INJURE.

I. — Les règles du Projet à cet égard sont loin d'être groupées en un seul tout. Les auteurs de ce projet on jugé bon de les poser ici et là en raison des personnes qui sont l'objet de la diffamation. Voilà pourquoi, après avoir donné la définition de la diffamation et de l'injure dans un chapitre intitulé « De

la signification de quelques termes employés dans ce code »
(articles 12 et 13), les auteurs nous exposent les règles de
de la diffamation contre les autorités et fonctionnaires dans
les articles 124 et 125 et celles de la diffamation et de l'injure
contre les particuliers aux articles 267, 268, 269 et 270, 272
et 273.

Est *diffamation* toute allégation d'un fait déterminé qui
porte atteinte à l'honneur ou à la considération de la personne ou du corps auquel il est imputé, et qui peut l'exposer
soit à des poursuites pénales, soit à la haine et au mépris
public.

Est *injure* toute expression outrageante, terme de mépris
ou invective qui ne renferme pas l'imputation d'un fait déterminé et tout acte qui, sans constituer une voie de fait, est
une insulte pour celui qui en est l'objet.

Ces deux définitions sont infiniment plus précises et surtout
plus complètes que celles de la loi sur la presse et du code
pénal actuel. Elles se rapprochent des définitions que nous
avons remarquées dans les lois des autres cantons suisses.

Maintenant, toute diffamation est-elle punissable? Non; l'article 267 veut que l'imputation des faits diffamatoires ait eu
lieu *méchamment*. Mais que signifie ce terme? Evidemment,
intention de nuire ou tout au moins d'être désobligeant. Il indique que la loi entend punir non seulement la diffamation
consciente de la fausseté du fait, la *verleumderische Beleidigung*, mais encore la publication malicieuse de faits que l'on
croit vrais, fondés. En revanche, ne serait pas punie la publication d'un fait faux, alors que cette publication serait dépour-
vue de toute intention malicieuse à l'égard de la personne dont
on s'occupe. A l'heure qu'il est, la jurisprudence vaudoise condamne, en matière de presse, toute imputation d'un fait déshonorant; elle admet l'intention méchante par le seul fait de
la publication. Avec le Projet de nouveau code, il n'en est

plus ainsi; une imputation qui n'aurait pas eu lieu *mécham-ment* ne pourra être punie. Ce défaut d'intention méchante doit être prouvé par le prévenu, cela va sans dire.

II. — D'après le Projet, en cas de diffamation contre un fonctionnaire ou une autorité, il n'est pas nécessaire que l'imputation ait eu lieu méchamment. L'article 124 dit simplement « s'il y a eu diffamation » et cite à ce sujet l'article 12, qui définit la diffamation comme nous l'avons rapporté ci-dessus. Ainsi, toute diffamation est punissable si elle est dirigée contre un fonctionnaire. Si de plus, il est prouvé par les débats que son auteur savait que le fait diffamatoire imputé était faux, le maximum de la peine est élevé de moitié. Le Projet protège donc les fonctionnaires mieux que les simples citoyens, sans que nous puissions découvrir un motif spécial qui justifie cette différence. Un simple citoyen a tout autant à craindre de la diffamation, plus même qu'un fonctionnaire : celui-ci dépend de chefs qui apprécieront sa conduite avant de donner créance à la diffamation, tandis que le simple citoyen peut se voir ravir par le diffamateur l'estime et la confiance publiques dont il vit. L'honneur du fonctionnaire ne doit pas être plus facilement vengé que celui de tel ou tel individu libre de toute attache avec l'autorité, avec l'Etat. Si la crainte et le respect du fonctionnaire sont le commencement de la sagesse, ce n'est pas une raison pour attribuer à ce dernier une situation privilégiée. Nous ferions cependant volontiers une exception à l'égard des huissiers et des gendarmes, malheureux fonctionnaires plus que tout autres en butte aux attaques et aux diffamations des gens rancuneux auxquels ils peuvent avoir affaire.

La preuve des faits est permise s'il s'agit de diffamation et si elle est dirigée contre un fonctionnaire, une autorité ou un agent, à propos d'un fait relatif à la vie publique de ces personnes. Cette preuve peut-être administrée par tous les moyens, sauf dans le cas où le fait imputé constitue un crime ou un délit, auquel cas la preuve ne peut résulter que d'un jugement définitif constatant la culpabilité ou l'innocence du fonctionnaire attaqué.

Voilà pour la diffamation contre les fonctionnaire ou agents d'une autorité. Passons aux articles qui règlent cette question au point de vue des particuliers.

III. — Le chapitre qui s'en occupe est intitulé « De la provocation au délit non suivie d'effet, des menaces, des plaintes ou des dénonciations calomnieuses et *des injures*. » Il est à remarquer que le Projet ne mentionne le mot de diffamation en tête d'aucun de ses chapitres ; ainsi, en ce qui concerne les particuliers, la diffamation est comprise dans le mot « injures » du titre que nous venons de citer.

L'article 269 dit : « Celui qui impute méchamment à autrui et qui rend publics des faits qualifiés diffamatoires par l'article 12, est puni... » Nous avons déjà fait les remarques que l'introduction du mot « méchamment » dans cet article nous a suggérées, nous n'y reviendrons pas.

IV. — Le résumé des procès-verbaux de la commission législative nous apprend que la question de la preuve des faits diffamatoires fut vivement discutée par les commissaires. On examina successivement les trois systèmes applicables aux délits de diffamation.

Le premier système est celui de l'interdiction absolue de la preuve de la vérité des faits allégués. C'est le système qui ne s'occupe que du tort causé, en soi, sans se préoccuper des causes, des motifs de l'action dont il est la conséquence. Tout le monde jouit de la même protection de la loi, qui voit le coquin du même œil bienveillant que l'honnête homme. C'est le système de la justice aveugle qui ne s'occupe que du résultat sans prendre le moins du monde souci des circonstances qui l'ont amené. L'honnête homme qui se révolte est à la merci du premier coquin ou misérable venu, qui a l'habileté de se faire passer pour ce qu'il est loin d'être.

Aux adversaires de ce système, on répond que tout autre mode de faire sera la ruine des familles, la provocation à la médisance, aux scandales, etc. Nous ne voyons pas que l'honneur des familles soit beaucoup plus en danger sous une législation qui autorise la preuve des faits que sous une législation qui ne l'autorise pas. L'honneur des familles, la paix du foyer, la confiance mutuelle qui lui est nécessaire, dépendent-ils du fait qu'on aura discuté devant le tribunal sur la vérité des faits allégués diffamatoires? Les conséquences de cette discussion ne sont-elles pas devancées par celles de la discussion publique?

Et puis, que recherche tout d'abord celui qui se dit lésé? Est-ce la punition du coupable? évidemment non. L'homme auquel sa conscience n'a rien à reprocher désire avant tout que l'imputation dont il est l'objet soit déclarée fausse, dénuée de tout fondement. Les sages peuvent dédaigner la poursuite d'allégations qu'ils estiment ne pas pouvoir les atteindre; mais chacun n'a pas cette philosophie et ceux auxquels cette sérénité d'esprit et ce fier dédain des attaques font défaut, ceux-là tiendront à faire éclater la fausseté des propos déshonorants que la haine, l'envie, la rancune ou simplement l'amour de la médisance leur jettent au visage. Pour ces victimes de la calomnie, la déclaration de la fausseté des imputations lancées contre eux est la chose essentielle; la punition du colomniateur est chose accessoire. Or, avec l'interdiction de la preuve des faits, vous placez cette victime dans l'impossibilité d'atteindre son but essentiel, la constatation de l'inanité des accusations dont elle est l'objet. Le jugement condamnera le calomniateur, mais du moment où la loi interdit toute preuve de la vérité des faits allégués, le jugement ne pourra constituer une véritable réparation du mal causé par les imputations offensantes. S'il y a des personnes qui ont ajouté foi aux propos mis en circulation, elles pourront toujours soutenir, sans crainte d'être contredites, que ces propos sont fondés et que la condamnation de celui qui les a répandus ne signifie rien à cet égard, puisqu'elle devait fatalement intervenir au nom des principes sur lesquels repose la loi et quel que soit le bien ou mal fondé des imputations.

Dans le système qui permet d'administrer la preuve des faits, la justice a la faculté de juger chacun selon ses mérites ; elle ne plane pas au-dessus de la réalité ; elle ne considère pas tous les hommes comme dignes également de la protection de la loi. Elle s'indigne, elle aussi, contre ceux qui ont mérité la réprobation publique et absout celui qui, par de justes motifs, a donné essor aux sentiments de mépris que peuvent faire naître dans l'esprit des honnêtes gens la conduite ou les agissements de tel individu. « La loi n'a pas à créer la bonne ou la mauvaise réputation des gens. Ce qu'elle doit respecter et faire respecter, c'est la considération et l'honneur auxquels un citoyen a droit ou que l'opinion publique reconnaît à une personne. »

Le résumé des procès-verbaux contient une phrase singulière : « Lorsqu'une plainte sera portée contre quelqu'un pour avoir répandu des faits contre un homme qui mériterait que des reproches lui fussent adressés, le tribunal pourra condamner à une petite peine, et *tout le monde comprendra ce que cela veut dire.* » Nous aimons assez ce tribunal faisant risette au prévenu, tout en prenant un air rébarbatif, et clignottant de l'œil avec le public des tribunes ! Ce rôle de pince-sans-rire n'est absolument pas de la dignité d'un tribunal, pas plus qu'il n'est de la dignité de la loi, qui, au contraire, doit éviter de fournir au tribunal le moyen de lui faire dire autre chose que ce qu'elle comporte. La loi doit aussi avoir le courage de son opinion ; elle ne doit pas se prêter à de semblables comédies.

Outre ces deux systèmes, nous pouvons mentionner rapidement celui qui permet la preuve des faits, lorsqu'elle découle d'un jugement définitif, système intermédiaire entre ceux dont nous venons de parler. Il en existe encore un autre que nous avons trouvé dans la loi italienne et qui donne au lésé la faculté de réclamer l'application de la preuve des faits par le prévenu. Nous avons déjà dit que ce système aboutit en somme à celui de la preuve obligatoire, par suite de la nécessité morale où se trouvera le lésé de réclamer cette preuve, s'il ne veut pas perdre sa cause devant l'opinion publique ; car inévitablement, celle-ci considérera le non-usage de la faculté que la loi accorde au lésé comme l'effet de la crainte de voir aboutir la preuve.

Nous avons pu voir par l'étude des lois cantonales suisses qui traitent de ce sujet, que tous les cantons admettent la preuve de la vérité des faits, avec cette restriction que la preuve n'a pas pour effet de libérer le prévenu si l'intention injurieuse ressort de la forme des propos ou des circonstances dans lesquelles ils ont été publiés. Nous ne sommes pas partisans de cette restriction qui, la plupart du temps, constituera un véritable empêchement à la libération et rendra inutile la réussite de la preuve des faits. Tout au plus admettons-nous que, dans le cas d'offense à un citoyen, le jugement condamne l'offensant à une légère peine pour injure, en mentionnant formellement que la preuve des faits a abouti. Mais nous nous refusons à cette concession en cas de diffamation contre un établissement financier ou une société qui fait appel au public, si la preuve des faits a été administrée et a réussi, par la bonne raison que ces établissements comme tels ne sauraient être l'objet d'une insulte.

D'après le Projet, la diffamation publique contre un mort

est punie quand elle a lieu méchamment. Les ascendants, les descendants, le frère et la sœur ou le conjoint sont seuls autorisés à déposer une plainte de ce chef. L'adoption de cette disposition introduirait une innovation dans le droit vaudois.

Le code pénal allemand (article 189) punit la diffamation à l'égard d'une personne décédée. La loi française sur la presse (article 34) autorise la punition d'un acte semblable seulement quand il est dirigé, en fait, contre l'honneur ou la considération des vivants. En somme, et, comme le dit la circulaire ministérielle, l'action n'est que l'action personnelle de l'héritier diffamé. Le Projet de code pénal se rattacherait plutôt à l'idée allemande de la punition de la diffamation dirigée contre un mort, abstraction faite des conséquences fâcheuses que ces attaques peuvent entraîner pour les vivants. Il est évident que les droits de l'histoire doivent être réservés et, à ce point de vue, il serait fâcheux que l'adoption de cette disposition du Projet eût pour conséquence de permettre la punition d'un écrivain inspiré par toute autre pensée que celle de ternir la réputation ou d'abaisser la considération des descendants du défunt.

Le Projet contient une autre innovation, celle qui déclare punissable la personne qui reproche à un parent de sang ou d'alliance d'un condamné la peine que ce dernier a encourue. Il n'est pas besoin de justifier cette disposition qui s'impose. La même peine est applicable, dit le Projet, à celui qui, sans motifs suffisants et méchamment, reproche à un condamné son délit ou sa peine subie. Le mot *méchamment* est de trop ici; car ce ne peut être non méchamment qu'on reproche à quelqu'un une condamnation sans avoir des motifs suffisants de le faire. Mais si l'on a des « motifs suffisants, » nous admettons l'excuse. Assurément il est pénible pour un homme redevenu honnête, à supposer qu'il ait cessé un mo ment de l'être, de se voir jeter à la face, sous n'importe quel prétexte, ses fautes passées et expiées. Mais enfin, il est dans la nature des choses que l'homme sans tare soit toujours dans une situation privilégiée et que, provoqué, il ait le droit de comparer la rayonnante pureté de son front à celui de son adversaire.

Nous avons déjà dit que la commission des délits de diffamation et d'injure par le moyen de la presse est considérée par le Projet comme une circonstance aggravante

CHAPITRE II

Le droit spécial.

SECTION I. — LA RESPONSABILITÉ PÉNALE.

I. — Le Projet, comme nous l'avons dit, groupe dans un titre spécial quelques règles particulières à la presse : celles qui concernent la responsabilité éventuelle en cas de délit ; la divulgation malveillante de faits relatifs à la vie privée lors même qu'il n'y a ni injure, ni diffamation ; la publication du jugement ; la saisie des imprimés et modèles ; les formalités à remplir par un éditeur de journal ; l'interdiction de la publication des comptes-rendus des séances secrètes de certaines autorités et enfin le droit de réponse.

II. — D'après le Projet de code pénal, les délits commis par le moyen de la presse sont soumis aux dispositions de ce code ; ils rentreraient dans le droit commun. C'est une concession à la tendance de nos jours. Néanmoins, on n'ose pas aller jusqu'à mettre les délits de presse sur le même pied que les autres délits, au point de vue de la responsabilité qu'encourent ceux qui trempent dans leur exécution. C'est dans l'intérêt de la presse elle-même. Nous avons déjà vu que le droit commun étendu d'une manière absolue à la presse en rendrait l'exercice très dangereux sinon impossible, et que, d'un autre côté, les garanties auxquelles la société a droit seraient, dans certains cas, simplement annihilées par la difficulté de prouver l'intention de nuire des participants au délit.

Le Projet déclare, à la vérité, que les dispositions de ses articles 42 et suivants, sur les auteurs et les complices, sont applicables aux délits commis par la presse. Mais qu'est-ce qu'un auteur, qu'est-ce qu'un complice, d'après lui ?

Est auteur : 1º celui qui commet le délit ou qui coopère directement à son exécution ; 2º l'instigateur, soit celui qui donne mandat pour commettre le délit ou qui entraîne quelqu'un à le commettre, par dons, promesses, menaces, abus d'autorité ou par toute autre manœuvre.

Est complice celui qui prend une part indirecte au délit : 1º en excitant ou provoquant expressément et directement à commettre le délit, lorsque le délit a été commis et qu'il a été la suite de la provocation ; 2º en indiquant ou fournissant, sciemment, les moyens de commettre le délit ou en favorisant sciemment son exécution ; 3º en faisant disparaître à la suite d'entente, les traces du délit, etc.

A ce compte là, qui pourrait être considéré comme auteur du délit ? D'abord l'auteur de l'écrit, celui qui a conçu les idées ou les a reçues d'autrui et fixées de manière à en permettre la publication par la presse. Ensuite le rédacteur, qui choisit entre le matériaux qui lui sont soumis dans un but de publication. Enfin l'éditeur, qui prend les mesures nécessaires pour assurer la dispersion, inhérente à la presse, des articles imprimés. L'imprimeur ne sera jamais qu'un complice par le seul fait de l'impression ; il favorise la publication en multipliant les exemplaires qui renferment le délit, mais il ne conçoit pas l'idée punissable et ne la répand pas non plus; il imprime et c'est tout. Outre l'imprimeur, pourront être considérés comme complices les typographes, les correcteurs d'épreuves d'un côté, puis, au haut de l'échelle, les membres de conseil d'administration, les membres directeurs de la société, si le journal est une propriété collective. Telle est la série des condamnations à divers degrés qu'un procès de presse peut entraîner si la justice veut appliquer strictement la loi, ce qu'elle doit faire autant que cela est en son pouvoir. A coup sûr, ni l'opinion publique, ni le lésé n'en réclament autant.

Mais, d'après ce système, la preuve de l'intention est à la charge du lésé, soit du ministère public et quelles difficultés une semblable preuve ne rencontrera-t-elle pas très souvent? Comment prouver la culpabilité de chacune de ces personnes, alors que le plus souvent aucun indice matériel n'aura manifesté leur intention? Aussi, la conséquence d'une telle impuissance sera la libération de la plupart, sinon de tous les prévenus à la charge desquels aucune culpabilité particulière ne pourra être prouvée.

III. — Or, nous n'en sommes pas encore arrivés à une telle mansuétude. Nous n'admettons pas volontiers que des poursuites de ce genre tombent à plat devant l'habileté et les ruses des prévenus. Le Projet se range, lui aussi, à la manière de voir générale. Après avoir renvoyé les délits de presse au droit commun, il estime qu'il est utile de donner des directions au juge en dressant une échelle destinée à fixer « la responsabilité des personnes qui prennent part à un délit de presse. » Mais cette échelle ne se borne pas à jouer le rôle de guide-âne; de par la loi, elle crée une responsabilité lorsque les véritables auteurs du délit restent inconnus; et, ajoute le résumé, ce n'est pas sans avantage, si l'on tient « compte de l'immense influence de la presse de nos jours et du tort considérable qui peut être porté, par ce moyen, à l'honneur et à la considération des citoyens. Cette échelle de responsabilité peut être enfin, dans certains cas, un moyen excellent de connaître l'auteur de l'écrit incriminé et d'arriver à la découverte des vrais coupables. »

Les rédacteurs du Projet ne sauraient voir un délit de presse rester impuni. Pour cela ils accumulent les moyens d'arriver à la découverte des coupables. Dans ce but, après avoir établi comme règle générale la recherche et la punition des délits de presse suivant les principes ordinaires du droit commun, ils instituent une responsabilité légale destinée à compléter l'insuffisance éventuelle de l'application des dispositions du code. Le public est donc protégé contre la presse, mais celle-ci ne l'est pas contre des poursuites multiples, que l'arbitraire du juge limitera nécessairement cependant, au nom du bon sens et de la raison. La presse sera ainsi soumise aux dispositions du droit commun et subsidiairement aux prescriptions spéciales du titre XI en ce qui concerne la responsabilité.

Quelle est cette échelle que fixe le projet ? L'auteur et, s'il s'agit d'un journal ou écrit périodique, le ou les rédacteurs sont responsables en premier rang. Si la publication a eu lieu à l'insu de l'auteur et sans son consentement, ou bien, si l'auteur ou le rédacteur ne peut être atteint, la responsabilité pèse sur l'éditeur (*Verleger* et *Herausgeber*); à son défaut sur le libraire; à son défaut sur l'imprimeur et enfin, à défaut de celui-ci sur le colporteur.

Donc, règle générale : responsabilité du droit commun; exceptionnellement : responsabilité successive et exclusive ou par cascades.

Il suit de l'adoption de ces deux systèmes une choquante inégalité quant à l'étendue de la responsabilité. Dans quelques procès de presse et théoriquement — quoique rien n'empêche une pareille amplitude de responsabilité dans la pratique — le tribunal se trouvera dans l'obligation de con-damner auteur, rédacteur, éditeur, imprimeur même ; tandis que dans d'autres procès qui se présentent du reste sous le même aspect et dans les mêmes circonstances, une seule personne sera punie, parce que les autres se sont cachées, se sont montrées habiles et précautionneuses. Avec l'application du droit commun, on aura plusieurs condamnations ; si l'on est obligé d'avoir recours à la responsabilité légale de l'arti-cle 359, un seul paiera pour tous. Il y a là, nous le répétons, une inégalité choquante.

Un motif essentiel qui paraît avoir engagé les auteurs du Projet à renvoyer les délits de presse au droit commun, c'est le désir d'atteindre les personnes qui, quoique ne parti-cipant pas directement à la publication d'un écrit punissable, en sont cependant les fauteurs, les instigateurs, comme ce serait le cas de personnes qui fourniraient des fonds pour la publication de l'écrit.

Nous pensons, à ce sujet, qu'il eût été bien simple de dé-clarer que ces personnes seront recherchées et punies en qualité de complices, comme ayant participé au délit par des actes qui n'ont aucun rapport avec l'exécution matérielle de la publication ; de cette façon les instigateurs, ceux qui ont excité l'auteur de la publication ou qui lui ont fourni des fonds pour lui aider à mener à bien son entreprise pourraient être punis. Relativement à ces gens-là, les règles ordinaires sur la complicité eussent été en pleine vigueur.

Nous avons montré que nous considérons l'application des règles du droit commun aux délits de presse comme insuffi-sante, dans certains cas, ou comme entraînant des consé-ces beaucoup trop rigoureuses, dans d'autres cas. S'il y a de l'arbitraire dans toute législation spéciale sur la presse, le

public et la presse même s'en accomodent mieux que du régime du droit commun.

IV. — Nous venons d'exposer le système des rédacteurs
du Projet de code pénal au point de vue de la responsabilité
pénale des délits de presse. Nous allons maintenant développer nos idées personnelles sur ce sujet.

Il est deux personnes plus particulièrement fautives en
cas de délit de presse. Ces deux personnes sont l'auteur,
celui qui a conçu et rédigé les allégations diffamatoires, et le
rédacteur, celui qui représente le journal, celui qui veille à
son contenu, qui a le droit d'y faire insérer ou d'en rejeter telle
nouvelle, tel article. Nous savons que notre loi vaudoise, à l'i-
mitation de la loi française, exige que le journal soit signé par
un éditeur et qu'ainsi, elle tend à résumer la personnalité du
journal dans la personne de cet éditeur. Mais, en fait, qu'est
cet éditeur? On l'a dit et répété assez souvent, ce n'est guère
qu'un plastron, un bouc émissaire, un homme de paille que
la rédaction ou le propriétaire du journal lance en avant pour
recevoir les coups. Chacun sait cela et néanmoins on continue cette ridicule tradition. Nous comprendrions qu'on obli-
geât l'imprimeur à signer le journal comme personne responsable, car enfin, il a le moyen de s'opposer à la publication
de tel article diffamatoire, et ce moyen c'est simplement
l'interdiction faite à ses ouvriers de mettre ses presses en
mouvement. En est-il autant de l'éditeur? Pas le moins du
monde; il aura beau s'opposer à l'insertion d'un article diffamatoire, qui paraîtrait nécessaire au rédacteur: si celui-ci est
d'accord avec l'imprimeur, le pauvre diable d'éditeur n'a plus
qu'à dire amen ou à s'abstenir de signer, et ce défaut de signature n'est pas fait pour épouvanter nos deux comparses.

En somme donc, l'éditeur d'un journal est un être nul, ré-
duit à l'impuissance s'il veut s'opposer au dessein du rédacteur ou du propriétaire du journal; il ne compte pas et la

seule garantie qu'il ait pour se protéger est la faculté que lui attribue peut-être son contrat de réclamer des dommages-intérêts s'il est mis à la porte. Nous tirons de l'impuissance de l'éditeur, comme du rôle ridicule que lui fait jouer la loi, la nécessité de le mettre hors de cause dans une poursuite pour délit de presse. Il ne faut pas que la loi vienne contraindre un individu à jouer le rôle dégradant que revêt celui qui se voit l'objet de poursuites dont il n'a cure, au moins tant que leur résultat ne consiste qu'en une peine pécuniaire que la société du journal, le propriétaire ou le rédacteur sont là pour acquitter à sa place.

Il est néanmoins évident qu'au point de vue de la responsabilité civile, l'éditeur serait tenu comme tout autre participant.

L'imprimeur, avons-nous dit, est beaucoup plus à même de s'opposer à l'insertion d'un article qui lui paraîtrait dangereux. Toutefois nous ne croyons pas qu'on puisse raisonnablement le ranger au nombre des personnes qui doivent être rendues responsables du délit de presse, ni surtout au nombre de celles qui sont désignées comme nécessairement responsables à défaut d'un antécesseur, selon le système belge. L'imprimeur ne s'en tient pas uniquement à l'impression du journal; il s'occupe de mille autres travaux d'imprimerie. Exiger de lui qu'il prenne connaissance de tout le contenu du journal, qu'il veille jusqu'au dernier moment à ce que le journal ne contienne rien de répréhensible, est une obligation à laquelle on ne saurait légitimement l'obliger de se soumettre. Rappelons-nous, du reste, que ce serait établir la censure des imprimeurs, censure contre laquelle le souvenir des récriminations des écrivains du second Empire doit nous mettre en garde.

Quant au colporteur, il ne doit être puni que s'il distribue un périodique étranger et s'il peut être convaincu d'intention mauvaise, ou tout au moins si l'on peut prouver qu'il avait connaissance de l'article incriminé et en saisissait la portée.

Nous restons ainsi en présence de deux personnes seulement, l'auteur de l'article et le rédacteur. Ce sont les deux grands coupables. Nous supposons, cela va sans dire, qu'ils représentent deux personnes différentes, car si le rédacteur est lui-même l'auteur, il est clair que l'unité de la personnalité nous met en présence d'une seule culpabilité. L'auteur de l'article est coupable, chacun le saisit sans difficulté : c'est lui qui a rédigé, sinon l'article, du moins la lettre qui a permis au rédacteur de composer celui-ci ; c'est lui qui a communiqué les faits au rédacteur pour que ce dernier en fasse son profit ; c'est lui qui a le premier diffamé son prochain auprès du rédacteur ; c'est lui donc qui est la cause du retentissement donné par ce dernier aux rapports qu'il lui a faits.

Pour considérer l'auteur de l'écrit comme un complice seulement, il faut, comme le fait la loi française, ne tenir aucun compte de la cause première du délit, de l'intérêt de l'auteur spirituel de la diffamation et ne voir, avant tout, que le fait même de la publication.

Quant au rédacteur, sa culpabilité est tout aussi grande que celle de l'auteur de l'article. Le rédacteur a la faculté et le droit d'insérer dans son journal ce qu'il veut, ce qui lui plaît ; il est libre de refuser l'insertion des articles qu'on lui communique et qui lui déplaisent. Le rédacteur est le directeur immédiat du journal : c'est lui qui le représente dans ses tendances et lui imprime sa marche dans telle ou telle direction ; c'est lui, par conséquent, qui doit subir la responsabitité du contenu du journal. Nous partageons sur ce point complètement l'idée que la législation allemande se fait du rédacteur et de la responsabilité que la nature de sa position l'oblige d'endosser. C'est pourquoi nous estimons qu'il doit supporter toutes les conséquences qu'entraine cette responsabilité.

On nous objectera sans doute que le rédacteur pourrait être appelé à servir de plastron au vrai coupable et à jouer le rôle ridicule que notre loi assigne à l'éditeur. Nous ne le croyons pas. En couvrant son rédacteur ou l'auteur d'un article, l'éditeur n'est pas censé avoir écrit et ne se pare pas des plumes du paon ; il subit les conséquences de sa position et n'est pas déconsidéré pour cela. Mais un rédacteur est censé écrire ce qu'il publie et ne pourrait accepter sans se dégrader la paternité d'un article écrit par autrui. Le rédacteur d'un journal n'est pas un mercenaire vendant sa plume comme un bravo vend son poignard; le rédacteur est un homme qui, partageant les vues des propriétaires du journal, met à leur service son intelligence et ses talents pour faire triompher les opinions, les idées qu'il soutient avec eux. Ce rôle n'est pas celui du premier venu. La plume est un instrument plus difficile à manier que la règle du teneur de livres et ceux qui savent s'en servir sont moins nombreux que les éditeurs dont notre loi fait de si considérables personnages. C'est dans le respect du rédacteur pour sa propre dignité, pour son indépendance, pour sa situation, dans son désir de conserver l'estime publique, et dans la considération des propriétaires du journal pour le vulgarisateur de leur pensée que nous trouvons la meilleure garantie de la sincérité du rédacteur qui se présentera comme seul auteur du délit et en assumera toute la responsabilité.

Nous regardons en conséquence, comme seuls responsables, à titre d'auteurs principaux, d'un délit de presse l'auteur de l'écrit et le rédacteur du journal.

Nous assimilons à l'auteur de l'écrit celui qui ferait part, au rédacteur, d'une nouvelle punissable, de vive voix et dans le but de la faire publier dans le journal ou seulement avec la connaissance que cette publication doit avoi r lieu.

Maintenant *quid* en cas de maladie ou d'autres cas de force majeure qui empêchent le rédacteur de s'occuper du journal? Dans ce cas, le rédacteur devra être remplacé nécessairement par un rédacteur responsable *ad interim* qui signera le journal comme tel. A part ces circonstances le rédacteur sera responsable de par la loi, sans qu'il puisse faire la preuve du contraire. Ajoutons que nous n'allons pas jusqu'à le rendre responsable des coquilles des protes, accidents dont il ne saurait supporter les conséquences.

Reste la question des complices. Loin de refuser de reconnaître des complices, nous partageons complètement le point de vue du résumé des procès-verbaux du Projet de code pénal, en tant qu'il vise les complices qui se sont rendus coupables d'actes aboutissant indirectement à la publication. Nous refusons d'admettre que l'imprimeur, l'éditeur soient déclarés complices par le seul fait qu'ils ont eu connaissance du contenu délictueux de tel article et ont contribué à sa publication. Notre opinion se base sur le fait que la participation de ces personnes est, en général, toute machinale ; qu'elle a lieu dans un but unique d'affaires, de commerce, assurément blâmable quand il est atteint. avec la certitude que c'est aux dépens d'autrui; mais duquel il est difficile de tirer une condamnation également juste dans tous les cas. En outre, reconnaître l'imprimeur et l'éditeur coupables comme complices serait revenir, par une autre voie, à une punition que rien n'empêcherait de rendre égale à celle qu'encourent les auteurs mêmes, puisque l'article 47 du projet n'abaisse la peine de celui qui est déclaré complice que si cette peine consiste dans la privation de la liberté. Or, chez nous, les condamnations à la prison, contre les auteurs de délits de presse, sont rares.

Les complices que nous voulons punir sont les personnes qui, par des actes non essentiels à la publication d'un écrit délictueux, ont cependant contribué à amener cette publication par toute sorte de moyens, tels que secours financiers, promesses, excitations suffisantes pour qu'elles aient pu agir sur l'esprit de l'auteur. Nous ne reconnaissons les règles ordinaires sur la complicité comme susceptibles d'une application complète qu'aux personnes dont la culpabilité résulte d'actes étrangers, non essentiels, non inhérents à la publication. A ce compte, les bailleurs de fonds, les provocateurs de toute espèce, les instigateurs pourraient être atteints et cela avec raison. L'éditeur, l'imprimeur, eux aussi pourraient faire l'objet d'une semblable poursuite, s'ils étaient convaincus d'avoir participé à la publication, non pas comme éditeur ou comme imprimeur, mais par des actes étrangers à leur métier.

Pour nous résumer, nous indiquons donc comme coupables, à titre d'auteurs principaux, l'auteur de l'écrit et le rédacteur, qui, toujours en cause comme auteur du délit, ne sauraient l'être en qualité de complices. Les complices seraient représentés par les personnes qui auraient pris une part à la commission du délit par des actes étrangers à la publication même de l'écrit. De cette façon, nous croyons être restés fidèles à deux idées fondamentales : la première c'est qu'une série de condamnations, depuis l'auteur à l'imprimeur, répugne à l'opinion publique autant qu'elle est peu réclamée par le lésé, à qui la punition des deux principaux coupables suffit ; la seconde c'est que le système de la responsabilité par cascades, emprunté par le Projet à la loi belge, est anti juridique et conduit à des conséquences fâcheuses. Nous croyons ainsi avoir évité ces écueils également dangereux, l'application du droit commun et celle du système de la responsabilité et de la culpabilité éventuelles.

Disons un mot, en terminant, du régime de la presse non

périodique, tel qu'il nous apparaît. La responsabilité du contenu d'un livre, d'une brochure incombe tout d'abord, cela est clair, à l'auteur de ces écrits, mais elle incombe également à l'éditeur, à celui qui a fait la publication, à celui qui a veillé à cette publication, qui en a débattu les conditions avec l'auteur d'un côté et l'imprimeur de l'autre, qui, par son entremise, en a permis la réalisation. Le rôle de l'éditeur peut être revêtu soit par l'auteur, soit par l'imprimeur, mais dans ce cas il n'en demeure pas moins distinct.

Et l'imprimeur? L'imprimeur ne doit être poursuivi ni comme coauteur, ni comme complice, si l'auteur ou l'éditeur peuvent être atteints par la justice. Mais *quid* dans le cas où ces deux principaux coupables ne seraient pas domiciliés dans le pays? L'idée de la culpabilité éventuelle nous répugne à cause de son caractère même, surtout lorsque cette responsabilité dérive du fait qu'un éditeur, de la loyauté et de l'honnêteté duquel l'imprimeur n'avait aucune raison de douter, s'est placé hors des atteintes de la justice au moment de la publication. Rien de plus monstrueux, au point de vue juridique, que cette responsabilité de l'imprimeur qui n'a pas eu la prudence de tenir sous clef l'éditeur qui lui a confié un travail. Jusqu'au moment de l'intervention de la justice, l'imprimeur est dans l'indécision sur le sort que lui réserve son éditeur.

La difficulté que l'on rencontre quand on veut déterminer la position de l'imprimeur tient aux garanties que l'on est en droit d'exiger de lui contre des indications fausses d'éditeurs ou contre les manœuvres de ceux-ci pour échapper, le moment de la publication venu, à leur responsabilité. Si l'on venait à déclarer l'imprimeur irresponsable des suites d'une publication, quoi de plus facile à un éditeur de s'entendre avec lui tout en restant hors de la juridiction des tribunaux du district! Les éditeurs malhonnêtes auraient beau jeu, vraiment.

La responsabilité qu'encourt l'imprimeur, dans le système belge, dérive-t-elle du délit même ou bien de l'impuissance de la justice à s'emparer du délinquant, qu'il soit auteur ou éditeur ? Indirectement, elle dérive bien du délit, mais, directement, elle est le résultat du défaut d'éditeur. Il nous semble donc que c'est à ce dernier point de vue qu'il faut se placer pour apprécier la culpabilité de l'imprimeur. Du moment que son sort dépend si intimément de l'éditeur, un imprimeur consciencieux doit s'informer avec soin du nom de l'éditeur, de son domicile et des garanties qu'il présente. L'imprimeur qui pourra prouver qu'il s'est entouré de tous ces renseignements, qu'il a agi avec toute la prudence voulue, l'imprimeur qui aura veillé non seulement à ses intérêts propres, mais encore à ceux de la société de manière à n'encourir aucun reproche de négligence, doit être libéré de toute peine. Sans doute, c'est une affaire d'appréciation, c'est une pure question de fait à déterminer par le tribunal, mais, au moins, de cette façon nous restons conséquent avec l'idée que la culpabilité de l'imprimeur ne découle pas directement du délit même. De cette façon, nous évitons ces condamnations prononcées contre un imprimeur ensuite de l'impuissance où il se trouve de fournir un coupable à la justice. Nous punissons l'imprimeur en raison de son imprudence ou de sa négligence et non pas, immédiatement, comme étant l'auteur d'un délit ; ce faisant, nous obvions à l'inconvénient que présente le système belge de permettre la condamnation d'un imprimeur qui n'aurait rien à se reprocher en fait d'attention et de vigilance. Nous détruisons l'immoralité de la culpabilité éventuelle du système belge et nous condamnons l'imprimeur en raison de son propre fait, de sa propre faute. Quant à la manière dont l'imprimeur pourra faire éclater aux yeux du juge son innocence, quant à la manière dont il pourra chercher à prouver le soin et la diligence qu'il a exercés, dans le but de se libérer, c'est affaire à lui. Ici, la faute doit être présumée et la preuve du contraire est à la charge de celui qui veut se faire absoudre.

De ce que nous venons d'exposer, il résulte que nous ne considérons pas l'imprimeur comme responsable du délit même. Sa responsabilité découle d'une source originale, personnelle à cet imprimeur et cette source, c'est la faute résultant de sa négligence ou de son imprudence. En conséquence, l'imprimeur doit être puni non pas comme auteur ou complice d'un délit de presse; il est puni pour violation de ses devoirs professionnels tels que son intérêt propre d'abord et tels que l'intérêt de la société doivent les lui faire concevoir.

Nous faisons donc de cette faute de l'imprimeur un délit à part, que nous punissons moins sévèrement que le délit de publication même ne l'est dans la personne de l'auteur ou de l'éditeur.

D'un autre côté, si l'imprimeur a été d'accord avec l'éditeur étranger, si les rapports de la complicité résultent clairement de l'enquête, rien ne nous empêche de faire, dans ce cas, appel aux règles de la complicité du droit commun. Il n'est pas juste d'assimiler l'imprimeur d'une œuvre non périodique, qu'il a imprimée en connaissance de cause, sachant que l'éditeur se déroberait, à l'imprimeur qui n'a péché que par négligence ou imprudence.

Quant au libraire et au colporteur qui vendent des livres dépourvus d'une désignation d'auteur ou d'éditeur, ils devraient être considérés comme publicateurs, c'est-à-dire éditeurs et punis comme tels. Si l'auteur ou l'éditeur sont étrangers au canton ou n'y sont pas domiciliés, le colporteur et le libraire seraient considérés comme complices du délit de publication, s'il est démontré qu'ils ont su ou dû savoir que l'imprimé renfermait un délit. Quand nous disons que la culpabilité de ces deux personnes peut se baser sur le fait qu'elles ont *dû savoir* que l'imprimé renfermait un délit, nous avons surtout en vue la répression du colportage insoucieux de brochures. Une brochure attirera facilement l'attention par son titre le plus souvent tout d'actualité ; une brochure se lit facilement même en raison du fait que ces ouvrages n'ont pas l'étendue, beaucoup plus considérable, d'un livre. En outre, étant donné les habitudes de notre pays, le colportage d'une brochure présente cet écrit d'une manière qui excite nécessairement l'attention, puisque ce colportage est une chose rare. Pour tous ces motifs, il n'est pas inadmissible de penser que les colporteurs et libraires, mais les colporteurs surtout, doivent prendre connaissance de l'écrit qu'ils présentent au public et se préoccuper de son contenu, sous peine d'être tenus pour complices du délit dont ils sont censés accepter la responsabilité en se chargeant, les yeux fermés, de vendre la publication condamnable.

Tout acte, enfin, étranger à l'exercice de la profession d'une personne qui, en raison de cette profession, contribue à une publication répréhensible aux yeux de la loi, entraîne, au besoin, la punition de celui qui s'en rend coupable, selon les règles de la complicité.

En résumé, quant à la presse périodique, nous reconnaissons deux coupables, l'auteur et le rédacteur, comme auteurs principaux et jamais comme complices. L'éditeur et l'imprimeur ne sont pas punissables, s'ils n'ont participé à la publication par des actes étrangers à leur métier. Le colporteur n'est frappé d'une peine qu'en cas de distribution d'un périodique étranger, faite avec la connaissance du contenu délictueux et dans une intention mauvaise.

Pour la presse non périodique, nous admettons deux coupables à punir comme auteurs principaux, l'auteur et l'éditeur. L'imprimeur n'est puni que pour sa faute, c'est-à-dire pour

autant qu'il ne justifie pas de la diligence et de l'attention
voulues. S'il est d'accord avec l'éditeur étranger, il est puni
comme complice du délit de publication. Le colporteur et le
libraire sont punis comme publicateurs s'ils vendent des écrits
dépourvus de toute mention d'auteur ou d'éditeur ; s'ils vendent des écrits dont l'auteur ou l'éditeur sont hors des atteintes de la justice, ils sont punis comme complices lorsqu'ils
ont su ou dû savoir que l'écrit renfermait un délit.

Les actes étrangers à l'exécution matérielle de la publication sont punis d'après les règles de la complicité, qu'il s'a-
gisse de presse périodique ou de presse non périodique.

SECTION II. — FORMALITÉS REQUISES, SAISIE, ETC.

I. — Le Projet prévoit un délit spécial à la presse, c'est
celui de la divulgation de faits relatifs à la vie privée et domestique d'une personne, lors même qu'il n'y aurait ni diffamation, ni injure. Ce délit embrasse toute la matière de la
diffamation et de l'injure, mais va plus loin et comprend la
divulgation malveillante de particularités du ménage d'autrui
ainsi que la divulgation malicieuse de ce qui, sans être de
nature à léser d'une manière sensible l'honneur ou la considération d'une personne, peut l'exposer au ridicule.

II. — La saisie des écrits n'est pratiquée que sur une ordonnance du juge. Leur destruction est prononcée par le
tribunal, qui peut aussi ordonner la mise hors de service des
plaques et modèles destinées à reproduire des écrits ou
figures.

III. — Tout écrit imprimé dans le canton doit porter le
nom de l'imprimeur et celui du lieu de l'imprimerie. Tout
numéro de journal doit de plus être signé par un éditeur
responsable, domicilié dans le canton, ou par une personne
désignée par lui à cet effet, dit le Projet.

Nous avons déjà montré que nous ne sommes pas du tout partisan de l'opinion qui exige la signature du journal par un éditeur responsable et que, nous basant sur l'idée de la culpabilité et non sur celle de la publicité, nous sommes d'avis que c'est le rédacteur responsable qui doit signer le périodique. C'est lui qui s'occupe du contenu du journal, c'est lui qui le détermine, c'est lui aussi qui doit endosser la responsabilité de ce dont il a permis l'insertion. « Qui casse les verres les paie, » dit un proverbe commun qui est parfaitement applicable au rédacteur d'un périodique.

Ceux qui soutiennent l'opinion contraire partent de l'idée que le publicateur, celui qui accomplit l'acte matériel de la publication est le premier coupable ; ils font complètement abstraction de la culpabilité morale, de la culpabilité active du rédacteur, pour ne considérer que la culpabilité passive de l'éditeur, celle qui naît de par un fait purement matériel, celle qui se base sur l'idée qu'avant de publier le journal, l'éditeur eût dû en prendre connaissance, faute de quoi il est censé avoir pris à son compte tout ce que le périodique renferme.

Mais la raison réclame contre cette manière d'envisager les choses. Nous avons vu combien peu les auteurs apprécient le rôle que notre loi fait jouer à l'éditeur. Et le Projet lui-même, n'a-t-il pas opéré son évolution du côté du droit commun, pour éviter que la justice ne vienne s'achopper contre ce boute-roue que la loi oppose à son exercice sous le nom d'éditeur ? Le Projet n'a-t-il pas admis — le texte du résumé des procès-verbaux le montre — qu'à ses yeux la véritable culpabilité n'est pas plus celle de l'éditeur que celle de l'auteur ou de l'imprimeur ? Il reconnaît que l'auteur peut apparaître comme le seul coupable, que « l'éditeur soi-disant responsable est le plus souvent un homme de paille qui ne participe en aucune manière à la rédaction et ignore même le plus souvent ce que le journal publie. » Alors pourquoi obliger cet homme à se mentionner dans le périodique comme éditeur responsable? Pourquoi ne pas exiger qu'on mette bas les masques et que celui qui compose et ordonne le contenu du journal soit aussi celui qui doit le signer ?

En tout cas, pour rester fidèle aux idées que nous avons émises sur l'attribution de la responsabilité découlant d'un délit de presse, nous devons nécessairement réclamer la signature du journal par le ou les rédacteurs responsables, laissant ainsi l'éditeur complètement dans l'ombre. Il semble d'ailleurs que ce mode de faire serait conforme au simple bon sens et au sentiment de la plus élémentaire justice.

SECTION III. — DROIT DE RÉPONSE.

I. — Le droit de réponse est aujourd'hui presque universellement reconnu par la législation sur la presse et les quelques adversaires qu'il rencontre ne sont guère que les journalistes, qui trouvent plus commode de pouvoir tout dire sur le compte d'autrui sans se voir contredit dans leur propre journal. Généralement, ce sont précisément les journalistes toujours avides de personnalités qui se refusent à reconnaître la légitimité du droit de réponse. Quand on les frappe, écoutez-les se réclamer, avec la dernière énergie, des franchises de la presse, de l'influence éducative du journal, de son importance morale, humanitaire, politique, nationale; voyez-les tonner contre l'audace de ceux qui osent s'opposer aux envahissements du journal, cette tribune de la nation, où chaque citoyen peut faire entendre sa voix. Tribune! Oui, c'est très bien, quand le citoyen a des choses agréables à dire aux hommes qui dirigent le journal. Mais quand il s'agit de publier la réponse d'un citoyen au préjudice duquel le journaliste a publié des faits défigurés, qui ne rappellent plus que

·de très loin la vérité, oh ! alors, ce n'est plus cela du tout. Cette tribune devient un cabinet particulier, ce porte-voix de l'opinion publique se transforme en un téléphone d'appartement et anathème à celui qui prétend s'en servir autrement que pour chanter les louanges du possesseur.

Toute personne traduite à la barre d'un tribunal par les organes auxquels la société a reconnu ce droit, peut se défendre devant ceux en présence de qui le réquisitoire est formulé. Comment refuserait-on cette faculté à la personne qu'un simple particulier traduit devant ses lecteurs, devant l'opinion publique?

II. — Mais, objecte-t-on, pourquoi la loi fait-elle une si grande différence entre l'attaque par la parole ou l'attaque par la voie de la presse? Si quelqu'un publie de vive voix une accusation, il ne viendra à qui que ce soit l'idée d'exiger que cette personne s'en aille elle-même élever des objections contre ses propres récits. Assurément pas, mais il faut tenir compte ici de deux choses : la puissance de l'instrument qui agit presque instantanément aux quatre coins du pays, et le fait que, dans l'esprit du lecteur, la personne lésée est parfaitement au courant de l'accusation ouverte, franche, portée contre elle par le journal. Telles sont, à notre avis, les raisons principales qui justifient le droit de réponse auquel les journaux sont soumis, tandis que l'obscur accusateur, qui, par cela même qu'il agit derrière le dos de sa victime, mérite moins de créance, échappe à l'obligation de publier la rectification de ses propos. Le droit de réponse se légitime, à cet égard, par la puissance de l'instrument, par la franchise de l'accusation — quant à la forme, s'entend — et par le fait que l'opinion publique se refuse à croire que le lésé ignore l'attaque.

On objecte encore que par l'exercice du droit de réponse, tel article qui eût passé inaperçu sera mis en évidence. Il nous semble que la loi n'a nullement à se préoccuper de l'intérêt de tel ou tel citoyen. La loi ne force personne à faire usage de ce droit; elle en autorise simplement l'exercice, mais se lave les mains des conséquences que cet usage peut entraîner pour qui s'en fait une arme.

III. — Nous avons vu que la loi actuelle sur la presse ne satisfait pas aux exigences qui découlent de la notion du droit de réponse tel qu'on le conçoit de nos jours. Cette loi ne protège ni le public contre la presse, ni la presse contre le public.

Tout ce que la loi accorde au public, c'est la satisfaction, souvent dérisoire, de faire condamner à une amende le journal qui n'a pas voulu publier les explications de la personne attaquée.

Les journaux étant libres de refuser la publication des réponses que leur adressent ceux qu'ils attaquent, sauf à payer une amende, il s'en suit que seuls les journaux pauvres sont obligés de respecter les prescriptions auxquelles la loi soumet la presse périodique.

Pour corriger ce vice de notre législation, il faut décider que l'amende ne portera pas sur le *refus* d'insertion comme le prévoit le Projet de code pénal, mais sur le *retard* que subit l'insertion dans le journal. Cette amende serait fixée à tant par jour de retard.

La loi sur la presse permet d'exiger l'insertion d'une réponse dont le nombre de lignes est double de celui des lignes de l'article qui lui a donné lieu. Mais comment veut-on que l'auteur de la réponse puisse calculer l'étendue que celle-ci occupera dans le journal, et rester dans les limites de la loi? Or, il s'est trouvé des journalistes qui se sont refusés à publier une réponse sous prétexte qu'elle dépassait les limites établies par la loi.

Le Projet n'apporte aucune modification à cet état de choses. Pour y mettre un terme, il faut que le journaliste soit tenu de publier le réponse entière, quitte à se faire payer, au taux des annonces du journal, l'insertion de la partie de la lettre qui excède les limites légales.

Quant aux artifices employés par les journalistes pour annihiler autant que faire se peut la valeur de la réponse qu'ils sont contraints d'insérer, on les connaît. Les uns résument à leur façon cette réponse; les autres y intercalent des commentaires depuis le « *sic* » jusqu'aux dissertations les plus étendues; d'autres encore la publient en caractères microscopiques ou usés, ou bien aussi font opérer des pressions obliques sur la composition pour qu'elle se penche et prenne des pâtés d'encre au tirage, qui, alors, donne une impression illisible; d'autres, enfin, font insérer cette réponse dans une partie peu apparente du journal, après la cote de la bourse, au milieu des réclames obstinées des industriels, ou dans les annonces, etc.

La loi actuelle paraît autoriser ces duperies, si l'on en croit les tribunaux, qui ne se sont pas toujours appliqués à les réprimer. Or, ces faits, qui rendent le droit de réponse illusoire, exposent la loi au mépris public et doivent être interdits.

D'un autre côté, le journaliste forcé d'admettre l'insertion de la réponse entière pourrait tirer vengeance de son auteur en faisant imprimer cette réponse en caractères de grandes dimensions, si bien que le nombre de lignes auquel la personne en cause a droit serait fort vite atteint et que l'insertion du reste de la lettre lui coûterait de belles sommes.

Pour obvier à ces ruses des journalistes, il est nécessaire que la loi déclare formellement que l'insertion de la réponse doit être faite intégralement, textuellement, sans suppressions. ni interpolations, à la même place, avec les mêmes caractères et d'une manière aussi lisible que l'article auquel elle répond. Le Projet de code pénal satisfait à deux de ces *desiderata*.

L'insertion d'une réponse, qui ne remplirait pas ces conditions devrait être considéré comme nulle et non avenue et frappée de l'amende prévue pour les retards d'insertion, dès le jour où la réponse a paru dans le journal.

Nous touchons ici à un point assez délicat qui, si une loi venait à consacrer notre idée, soulèvera, de violentes réclamations au sein des journalistes et qui cependant nous parait de toute justice.

Les lecteurs d'un journal restent au moins un jour sous l'impression des attaques qu'il dirige contre une personne. N'est-il pas juste que ces mêmes lecteurs restent également un jour au moins sous l'impression de la réponse ? La loi autorise cependant le journaliste à publier, à la suite de la réponse, des commentaires qui en affaiblissent la portée, quand ils n'en torturent pas hardiment le sens. Sans doute l'auteur de la réponse peut revenir à la charge dans un numéro subséquent, mais le lecteur n'en reste pas moins constamment sous l'impression des attaques du journal et jamais sous celle de la réponse.

D'ailleurs la personne qui répond est toujours obligée de consacrer quelques lignes à résumer l'attaque afin de se faire comprendre. Le journaliste est dans une situation bien plus favorable : quelques lignes au bas de la réplique sont bien vite écrites. Il peut donc mettre celui qu'il attaque dans l'impossibilité de répondre à son aise, sans dépasser les limites tracées par la loi.

Dans ces conditions, la partie n'est pas égale : tout l'avantage est du côté de l'agresseur. Pour rétablir l'égalité, il faut interdire au journaliste la faculté de répliquer dans le même numéro que celui qui contient la réponse, sous peine d'amende.

Il en résulterait d'ailleurs probablement une diminution de la durée des polémiques ; car il est à présumer que, souvent, un jour de réflexion amènera le journaliste à s'en tenir là.

Telle est, croyons-nous, la manière d'assurer au public l'usage complet du droit de réponse et de le protéger contre les abus.

Voici maintenant comment la presse peut et doit être protégée à son tour contre les abus du public.

Notre législation admet le droit de réponse à l'égard de tout périodique « dans lequel auront été publiés des *faits relatifs à une personne* » (article 36). Le Projet s'exprime dans des termes identiques. Il est donc permis à qui que ce soit d'exiger l'insertion d'une réponse, pourvu que l'on soit nommé ou simplement désigné, comme l'a décidé la jurisprudence vaudoise à la suite de la pratique des tribunaux étrangers. Or, il nous paraît excessif d'accorder le droit de réponse à des gens qui auraient été nommés d'une manière tout-à-fait inoffensive ou même élogieuse. De cette façon, un journal cesse d'être une propriété privée pour devenir la chose de tous ceux qu'il citerait, même pour leur tresser des couronnes.

Il est nécessaire de protéger la presse contre une extension pareille de la jouissance du droit de réponse. Aussi la loi doit-elle déclarer que ce droit ne compète qu'aux personnes qui s'estiment lésées par des attaques, des inexactitudes ou des allégations désobligeantes publiées dans le journal. En cas de contestation, si le tribunal donne gain de cause à la personne attaquée, le journal devra être condamné à une amende pour n'avoir pas inséré la réponse tout de suite et en outre, le tribunal prononcera qu'il doit publier cette réponse sous peine d'une amende de tant par jour de retard.

La loi parle de l'insertion d'une réponse et néanmoins les tribunaux ont admis que celui qui est au bénéfice de ce droit peut se livrer à des divagations sans aucun rapport avec le fond de l'article du journal qui le mentionne. Il est nécessaire d'insister sur le fait que la réponse doit être une réponse. Cela semble bête, mais voilà où l'opinion des tribunaux nous conduit.

Autre point où la loi doit intervenir en faveur de la presse. Il n'est d'aucune utilité de permettre que le droit de réponse puisse s'exercer à l'occasion d'un article paru depuis longtemps et auquel il n'a pas été répandu par celui qui aurait pu le faire. La réponse se conçoit comme une réplique envoyée dans un but actuel, immédiat. Dès lors, on ne comprend pas qu'une personne puisse se réclamer d'une série d'articles qui l'ont laissée indifférente, pour venir, à l'occasion d'une mention plus incisive, écraser le journal sous le poids d'un article interminable. Il est donc nécessaire d'établir un délai de prescription du droit de réponse, passé lequel les articles parus dans un journal ne peuvent servir de base pour calculer l'étendue d'une réponse qu'on voudrait envoyer. Ce délai partirait du jour où l'article a paru dans le journal.

Les tribunaux ont admis que l'on peut répondre en un seul article aux articles parus dans plusieurs numéros du journal et calculer l'étendue de la réponse unique sur le nombre de lignes de tous ces articles réunis. Nous ne le comprenons pas, car, à la faveur de cette faculté, une personne mal intentionnée pourra encombrer le journal de sa prose et causer des frais de supplément considérables. Il faut de deux choses l'une : ou bien la personne qui répond doit échelonner ses réponses comme le journal a échelonné ses attaques, en calculant l'étendue de chaque réponse sur le nombre de lignes de chaque article correspondant, ou bien, si elle veut répondre en une seule fois à plusieurs attaques, elle doit limiter l'étendue de sa réponse au double du nombre des lignes de la plus longue de ces attaques.

Nous arrivons enfin à la question de la désignation de tiers.

par l'auteur de la réponse. Il n'est pas admissible qu'il puisse attaquer lui-même dans celle-ci des personnes étrangères à l'article qui la motive. L'auteur de la réponse est bien responsable du contenu de cette dernière, aux termes de la loi. Mais cela ne veut pas dire que le tiers attaqué n'ait pas le droit de requérir à son tour l'insertion d'une réponse. Et si, de son côté, ce nouveau collaborateur attaque une autre personne, où cela nous mène-t-il? Le journal succombera sous une avalanche de réclamations qu'il aura peut-être innocemment déchaînée.

En conséquence, une réponse ne doit rien contenir qui soit de nature à provoquer une réquisition fondée sur l'article 36 de la part d'un tiers absolument étranger au débat, c'est-à-dire qu'elle ne doit rien contenir d'injurieux, d'inexact ou d'attentatoire à l'honneur ou à la considération de ce tiers.

A ce sujet, des contestations pourront s'élever entre le journaliste qui estime que la réponse est entachée d'un de ces vices et l'auteur de celle-ci qui soutient le contraire. Dans ce cas, le tribunal décidera, et si la contestation était reconnue comme non fondée, elle ne soustrairait nullement le journal à la pénalité prévue pour les retards d'insertions.

Tels sont les réquisits que formule l'exercice honnête du droit de réponse et auxquels le Projet de code pénal ne fait droit qu'en ce qui concerne les caractères avec lesquels la réponse doit être imprimée et la place qu'elle doit occuper dans le journal. Ces dispositions sont insuffisantes.

En résumé, il nous paraît utile d'insérer dans la loi les règles suivantes :

Le rédacteur de toute publication périodique dans laquelle une personne a été l'objet d'une mention qu'elle estime malveillante, inexacte ou désobligeante, doit, sur la réquisition de cette personne, insérer la réponse de celle-ci dans l'un des deux plus prochains numéros dès le jour de sa réception, sous peine d'une amende de tant par jour de retard.

Si la réponse n'a qu'un nombre de lignes double de celui de l'article qui motive la réclamation, ou si, dans tous les cas, elle n'a que 15 lignes, l'insertion est gratuite. Si elle dépasse ces limites, le surplus est inséré au prix des annonces du journal.

La réponse doit être insérée intégralement, sans suppressions ni interpolations, avec les mêmes caractères, à la même place et d'une manière aussi lisible que l'article auquel elle se rapporte.

Il est interdit au journal de répliquer d'une manière directe ou indirecte dans le numéro où la réponse paraît.

Toute insertion faite en dérogation à ces dispositions sera considérée comme nulle et non avenue et punie d'une amende de tant par jour de retard, jusqu'à publication conforme aux prescriptions de la loi.

La personne qui veut user de son droit de réponse doit faire la réquisition dans un délai de..... à dater du jour de la publication de l'article auquel elle veut répondre.

Au cas où cette personne juge à propos de répondre en une seule fois à des articles publiés dans plusieurs numéros du journal, l'étendue de la réponse se calcule sur le nombre de lignes de l'article où il aura été le plus longuement parlé d'elle.

La réponse ne peut d'ailleurs mentionner d'une manière inexacte, injurieuse ou malveillante aucune personne étrangère à l'attaque qui motive la réquisition.

TABLE DES MATIÈRES

Troisième partie.

Le Projet de code pénal vaudois.

—o—

ERRATA

Page 82, ligne 32, au lieu de *la loi,* lire *la jurisprudence.*
» 87, ligne 4, au lieu de *compte-rendu fidèle et de bonne foi,* lire *compte-rendu fidèle et de bonne foi des séances des Chambres. —*
» 105, ligne 7, au lieu de *concentrait,* lire *rencontrait.*
» 105, ligne 21, au lieu de *imperiale en 1874,* lire *impériale de 1874.*
» 123, ligne 19-20, au lieu de *besunderen,* lire *besondere.*
» 125, ligne 17, au lieu de *Nous avons,* lire *VII. Nous avons.*
» 142, ligne 3, au lieu de *nouvelle,* lire *novelle.*
» 176, ligne 24, au lieu de *Il en résulte de là qu'un,* lire *Il en résulte qu'un.*
» 193, ligne 20, au lieu de *le tribunal,* lire *si le tribunal.*
» 193, ligne 30, au lieu de *injure et le,* lire *injure, le.*
» 226, ligne 15, au lieu de *cas,* lire *canton.*
» 240, ligne 28, au lieu de *Section II,* lire *Section III.*